C·H·Beck

PAPERBACK

W0195825

Annekathrin Kohout

NERDS

Eine Popkulturgeschichte

C.H.Beck

Mit 10 Abbildungen

Originalausgabe
© Verlag C.H.Beck oHG, München 2022
www.chbeck.de
Umschlaggestaltung: Sophia Breidenbach
Satz: C.H.Beck.Media.Solutions, Nördlingen
Druck und Bindung: Druckerei C.H.Beck, Nördlingen
Gedruckt auf säurefreiem und alterungsbeständigem Papier
(hergestellt aus chlorfrei gebleichtem Zellstoff)
Printed in Germany
ISBN 978 3406 77446 1

myclimate

klimaneutral produziert
www.chbeck.de/nachhaltig

INHALT

Teil 2

ONLINE GEHEN: PROLOG

In meiner Kindheit war es beliebt, davon zu sprechen, ins Internet würde man «abtauchen», so als begebe man sich in eine tiefe, bedrohliche, unerforschte Finsternis. Dazu passt, dass der erste Computer in meinem Elternhaus Mitte der 1990er im halbdunklen Keller stand.

Die Zeiten, in denen meine Schwester und ich das Internet benutzen durften, wurden streng festgelegt. Es gab Zeitspannen von höchstens einer Stunde pro Kind, denn das Netz war nicht nur teuer, sondern – man kann es sich gar nicht mehr vorstellen! – es blockierte zudem das Telefon. Folgte man der Medienberichterstattung, gingen entweder Kinder online, um sich Klingeltöne herunterzuladen und fiktive Profile auf den ersten sozialen Plattformen anzulegen, oder Männer mittleren Alters, die man sich überwiegend hässlich, hellhäutig und pädophil vorstellte.

Online und Offline, das waren zu dieser Zeit zwei Welten, die nichts miteinander zu tun hatten und auch nichts miteinander zu tun haben mussten. Für mich war «Online» ein paradiesischer Ort, an dem ich sein konnte, wer ich gerne gewesen wäre, hätte ich es mir aussuchen können. Ich konnte mein Aussehen fingieren, wie es mir als Ideal vorschwebte, ich konnte mir einen Namen geben, den ich selbst schön fand, und vor allem konnte ich schreiben, was ich wollte, ohne dass es auf meine echte, bürgerliche Identität Einfluss genommen hätte. Ich machte erste Erfahrungen mit einer intellektuellen und visuellen Selbstbestimmung, der man sich mittlerweile wieder eigens ermächtigen muss.

«Uboot» war bezeichnenderweise meine Lieblingsplatt-form. Uboot war in neongrün und pechschwarz gestaltet. Das passte nicht nur zum Image des Internets, das als dunkel und gefährlich galt – sondern auch zum Keller, in dem ich meist ganz allein saß. Ja, mit dem Uboot tauchte man in die Tiefen des Internets der 1990er Jahre ein, und zwar anonym, da die Aufforderung zur Preisgabe von persönlichen Daten für viele noch neu und deshalb mit Hemmungen verbunden war. Im Internet war damals alles erlaubt, dort nahm man vieles noch nicht so genau wie in der realen Welt. Die Online-welt war eine Parallelwelt mit maximalen Freiheiten. Sie war kein öffentlicher Raum, in dem Konventionen oder gar Re-geln herrschten. In der Onlinewelt wurde alles von den Nut-zern selbst gestaltet.

Sosehr die meisten im Internet einen gefährlichen Ort vor-zufinden glaubten, war er also umgekehrt für all jene, die nicht immer eingeladen waren, am gesellschaftlichen Leben zu partizipieren, ein – wie man heute sagen würde – Safe Space. Ja, soziale Plattformen im Internet (besonders Chat-rooms) waren geschützte Räume für Ausgegrenzte oder sol-che, die sich so fühlten. Sie wurden zur Heimat für alle, die sich lieber – oder zumindest besser – verbal als mimisch oder gestisch ausdrückten. Wer ins Internet ging, dem unterstellte man sogar, sich verstecken zu wollen.

Doch die Einstellungen der Onlinewelt gegenüber haben sich stark verändert. Die meisten Menschen stehen den Entwick-lungen im digitalen Bereich nicht mehr so kritisch gegenüber wie noch in den 1980er und 1990er Jahren. Das liegt nicht nur an der Notwendigkeit, entsprechende Dienste zu nutzen und der damit verbundenen Unmöglichkeit, sich ihnen zu verweigern. Sondern auch daran, dass sich an der Befürwor-tung und Nutzung digitaler Technologien kein Generatio-nenkonflikt mehr entspinnt.

Die Internetkultur ist mittlerweile so alt, dass sie eigene Traditionen hervorgebracht hat und bereits an vielen Orten historisiert wurde: sei es in Wissenschaft und Forschung, Literatur und Kunst oder innerhalb verschiedener Retrophänomene in der Netzkultur selbst. Diese Entwicklung hat die Entstehung eines digitalen Bildungsbürgertums ermöglicht, das mit dem Wissen über die Netzkultur ähnlich verfährt wie ehedem beispielsweise mit kanonisierter Literatur. So können ältere Digital Natives sich nun wiederum von jüngeren absetzen, auf ihre eigenen Traditionen verweisen und sich daran erinnern.

Nicht nur als Digital Native, sondern vor allem als Kulturwissenschaftlerin hat mich diese Entwicklung interessiert. Wie und mit welchen Mitteln sollte ich sie aber untersuchen? Welcher Untersuchungsgegenstand war geeignet, um die von mir zunächst nur so empfundenen Veränderungen zu veranschaulichen und damit auch zu verifizieren? Es musste sich um einen Gegenstand handeln, von dessen jeweils neu gestalteten Verwendungsweisen auf Anschauungen, Funktionen, Zeitgeschehnisse und vielleicht ja noch viel mehr geschlossen werden kann. Ein Gegenstand, der es den Menschen ermöglicht, sich und andere zu positionieren und zu bewerten und speziell ihren Umgang mit Computer- und Internet-Technologie zu beschreiben. Ich fand diesen Gegenstand in der Figur des Nerds.[1]

TEIL 1

JEDER MENSCH IST EIN NERD

EINFÜHRUNG

Als ich angefangen habe, Freunden und Kollegen davon zu erzählen, dass ich ein Buch über Nerds schreibe, hat sich eine seltsam einhellige Reaktion eingestellt. Immer wieder wurde ich gefragt, ob ich mich denn selbst für einen Nerd hielte. Das überraschte mich. Nicht nur, weil es mir fragwürdig erschien, dass offenbar gemeinhin angenommen wird, man identifiziere sich als Kulturwissenschaftlerin zwangsläufig mit dem eigenen Untersuchungsgegenstand, sondern vor allem, weil ich nun wirklich nicht gerade dem Bild entspreche, was man sich lange Zeit von einem Nerd machte: jemandem, der Hornbrille trägt, unsozial und misanthropisch ist, im Keller haust und sich von Tiefkühlpizza ernährt, Allergien hat und unbeliebt ist. Stellt man sich unter einem Nerd nicht jemanden vor, der sich in besonderem Maße für Technik und Computer oder für Comics und Spiele interessiert?

Die Nachfragen waren ein Zeichen dafür, dass sich das Bild des Nerds offentbar verändert, erweitert, differenziert hat. Dass sogar eine Frau mittleren Alters, die sich um gesunde Ernährung bemüht und für Mode interessiert, ohne überdurchschnittlich technikaffin zu sein, als nerdig durchgehen kann. Scheinbar assoziiert man mit dem Nerd nicht mehr nur das Stereotyp vom pickeligen Brillenträger, sondern vielmehr einen Habitus: Man ist nicht mehr ein Nerd, sondern agiert auf irgendeine Weise nerdig. Mir wurde schlagartig klar: Der witzige Meme-Slogan aus dem Internet – «nerd is the new cool» – ist ernst gemeint. Er belegt zudem, dass «nerdig» gegenwärtig auch als Bewertungsinstrument für ästhetische Urteile zum Einsatz kommt und als Werkzeug der Distinktion dienen kann, wenngleich er als solches jetzt schon kaum noch geeignet scheint, weil der Begriff Teil der Massenkultur geworden ist. Mittlerweile gibt es kaum einen Film oder eine Serie, die ohne Nerds auskommt – und immer häufiger werden ihnen die Hauptrollen eingeräumt. Aus der Nerdfigur ist zudem ein über den technischen Bereich hinausgehendes Konsumphänomen geworden. Ihr äußeres Erscheinungsbild wurde als begehrenswerter Stil entdeckt und von zahlreichen Modekollektionen der letzten Jahrzehnte adaptiert. Der Begriff wird vielfach in Werbung und in der Markenbildung eingesetzt.

Als einer der Ersten in Deutschland hat Max Goldt den Nerd in einer Titanic-Kolumne von 1997 pointiert beschrieben: «Seit ich zurückdenken kann, gibt es junge Männer, die sich abends statt auszugehen daheim einem Steckenpferd widmen, sich von Mirácoli ernähren, keine Freundin haben, darunter nicht groß zu leiden scheinen und hellblaue Oberhemden und Hosen mit Gürtelschleifen, aber ohne Gürtel, tragen. Vor einem Jahr hörte ich erstmals das Wort ‹Nerd›. [...] Er, der Außenseiter ohne Pein. [...] ‹Nerds› haben sehr große Schlüsselbünde und sehr kleine Kaffeemaschinen.»[1] Dieses stereotype Bild vom Nerd hat Vorläufer, es gibt Überschneidungen mit anderen Figuren – dem Streber, dem Eierkopf, dem Hacker, dem Freak, dem Geek, dem Boffin, dem Otaku und einigen mehr. Gemein ist diesen Begriffen, so viel vorab, dass sie für die Kehrseite des Schönen und Gefälligen, des Zugänglichen und Verständlichen stehen. Nerdig zu sein bedeutet abzuweichen, aber nicht absichtlich oder gar programmatisch. Nerdig ist man, wenn einem die Abweichung unterläuft. Wenn einem egal ist, wie man sich kleidet, ernährt, in einer Gesellschaft verhält. Der Nerd hat deshalb viel mit Authentizität zu tun. Auch wenn er nicht gemocht wird – glaubwürdig erscheint er allemal. Nerdig zu sein ist keine Attitüde – glaubte man zumindest bisher.

Wie keine andere Figur steht der Nerd für das Informationszeitalter, ist mit Computertechnologie ebenso assoziiert wie mit der Gamekultur und wird auf eine Weise mit der Idee von Innovation verbunden wie ehedem die künstlerische Avantgarde. Eine beliebte Erzählung lautet, dass Nerds ungefähr in den 1980er und 1990er Jahren einen Imagewandel erlebten: Als die Technikskepsis noch Common Sense war, wurde der Nerd deutlich häufiger als sozial inkompetenter, unhygienischer Eigenbrötler beschrieben; heute nimmt man ihn überwiegend als charismatischen Insider wahr, als Eingeweihten, der alle Codes knackt und daher nicht nur die technische, sondern auch die gesellschaftliche Gegenwart mehr als die meisten anderen prägen kann. Das stimmt zum Teil, es wird aber deutlich werden, wie vielschichtig und verzweigt diese Entwicklung vonstattenging.

In kulturellen Debatten und gesellschaftlichen Diskursen nimmt der Nerd eine Schlüsselstellung ein. Widmet man sich seiner Geschichte von den Anfängen bis zur Gegenwart, wird deutlich, wie sich unsere Erwartungen und Wünsche in Bezug auf den technischen Fortschritt und Innovation verändert haben. Es geht in meinem Buch also nicht zuletzt um das Selbstverständnis einer Gesellschaft, die entsprechende Werte, Sichtweisen und Interessen in die Figur des Nerds projiziert. Seine Geschichte mit all ihren Charakterisierungen und Umdeutungen ist zugleich eine Geschichte unseres Verhältnisses zur Technik- und Internetkultur, zu Freizeit und

Arbeit, zu Konformismus und Nonkonformismus, zum Populären und Unpopulären, zum Schönen und Hässlichen, wie auch zu Fragen der Identität – der geschlechtlichen und ethnischen Zugehörigkeit.

Der Nerd ist eine Sozialfigur und als solche zeittypisch. Für ihr Entstehen gibt es gesellschaftliche, kulturelle, politische Gründe, und sie dient umgekehrt dazu, unsere Gegenwart zu beschreiben, zu analysieren und nicht zuletzt mitzugestalten. Eine Sozialfigur hat kaum feste Merkmale oder Eigenschaften. Nur so viele wie nötig, um wiedererkennbar zu sein, aber zugleich so wenige wie möglich, um allseits anschlussfähig zu bleiben.

Ob Mark Zuckerberg oder Daniel Düsentrieb, Harry Potter oder Michel Houellebecq: Auf alle trifft die Bezeichnung «Nerd» unter ganz bestimmten Voraussetzungen zu, sie alle lassen sich in irgendeiner Weise als Nerd beschreiben, andererseits aber auch wieder nicht – entscheidend bei solchen Zuordnungen ist, wie sinnvoll oder gar notwendig die Bezeichnung als Nerd jeweils ist. Die Tatsache, dass der Nerd in Relation zu so unterschiedlichen Figuren, aber auch Phänomenen gesetzt werden kann, zeigt – und das werde ich noch genauer ausführen –, wie stark diese Sozialfigur wirkt.

Inzwischen sind wir alle irgendwie zu Nerds geworden: Internet-Nerds, Fashion-Nerds, Food-Nerds, Sport-Nerds, neulich stieß ich sogar auf einen Instagram Account, der sich «Disney-Nerds» nannte – auf dem Profilbild sah man eine schrullige Arielle mit schwarzer Hornbrille. Und weil nun alles und jeder als nerdig oder Nerd bezeichnet werden kann, wird man sich nicht mehr lange selbst als Nerd inszenieren wollen. Die Figur überrascht kaum noch, erschöpft sich so langsam und wird sich deshalb womöglich in andere Richtungen weiterentwickeln.

Dass die Nerdfigur an Relevanz verliert, merkt man aber

nicht nur an ihrer Bedeutungsvielfalt, die eine Verwendung willkürlich erscheinen lässt, sondern auch daran, dass ihre einstmals negativen Konnotationen unter neuen gesellschaftlichen Vorzeichen zurückkehren: Seit einiger Zeit wird aus den Reihen des Feminismus etwa kritisiert, dass Nerds das Patriarchat unbemerkt in der Gegenwart fortführten. Warum sonst gebe es keine massenmedial etablierte weibliche Form der Bezeichnung «Nerd» – oder warum seien Nerds überwiegend männlich? Lebe im Computergenie nicht die fragwürdige Idee weiter, Männer seien intelligenter als Frauen? Verhindere die Nerdfigur als weiße, männliche Figur für People of Color und Frauen nicht sogar den Zugang zu Wissenschaft und Technik? Andere mutmaßten bereits, die Nerdfigur werde im Netz mittlerweile kulturell, ideologisch und personell derart von Trollen und Neuen Rechten okkupiert, dass sie über kurz oder lang nur noch mit unschönen Rassismen besetzt sein werde, was eine positive Ausdeutung nicht mehr zulasse – ähnlich wie im Fall des Internetmemes Pepe der Frosch. Tatsächlich scheint die bisher eher als unpolitisch bis links gedachte Nerdkultur anschlussfähig zu sein für rechte Ideologien. Sei es wegen des impliziten Überlegenheitsgefühls, das durch das Spezialwissen der Nerds gegenüber der übrigen Gesellschaft vermittelt wird, oder der Selbstmystifizierung, in der mithilfe einer Opfer- sowie Heldenerzählung auch gedankenloses, unsensibles oder ignorantes Verhalten gerechtfertigt wird.

Bis in die 1990er Jahre hinein begegnet einem der Nerd fast ausschließlich in populärkulturellen Produktionen und Debatten in den USA. Ein wirkliches Pendant im deutschsprachigen Raum hatte die in der amerikanischen Popkultur entstandene Figur zunächst nicht. Einzig der Streber wäre zu nennen, der sich allerdings in vielerlei Hinsicht vom Nerd unterscheidet. Zwar sind die meisten Pop-Phänomene nach dem Zweiten Weltkrieg in Deutschland kulturelle Importe aus den USA oder Großbritannien gewesen, daher erscheint diese Übertragung auch nicht überraschend. Allerdings trat die Nerdfigur erst erstaunlich spät außerhalb Nordamerikas auf den Plan. Man hatte hierzulande offenbar lange Zeit keine Verwendung für sie. Erst im Zuge von Netzdebatten in den 2000er Jahren etablierte sich der Nerd als eigenständige Figur unter dieser Bezeichnung im deutschsprachigen Raum. Hierfür waren nicht zuletzt die Berichterstattung über die sich damals formierende Piratenpartei und deren Wahlerfolge im Jahr 2009 ausschlaggebend. Im selben Jahr wurde die Nerd-Serie «The Big Bang Theory» erstmalig in Deutschland ausgestrahlt. Schon in den 1990er Jahren, als die Nerdfigur in den USA bereits zur Modeerscheinung geworden war, kamen freilich subtil immer wieder Aspekte der Figur durch Trends wie den sogenannten «Nerd Chic» oder «Geek Chic» auch nach Deutschland. Der Nerd fand vereinzelt Erwähnung, allerdings ohne im größeren Stil thematisiert oder reflektiert zu werden. In der Alltagssprache wurde er ebenfalls lange nicht verwendet. Später ist der Nerd im Kern eine Figur der westlichen Welt geblieben, wenn es auch verwandte Figuren wie den japanischen Otaku im ostasiatischen Raum gibt.[2] Die Otaku-Figur und die damit verbundene Kultur (Mangas, Comics, Animes, Idols uvm.) haben zwar im Zuge der Globalisierung und des damit verbundenen interkulturellen Austauschs durchaus Einfluss auf die westliche Nerdkultur genommen – und tut dies weiterhin. Allerdings gibt es große Unterschiede aufgrund kultureller Eigenheiten. Zudem blieb der Nerd auch von den mit der Otaku-Kultur verbundenen ostasiatischen Diskursen weitgehend unberührt. Ich behandle den Nerd deshalb vor allem als eine US-amerikanische Figur.

Die Geschichte des Nerds wird vor allem innerhalb der Popkultur erzählt, in Serien, Filmen, Zeitungsartikeln, Alltagstexten, populären Sachbüchern oder Bestsellern. Es mag als experimentelle Quellengrundlage erscheinen, wenn im Folgenden Serienfiguren die gleiche Aufmerksamkeit erfahren wie ehedem Figuren aus der Hochliteratur, Steve Urkel genauso ernst und genau genommen wird wie bisher nur jemand wie Goethes Faust. Doch für die Evolution des Nerds spielten und spielen nicht die schöne oder gelehrte, die philosophische oder wissenschaftliche Literatur eine führende Rolle, sondern vor allem populäre und oftmals visuelle Medien.

Es handelt sich deshalb um eine Popkulturgeschichte. Und diese Popkulturgeschichte des Nerds birgt eine Reihe überraschender Entwicklungen und Wendungen. Zwar hat sie keinen eindeutigen Startpunkt, sondern sogar diverse Vorläufer, doch die Etablierung der Figur fällt in die 50er Jahre des letzten Jahrhunderts. Dafür waren vor allem Teen Pics verantwortlich, in denen der Nerd zunächst als Spießer und Streber dem rebellischen Außenseiter-Helden gegenüberstand. Erst in den 1960er Jahren gewinnt er in Teenager-Komödien selbst einen außenseiterischen Status. Während in Filmen und Serien der Sportler als anti-intellektuell imprägnierter Vertreter für eine weniger rebellische als vielmehr konventionelle jugendliche Mainstream-Männlichkeit steht, gerät der Nerd zum verspotteten, zerstreuten, aber durch spezialisierte Interessen auch versierten Eigenbrötler – und knüpft damit an die Tradition von Sonderlingsfiguren wie dem verrückten Professor oder dem sogenannten «Eierkopf» an. Seine Karriere – und damit verbunden die positive Umdeutung – beginnt gleichzeitig mit jener der Computerpioniere in den 1980ern. Das wirkmächtige narrative Schema der Rache des Nerds setzt sich in fast allen Beschreibungen der Figur in Filmen, Serien und Zeitschriftenartikeln durch. In den Biografien von Bill Gates, Steve Wozniak oder Steve

Jobs findet es seine mythisch überhöhte Entsprechung, der Nerd wird zum Helden, zum Wunsch- und Vorbild für immer mehr Menschen.

Als alternative Galionsfigur der Computerwelt entwickelt sich aus dem Nerd der als Genie gefeierte wie gefürchtete Hacker sowie der popkulturenthusiastische Gamer, der mit den vorherrschenden linksalternativen Jugendkulturen so gar nichts mehr gemein hatte und damit erfrischend neu erschien. Daneben formierte sich ein spezifischer Silicon-Valley-Nerd, der anfänglich zwar als hippiesker Weltverbesserer beschrieben wurde, dem es um Freiheit und Gleichheit, ja um die Demokratisierung des Internets geht, der sich dann aber eher als hartherziger Neoliberaler herausstellte, der nach Erfolg, Geld und Macht strebt.

Da die Eigenschaften und Attribute des Nerdtums mittlerweile marktfähig geworden sind, differenziert sich die Nerdfigur seit einigen Jahren immer weiter aus. Angesichts der aufflammenden Kritik stellt sich vielleicht sogar die zugegeben polemische Frage: Muss der Nerd nun als alter weißer Mann in Pension geschickt werden?

DIE SOZIALFIGUR «NERD»

WIE ANSCHAUUNGEN VERKÖRPERT WERDEN

Die etymologische Herkunft des Begriffes «Nerd» lässt sich nicht eindeutig rekonstruieren.[1] Sicher ist: Bevor er im heutigen Sinnzusammenhang aufkam, gab es bereits verschiedene Versuche, den Typus, den er benennt, anderweitig zu beschreiben. In Deutschland wird beispielsweise zunächst und je nach Kontext von «Streber», «Eierkopf», «Computerkid» oder «Computerfreak» gesprochen, bis dafür kurzerhand der Begriff «Nerd» aus dem Amerikanischen importiert wurde. Doch bei «Nerd» handelt es sich nicht nur um ein Wort oder einen Begriff. Mit ihm sind auch eine mal mehr und mal weniger konkrete menschliche Gestalt sowie damit einhergehende Eigenschaften verbunden.

Unzählige Texte und Bücher zum Nerd haben deshalb die gleiche Neigung: Sie analysieren den Nerd immer auch als «Menschentyp» oder «Sorte Männer», als Summe von Charaktereigenschaften. Mir geht es hingegen um den Nerd als «Figur». Unabhängig davon, ob etwas eine rhetorische Figur, eine literarische Figur, eine Sozialfigur oder sogar eine geometrische Figur ist:[2] In dem Oberbegriff drückt sich bereits das Gestaltete aus, er verweist darauf, dass ein Stoff künstlich in Form gebracht wurde. Zugleich beinhaltet er aber auch das Modellhafte. Auch eine Sozialfigur wie der Nerd ist folglich immer konstruiert und schematisch, basiert

zwar auf den Eigenschaften, Merkmalen oder Verhaltensweisen tatsächlich existierender Menschen, spitzt diese aber
typologisch zu. Das heißt: Die Nerdfigur dient dazu, existie-
rende individuelle eigenbrötlerische junge Männer zu beschreiben und zu einem kollektiven begreifbaren Typus mit
ganz spezifischen Eigenschaften und einer relativ eindeutigen
Optik zusammenzufassen. Dadurch ist die auf diese Weise
entstandene Konstruktion «Nerd» dann so abgrenzbar und
evident, dass man sich mit ihr identifizieren oder sie paro-
dieren kann. Dass man auf die Idee kommen kann: Ich
möchte ein Nerd sein – oder alles, bloß das nicht. Wenn sich
aber kaum noch jemand mit dem Nerd identifizieren kann,
bedeutet das im Umkehrschluss, dass er aufhört, weiter als
Figur zu existieren. Insofern ist eine Figur wie der Nerd an-
gewiesen auf Anerkennung von Rezipienten.

Sozialfiguren sind ein Werkzeug, «um denjenigen Fragen
nachzugehen, die den Menschen der Gegenwartsgesellschaft
‹unter den Nägeln brennen›», heißt es in einem der wenigen
grundlegenden Aufsätze zum Thema.[3] Sie dienen dazu, sich
zu artikulieren, und sind in diesem Sinne durchaus vergleichbar mit Begriffen. Sie besitzen zudem eine eigene Geschichte
und Herkunft, haben Vorläuferfiguren, die Aspekte ihrer
Bedeutung bereits teilten und nur noch nicht so benannt
waren.

Umso erstaunlicher, dass die Erforschung von Sozialfiguren in der soziologischen Zeitdiagnostik zwar seit einigen
Jahren als eigenständiges Feld begriffen wird, es aber weder
eine «Theorie der Sozialfigur» gibt noch eine Historisierung
und Versuche benachbarter Disziplinen, die Konturierung
von Sozialfiguren auch für kulturelle Analysen fruchtbar zu
machen.

In einem Sammelband über «Sozialfiguren der Gegenwart» grenzen die Herausgeber Stephan Moebius und Markus Schroer Sozialfiguren explizit von gesellschaftlichen Rol-

len ab. Letztere ließen sich «meist einer bestimmten Sphäre des Sozialen zuordnen», etwa «Wähler im politischen, Väter im familiären» Bereich verorten etc.[4] Sozialfiguren – und das trifft auch auf den Nerd zu – zeichnen sich demgegenüber dadurch aus, «dass sie zwar aus verschiedenen Feldern stammen, ihre Tätigkeiten sich aber mehr und mehr verselbstständigen.»[5] So tritt der Nerd längst nicht mehr nur in seinen Herkunftsbereichen (Schule, Computer und Technik, Comics und Spiele) in Erscheinung. Das wird deutlich, wenn Naturliebhaber «Nature Nerds» genannt werden. Sogar im Sportbereich ist etwa von «Basketball Nerds» die Rede. Dass die Verwendung des Begriffs mittlerweile sogar gerade dann besonders effektvoll ist, wenn er mit seiner ursprünglichen Bedeutung bricht, zeigt zwar, wie evident der Nerd als Sozialfigur ist. Gleichzeitig verliert eine Sozialfigur aber auch ihre sozialdiagnostische Relevanz, wenn sie immer inflationärer verwendet wird.

Um als Ausdrucks- und Reflexionsform anwendbar und wirksam werden zu können, müssen Sozialfiguren eine gewisse Popularität ausgebildet haben. In diesem Sinne ist auch der Nerd durch wenige einprägsame Merkmale – seien es optische, wie die Brille, oder habituelle, wie Tollpatschigkeit – schnell und einfach zu erfassen, egal ob er jeweils als Held oder Anti-Held auftritt. Durch sein karikaturartiges Erscheinungsbild lässt er sich mit wenig Aufwand nachzeichnen, kopieren, wiederholen und damit verbreiten. Er tritt (deshalb meistens in klischeehaft vereinfachter Form) überwiegend in Filmen und Fernsehserien, Comics, Zeitgeistartikeln, Werbung und Internetphänomenen (z. B. Memes) in Erscheinung. Außerdem ist der Begriff «Nerd» Bestandteil der Alltagskommunikation.

Sozialfiguren verdichten und verhandeln den Zeitgeist. In ihnen kommen, so die Soziologen Sebastian J. Moser und

Tobias Schlechtriemen, stets «krisenhafte Erfahrungen» zum Ausdruck, «auf die es noch keine klaren oder gar institutionalisierten Antworten gibt».[6] Sie vermitteln «Tendenzen [...], zu denen sich die Zeitgenossen (noch) nicht klar positionieren können». Neue Sozialfiguren tauchen also meist dort auf, wo sich struktureller Wandel andeutet oder in Ansätzen bereits vollzieht. Sie gelangen «in Zwischenzeiten» an die Oberfläche und stehen «in enger Verbindung zu einer spezifisch historisch-sozialen Konstellation».[7] Der Nerd wurde durch die Entstehung und Etablierung der Computertechnologie in der zweiten Hälfte des 20. Jahrhunderts populär, steht also für den Übergang ins Informationszeitalter, bis er sogar zur stilgebenden Figur eines neuen Technikoptimismus avancierte. Aber er steht ebenso für den Übergang zu einer insgesamt weitaus kulturoptimistischeren Betrachtungsweise, einer Abnahme des Anti-Intellektualismus und eines (intellektuellen) Lobs und schließlich selbstverständlichen positiven Umgangs mit Populärkultur.

Jede Zwischenzeit hat einen Anfang und ein Ende: «Sobald innerhalb der sich wandelnden Verhältnisse neue normative Verhaltensstandards elaboriert werden konnten, verschwindet die Sozialfigur bzw. das ausgeprägte Interesse an ihr. Sie wird unattraktiv und gerät in Vergessenheit.»[8] Auch Gerd Stein hat bereits darauf verwiesen, dass es sich bei Kulturfiguren und Sozialcharakteren um «zeitgebundene beziehungsweise historische Gestalten» handle, die irgendwann aus dem Gebrauch verschwinden und in Alltag und Popkultur keine Verwendung mehr finden.[9] Doch auch wenn der Begriff ausgedient hat, bleiben verschiedene Eigenschaften oder Lebensweisen, die der Figur nachgesagt werden, erhalten. Sie gehen dann in anderen, neuen Figuren auf.[10] Daher stellen sich folgende Fragen, die ich auch beantworten möchte: Welche Figuren sind dem Nerd vorausgegangen? Welche begleiten ihn? Welche werden ihm folgen?

DER BÜRGERLICHE SPIESSER

WIE DER NERD AUS DEM SQUARE HERVORGING

Am 8. Oktober 1951 erschien im US-amerikanischen Nachrichtenmagazin «Newsweek» ein ausführlicher Artikel über die damals aktuelle Jugendsprache, zugleich ein lustig-ironisches Glossar der neuen Trendbegriffe und -sprüche. Mit «a double bubble» bezeichnete man zum Beispiel ein besonders attraktives «Girl», «hook» nannte man einen Verliebten, als «flookies» beleidigte man Idioten, zu einem fleißigen Burschen sagte man «book gooks» und von «nerd» sprach man neuerdings anstelle von «drip oder square».[1] «Drip» lässt sich mit «Null» übersetzen. Interessanter und etwas vielschichtiger ist hingegen der Begriff «Square», auch weil er heute noch synonym manchmal zu «Nerd» verwendet wird.[2]

In den 1950er Jahren spielte der Square als Typus für die Beat-Literatur eine wichtige Rolle, und zwar deshalb, weil er eine biedere Gegenfigur zum Selbstentwurf einiger damaliger Autoren als aufregende Beatniks darstellen sollte. Schon dem Namen nach meint der Square – nicht zufällig ein Begriff aus der Geometrie – eine Person, die konventionell und geradlinig ist, die für mathematisches Denken steht, aber auch den «Quadratschädel», der starrsinnig an seinen Werten festhält und nur schwer von etwas anderem zu überzeugen ist. Ein Quadrat ist keine originelle, keine freie Form, seine vier Seiten sind gleich lang und leicht zu berechnen. Es ist kein dynamisches oder gar kreatives Polygon, vor allem aber kommt es als Naturform im strengeren Sinne nicht vor, ist nicht natürlich, sondern gemacht oder konstruiert. Dem Square, dem Angestellten, dem spießigen Durchschnitts- oder Büromenschen stand der unkonventionelle, spontane, chaotische, kreative, irgendwie authentische Beatnik, ja die gesamte Beat-Generation als Jugend- und Subkultur gegen-über. Der Square verhielt sich zum Beatnik wie die Ameise zur Heuschrecke in der Fabel von Äsop: Hatte sich die Heu-schrecke den ganzen Sommer über auf dem Feld amüsiert, sammelte die fleißige Ameise für den Winter Getreide. Als der Winter dann kam, musste die hungernde Heuschrecke betteln gehen, während die Ameise als Profiteurin hervor-ging.

In seinem Manifest «This is the beat generation», das 1952 in der Sunday New York Times veröffentlicht wurde, setzte John Clellon Holmes «square» in Anführungszeichen, um zu zeigen, dass er mit der Slang-Sprache der Beatniks vertraut war: «Im wildesten Hipster, der aus Bop, Drogen und dem Nachtleben ein eigenes Mysterium macht, […] gibt es nicht den Wunsch, die ‹square›-Gesellschaft, in der er lebt, zu zerschlagen, sondern nur, sich ihr zu entziehen.»[3] Der quadratisch-praktischen Elterngeneration wollten die Beat-niks entkommen, aus der prüden, konformistischen, büro-kratischen Nachkriegsgesellschaft mit ihren Hemden, Kühl-schränken, Fernsehern und Automobilen aussteigen – denn durch sie werde man, wie es in einer berühmten Passage von Jack Kerouac heißt, eingekerkert in das «System von arbei-ten, produzieren, konsumieren, arbeiten, produzieren, kon-sumieren.»[4] Dagegen führten die Beatniks das ungebundene, intensive Leben ins Feld, die «echten» Momente und authen-tischen Gefühle. Kreativität wird nicht durch Disziplin «erarbeitet», sondern ereignet sich geradezu, expressive Gesten werden durch spontane Inspiration oder ekstatische, erweiterte Bewusstseinszustände hervorgebracht.[5]

Sie kommen «mit Bärten und Sandalen» daher, schreibt Lawrence Lipton 1959 im Vorwort zu seinem Roman «The Holy Barbarians», der als Reiseführer in die Welt der Beat-Generation bezeichnet wurde.[6] Die Beatniks lassen sich den Bart wachsen und tragen ihre Hemden offen zu Jeans oder anderen Freizeithosen aus einem Second-Hand-Geschäft. Auf den Schlips verzichten sie natürlich, verkörpert er in ihren Augen doch die Einengung durch das bürgerlich-spießige Leben.[7] Während die Squares Normalos sind, die – wie Lipton abfällig-ironisch anmerkt – morgens oder nachmittags arbeiten oder heiraten, sind die Beatniks Nachtmenschen.[8] Formlosigkeit, Ungezwungenheit, Ungebundenheit und Authentizität gehören fortan zu den festen Wesensmerkmalen von Sub- und Jugendkulturen.

Aus heutiger Sicht hat dieser biedere Büro-Square nur wenig mit dem Nerd gemein. Doch dass sich die Bezeichnung «Square» seit den frühen 1950er Jahren mit der des «Nerds» deckt, verdeutlicht ihre ursprüngliche Verortung außerhalb hipper Sub- und Jugendkulturen. Der Nerd erhielt damit eine Funktion, die er teilweise noch heute besitzt: Von Nerds bzw. Squares konnten sich die coolen Angehörigen von Subkulturen positiv abgrenzen.

Besonders süffisant wird dieses banale Mittel der Distinktion vom Satiremagazin MAD 1960 hervorgehoben, als die Beatniks bereits überaus populär waren. Die September-Ausgabe zeigte die parodistische Werbung «RENT A ‹SQUARE› FOR YOUR NEXT BEATNIK PARTY».[9] Darauf abgebildet ist ein typischer wohlhabender bürgerlicher mittelalter Mann mit seiner «steifen Puppe». Interessanterweise wird dem Square, wie später auch dem Nerd, hier bereits die Fähigkeit aberkannt, eine «echte» Frau zu «erobern» – es reicht nur für eine leblose «Puppe» (beim Nerd ist es dann tatsächlich eine Puppe).

Mit der Unterschrift «ADD A NEW WILD KICK TO YOUR EVENING» amüsieren sich die Macher von MAD über die einsetzende Homogenisierung der Beatnik-Kultur, die in kürzester Zeit eigene Normen und Konventionen etabliert hatte.[10] Bei dieser fiktiven Werbung handelte es sich nämlich um eine Parodie auf ein echtes Unternehmen namens «Rent-A-Beatnik», das 1959 von Fred W. McDarrah in New York gegründet wurde. Bei McDarrah, der zu diesem Zeitpunkt hunderte von Beatniks kannte, mieteten gutbetuchte Bildungsbürger die verruchten Autoren, um sie auf ihren Partys Gedichte lesen zu lassen. Dabei sollten sie sich zwar ein bisschen rebellisch gerieren, aber natürlich auch nicht allzu «schmutzig» wirken. Aber auch in Square-Kreisen wurde der Beatnik instrumentalisiert. Die Squares nutzten ihre vermeintlich avantgardistischen Gäste, um sich selbst einen hippen Anstrich zu verleihen. MAD verspottete mit seiner Werbung die Heuchelei der Beatniks, die derartige Geschäfte sonst offen ablehnten.[11]

Die Kommunikationswissenschaftlerin Christine Quail hat diese spezielle Figurenkonstellation die «Hip/Square-Dialektik» genannt und verortet die Nerdfigur ebenfalls in die Tradition früher Square-Figuren.[12] Eine der ersten amerikanischen Fernsehshows, in der die beiden gegensätzlichen Figuren als Paar popularisiert wurden, war die von Max Shulman kreierte Sitcom «The Many Loves of Dobie Gillis» (1959–63), in der die Hauptfigur Dobie (gespielt von Dwayne Hickman) den Square darstellt und sein Freund Maynard (gespielt von Bob Denver) den Beatnik. Während Dobie nach Erfolg, Geld und der Aufmerksamkeit schöner und unerreichbarer Mädchen strebt, allerdings selbst keine dieser Qualitäten im Überfluss besitzt, ist Maynard ein gesellschaftlicher Aussteiger, der sich keinesfalls von Frauen, wohl aber von Autoritätspersonen und Arbeit fernhält (er kreischt jedes Mal, wenn er das Wort «Arbeit» hört). Als begeisterter Fan von Jazzmusik spielt er Bongos und sammelt versteinerte Frösche. Er spricht immer in der Umgangssprache und dem Slang der Beatniks, die er bewundert, und neigt dabei zu Malapropismen.

Der (künstliche) Konflikt zwischen Beatniks und Squares ist wiederum eine kulturgeschichtliche Fortsetzung der älteren europäischen Unterscheidung zwischen Poeten und Philistern.[13] Auch sie waren einander unentbehrlich: Wie der Square als Negativfolie für den Beatnik fungierte, stellten auch die Poeten der Romantik ihre Philisterfeindlichkeit regelrecht aus. Ein Beispiel: 1811 teilte Achim von Arnim den Brüdern Grimm die Gründungsidee zu einer «deutschen Freßgesellschaft» mit, später ausgearbeitet zum «Vorschlag zu einer deutschen Tischgesellschaft».[14] Darin wurden, wie so oft, die spießigen Philister programmatisch aus dem künftigen Gesprächskreis verbannt.

Allerdings glich die Arnim'sche Tischgesellschaft selbst einem detailreich ausgearbeiteten Regelwerk, in dem haargenau festgelegt wurde, wann was zu welchem Preis konsumiert wurde, in welchen Abständen die Treffen stattfinden sollten, welcher Tagesordnung zu folgen war, wer kommen durfte – und vor allem: wer nicht. Neben den Philistern waren das Frauen und Juden. Die kokette Philisterkritik war folglich sehr gut mit Ressentiments verschiedener Art zu vereinbaren.[15] Eine spießigere, angestrengtere Tischrunde hätte man sich wohl kaum vorstellen können.

Während sich der Square als Sozialfigur kaum über einen längeren Zeitraum etablieren konnte, hat der hier erwähnte Philister eine lange Tradition, die vom 18. bis ins beginnende 20. Jahrhundert reicht.[16] Von ihm handelt auch der Text

«Der Kleinstadtphilister» von Kurt Tucholsky, den dieser im Oktober 1920 unter dem Pseudonym «Ignaz Wrobel» in der Volkszeitung für die östlichen Grenzlande veröffentlichte. Darin kommt zu der üblichen Charakterisierung des Philisters ein Element hinzu, das erstaunlich gut die spätere Nerdfigur beschreibt: «Nun besteht das Wesen des Philisters vor allem darin», schreibt Tucholsky, «dass er sich einbildet, sein eingelernter Kram von Fortschritten der Technik, Geschichtsdaten, Zeitungsnotizen und geschäftlichen Handgriffen sei etwas Rechtes. Diese Gattung hat vor allem immer in Deutschland geblüht, wo unter Wilhelm der handgreifliche Erfolg alles und das Herz nichts war. Der Philister der modernen kleinen Stadt ist unduldsam und hartköpfig. Was da allabendlich in [...] diese unpersönlich eingerichteten Stammtischzimmer rollt, will nichts von der fremden Welt wissen und weiß nichts von ihr.»[17] Er trage einen «weißen hohen Kragen» und wird von allen mit «Herr Kalkulator» angesprochen. Philister «haben zu Feld, Wald und Wiese kein Verhältnis mehr, so wie sie zu den Frauen und zum lieben Gott keines mehr haben.»[18]

Tauscht man «Stammtischzimmer» mit «Lan-Partys» aus und «Herr Kalkulator» mit «Herr Informatiker», könnte man sich unter dieser Beschreibung zweifellos auch einen Nerd vorstellen. Übrigens zeichnet Tucholsky in Anspielung auf die Figuren von Carl Spitzweg einen Philister, der einzig auf bestimmte Bereiche (und zwar solche, die mit Technik und Daten zu tun haben) fokussiert ist und dabei seine Gefühle («Herz») und sein Verhältnis zur Natur verliert. Solche autistischen Züge wurden später auch dem Nerd attestiert. Mit der früheren Bedeutung der Sozialfigur war Tucholskys technikskeptische Volte in den 1920er Jahren indessen nicht mehr in Einklang zu bringen, wurde der Philister doch bislang vor allem als bürgerlich, träge, antiquiert und gerade nicht als fokussiert oder technisch versiert dargestellt. Im

Zeitalter der Romantik galt der Philister noch relativ einheitlich als stumpfsinniger, geistloser Spießer, der Bildungsphilister als jemand, der seine vermeintliche kulturelle Bildung bloß vorgibt: Im Zeitalter der Nervosität, in den ersten Jahrzehnten des 20. Jahrhunderts, musste er für jede vermeintliche Fehlentwicklung in der Gesellschaft herhalten. Indem er, wie Gerd Stein in seinem Buch «Kulturfiguren und Sozialcharaktere» ausführt, «Positionen, die sich nicht mehr auf einen gemeinsamen Nenner bringen [ließen], geltend machen mußte», büßte er allmählich seine Aussagekraft ein.[19] Er wurde derart mit Bedeutungen überfrachtet, dass er als relevante Sozialfigur verschwand – ein Schicksal, das im 21. Jahrhundert auch dem Nerd drohen könnte.

KEIN COOLHUNTER

DIE ANFÄNGE DES NERDS
IM TEEN MOVIE

Kaum ein Format war für die Entwicklung der Nerdfigur so bedeutend wie das der «Teen Pics», «Teen Movies» oder «Teen TV Shows». Durch sie hat sich das Bild verfestigt, das wir noch heute vom Nerd besitzen. Ab den ausgehenden 1960er Jahren lässt sich beinahe in jedem Teenagerfilm und jeder Teenagerserie mindestens ein Nerd ausmachen, ab den 1970ern wird die Figur in vielen Fällen auch explizit als solche benannt. Der Nerd hat sich also nicht innerhalb von Familiendramen oder -komödien, in Western- oder Action-filmen, im Thriller- oder Fantasy-Genre etabliert, sondern spielt gerade für das Format der Teen Pics eine wichtige Rolle. Teen Pics gab es aber schon, lange bevor der Nerd zu einem ihrer populärsten Protagonisten wurde.

Im beginnenden 20. Jahrhundert wurden Teenager zunehmend Thema der Massenmedien und damit als solche überhaupt erst sichtbar. Dafür werden gemeinhin zwei Gründe genannt: Um 1900 entdeckte man in der Psychologie die Adoleszenzphase als einen relevanten Analysegegenstand. Insbesondere Granville Stanley Hall hat die Besonderheiten des Übergangs von der Kindheit zum Erwachsensein und ei-ner damit einhergehenden eigenen Sprache und Kultur untersucht.[1] Außerdem verbreiteten sich Kinos, in denen sich junge Menschen außerhalb der Schulzeit treffen, weitgehend ungestört Zeit miteinander verbringen und damit eine Gruppenidentität ausbilden konnten.[2] So erkannten die Filmstudios Teenager schnell als neue Zielgruppe und produzierten immer mehr Filme mit jungen Stars.

Allerdings spiegelten diese Filme meistens nicht die Ansichten und Wünsche der damaligen Teenager wider, sondern erfüllten die Erwartungen der Erwachsenen, sprich: deren überwiegend konservative Werte und moralische Standards. Für die Einhaltung der moralisch wünschenswerten Inhalte sorgte der sogenannte «Hays Code», eine Zusammenstellung verschiedener Richtlinien für Spielfilmproduktionen, die insbesondere die Darstellung von Kriminalität, Sexualität und politische Inhalte regulierten. Als die MPPDA (Motion Picture Producers and Distributors of America, Inc., heute MPAA), der Dachverband der US-amerikanischen Filmproduktionsfirmen, den Kodex 1930 übernahm, geschah dies zuerst auf freiwilliger Basis, zwischen 1934 und 1967 wurde er obligatorisch. Erst nach seiner Abschaffung taucht die Nerdfigur in Teenagerfilmen explizit auf. Warum? Es fällt ins Auge, dass ihr Aufkommen eng mit dem des jugendlichen Rebellen in Zusammenhang steht, der sich als Figur ebenfalls erst nach der Abschaffung der Richtlinien und der Einführung verschiedener Altersfreigaben – die exklusive Inhalte für Jugendliche ab 17 überhaupt erst ermöglichten – genreübergreifend etablierte.

Der Rebell trat aber auch schon in den 50er Jahren vereinzelt in Erscheinung, etwa in «Rebel without a Cause» (1955) von Nicholas Ray. Der Film beginnt mit einer Sequenz, in der die rebellische Hauptfigur vorgestellt wird: Jim Stark (James Dean) liegt betrunken auf der Straße und wird von zwei Beamten in die Jugendabteilung des Polizeipräsidiums gebracht. Die erste Innenaufnahme des Präsidiums zeigt nicht zufällig den fünfzehnjährigen John (Sal Mineo), der wegen seines besonderen Interesses an Büchern auch «Plato» genannt wird und wiederum keinesfalls zufällig in Begleitung seiner Mutter am Empfang steht.

Bereits in dieser frühen Sequenz wird eine Gegenfigur zum Rebellen aufgebaut: der schüchterne Angepasste, der nicht aus seiner Haut kann. Zwar handelt es sich noch nicht um den Nerd, aber einige Parallelen stechen doch ins Auge. Wenig später folgt die erste Begegnung der beiden Protagonisten: Plato zeigt sich offenkundig hilfsbedürftig und uneigenständig, er zittert schuldbewusst, seine Mutter redet fürsorglich auf ihn ein; Jim beobachtet die Szene, kommt auf die beiden zu und bietet seine Jacke an. Da wendet Plato den Blick ab und schaut beschämt zu Boden, hält – so wirkt es zunächst auf die Zuschauer – der coolen, männlichen Pose seines Gegenübers nicht stand. Plato ist in diesem Moment das Gegenteil von «cool» und «männlich», wobei «männlich» zugleich eine Voraussetzung für «cool» ist. Das zeigt sich auch im weiteren Verlauf dieses frühen Teen Movies. Im Verhör wird Plato vom Kommissar als «unnormal» charakterisiert (er wird gefragt, ob er denn schon mal bei einem Psychiater war); bei einer Vorführung im Planetarium versteckt er sich unter seinem Sitzplatz, da ihm das immersive Geschehen offensichtlich zusetzt, und schließlich wird immer deutlicher, worauf sein Verhalten zurückzuführen ist: Er hegt homosexuelle Gefühle für Jim. Natürlich wird Plato von seinen Mitschülern verspottet. Dass der uncoole, unmännliche Plato in Opposition zu den Mitschülern steht, zeigt sich auch im jeweiligen Erscheinungsbild: Während die anderen mit Lederjacken und Rock'n'Roll-Frisuren ausgestattet sind, trägt Plato einen sauberen schwarzen Anzug mit Einstecktuch.

So verschieden der Nerd später auch dargestellt werden mag, ist ihm eine wichtige Funktion stets gewiss: Er ist der

Konterpart jener Figuren, die in den jeweiligen Filmen und Serien als begehrenswert gezeigt werden, deren Erscheinung und Attitüde für die Zuschauer aus verschiedenen Gründen als erstrebenswert gelten. Der Nerd ist jene Negativfolie, vor der die populären Figuren erst besonders gut zur Geltung kommen. Sein Gegenspieler in Teenagerfilmen und -serien ist – zumindest bis in die späten 1970er Jahre – der Rebell.

Selbst wenn er später als Jugendlicher gezeigt wird, trägt der Nerd oftmals Hemd und/oder Brille. Er kleidet sich demnach wie ein Erwachsener. Während die meisten Gegenkulturen mit der Entstehung eigener Jugendkulturen verbunden waren, steht der Nerd für eine Jugend ohne eigene Kultur. Er wird als «erwachsenes Kind» charakterisiert (zum Beispiel als Fan von Comics oder Mangas), aber nie als ein typischer «Teenager». Auch Plato ist kindlich und erwachsen zugleich – aber kein Jugendlicher.

Tatsächlich liegt mit Plato für das Jahr 1955 eine erstaunlich komplexe und interessante nerdige Figur vor – und in der Zusammenstellung von Jim und Plato eine ebenso vielschichtige Figurenkonstellation, wie sie in den nachfolgenden Jahren seltener zu finden ist. Mit der nur subtilen Anspielung auf Homosexualität umging Nicholas Ray gerade so den Hays-Kodex (bereits kurz nach Beginn der Dreharbeiten drohte die Einstellung der Produktion), und es handelte sich insgesamt um ein ambitioniertes Regiewerk, dem keinesfalls an leichter Unterhaltung gelegen war. Der Film gilt als Porträt der sogenannten «Silent Generation», der Teenager der 1950er Jahre, denen nachgesagt wurde, von Zukunftsangst und Richtungslosigkeit betroffen zu sein. Im paranoiden politischen Klima der McCarthy-Ära seien sie in ihrer freien Meinungsäußerung und Lebensgestaltung besonders eingeschränkt gewesen.[3] Die Sozialfigur des Nerds, im Filmbeispiel dargestellt in Plato, stellt hier nun einerseits eine Überzeichnung dieser schweigsamen Generation dar, das Opfer jener «Diktatur der Angepassten» – und Jim als Rebell hingegen die Ausnahme, das, was alle in dieser konformistischen Generation sein wollen, aber nicht sind. Andererseits ist Plato innerhalb dieser neuen Jugendgeneration, die entweder aus Rebellen oder einfach gelangweilten Rowdys besteht, die Ausnahme von der dort vorherrschenden Regel der Andersartigkeit. Als Fortsetzung der Spießerfigur stellt der Nerd dieser Zeit die Regeln und Werte der Elterngeneration nicht infrage, gerät aber gerade in der Folgezeit durch seine Sonderstellung innerhalb der nichtspießigen Mehrheit – der sozialen und Figuren-Gruppe Jugend – zum Außenseiter. Vor diesem Hintergrund vollzieht die Nerdfigur im anschließenden Jahrzehnt einen Wandel: vom angepassten, uncoolen Spießer zum unangepassten, unbeliebten, sozial inkompetenten Außenseiter. Er sticht fortan aus einer bürgerlichen Normgesellschaft heraus.

Während man in den Teenagerfilmen der 1960er Jahre immer wieder auf unterschiedlich stark ausgeprägte Gesten der Rebellion traf, änderte sich die Atmosphäre des Formats in den 1970er Jahren. Nachdem Nixon aus dem Amt geschieden war (1974) und der Vietnamkonflikt schließlich mit einer Niederlage der USA endete (1975), flüchtete sich das Land laut Rob McInnes und Timothy Shary in eine Hinwendung zur Populärkultur, die durch massive Zweihundertjahrfeiern und das Aufkommen der Discomusik gekennzeichnet war. Die Teenager der späten 1970er Jahre hatten ihre Prioritäten im Vergleich zu ihren Altersgenossen ein Jahrzehnt zuvor radikal geändert: «Anstatt zu protestieren, betteten sie sich in Polyester», beschreiben die Filmwissenschaftler die US-amerikanischen Teen Pics dieser Zeit.[4] Dabei haben sie eine interessante Beobachtung gemacht: Zwar entstand im Zuge der 68er-Bewegung, die Konzepte wie die

romantische Liebe, aber auch Rassen- und Geschlechter-
stereotype infrage stellte, eine Reihe von progressiven Filmen, Serien und Texten – doch machte sich zur gleichen Zeit
auch eine gegenläufige Tendenz bemerkbar. Es wurden immer mehr Filme gedreht, die konservative Haltungen und
Wünsche insbesondere junger Männer aufgriffen, um eine
Sehnsucht nach den alten Werten einer verklärten Vergangenheit zu bedienen.[5] Solche Filme waren von nostalgischen
Gefühlen gegenüber der Nachkriegszeit geprägt, als junge
Männer noch als das «starke Geschlecht» galten. Die Darstellung der eigenen Gegenwart und eine damit verbundene
Auseinandersetzung wurden zugunsten einer verklärten Ver-
gangenheit gemieden.

In diese Zeit fällt auch die ABC-Teenager-Serie «Happy
Days» (Erstausstrahlung 1974), durch die die Bezeichnung
«Nerd» ins US-amerikanische Fernsehen kam. Auch sie
spielt in der Nachkriegszeit – in Milwaukee, Wisconsin,
Mitte der 1950er Jahre. Die Serie dreht sich um die vier
Freunde Richie Cunnigham (Ron Howard), Warren Weber –
genannt «Potsie» – (Anson Williams), Ralph Malph (Don
Most) und Arthur Herbert Fonzarelli – genannt «Fonzie» –
(Henry Winkler). Letzterer trägt eine Haartolle, Lederjacke,
die üblichen Attribute des Nachkriegs-Rebellen. Anders als
der lässige Jim Stark alias James Dean ist Fonzie jedoch immerzu darauf bedacht, seine Coolness und Männlichkeit
auszustellen.

Besonders effektvoll (Publikumslacher werden eingespielt)
erfolgt diese Zurschaustellung im Umgang mit Frauen und
Nerds. Fonzie weiß, was Frauen wollen, und fungiert bei seinen Freunden als Berater (Wie komme ich an ein Date? Wie
öffne ich einhändig einen Büstenhalter? etc.). Ralph Malph
und Potsie werden von Fonzie immerzu als Nerds entlarvt,
aber nicht weil sie asozial, Außenseiter oder besonders intelligent wären, sondern vor allem wegen ihrer Bereitschaft,

Happy Days, 1974–1984

praktisch alles zu tun, um sich anzupassen. Die Entstehung der Nerdfigur aus dem Spießer und seine Fortsetzung in der Darstellung des Angepassten der «Silent Generation» wird hier parodistisch zugespitzt und in Form einer Retroserie gleichsam historisiert.

Genauso wie der Rebellenstatus von Fonzie: In einer Welt von angepassten Teenagern sticht er auf den ersten Blick als Außenseiter hervor und erfreut sich gerade deshalb großer Beliebtheit. Allerdings trügt seine Rolle: Zwar ist er durch

sein Erscheinungsbild und den biografischen Hintergrund
(es wird stets betont, dass er ein «Schulabbrecher» ist) oberflächlich als Rebell zu klassifizieren, später wird er aber
heimlich die Abendschule besuchen und sogar seinen High-
school-Abschluss machen. Damit wird das jugendliche Ideal
des Rebellen subtil dekonstruiert und auf Eigenschaften reduziert (Männlichkeit, Beliebtheit bei Frauen etc.), die innerhalb der Teen Pics in den 8oer Jahren recht umstandslos in
die Figur des «Jocks», des Sportlers einfließen werden – der
sich nicht gerade als gegenkulturelle Figur geriert, sondern
durch seine konventionelle jugendliche Mainstream-Männlichkeit besticht.

FOUR EYES UND PIZZA FACE

«WIR NENNEN UNS NICHT SO, ANDERE MACHEN DAS!»

Eine Reihe kurzer Sketche mit dem Titel «The Nerds» in der US-amerikanischen Comedyshow «Saturday Night Live» macht die Nerdfigur 1977 schlagartig bekannt. Während vorher nur vereinzelt vom «Nerd» gesprochen oder geschrieben wurde, gestalteten die Fernsehautorinnen Rosie Schuster und Anne Beatts zwei sogar noch heute passende Figuren zu dem Begriff. Vielleicht ist es nur Zufall, dass Letztere sich selbst als Tochter zweiter Beatniks bezeichnet hat.

Im Mittelpunkt der Sketche stehen die beiden nerdigen Teenager Lisa Loopner (Gilda Radner) und Todd DiLaMuca (Bill Murray), die sich permanent einen ebenso scharfen wie witzigen Schlagabtausch liefern. Die meisten Sketche spielen im Haus von Lisas Mutter, Mrs. Loopner (Jane Curtin), die immer einen Hausmantel trägt und auf extrem pointierte (und ironische) Art und Weise ihren Hausfrauenpflichten nachgeht. Hier dient die stilistische Anspielung auf das Frauenbild der 1950er Jahre nicht mehr der Verklärung, sondern folgt kritisch-satirischen Motiven. Nerds, das lernt man hier, kommen nicht aus dem Bildungs- oder Großbürgertum, sondern gedeihen in einfachen (klein-)bürgerlichen Haushalten.

Lisa und Todd werden gleichermaßen als Nerds präsen-

The Nerds, 1977–1979

tiert, wobei sie sich in einigen Aspekten grundsätzlich unterscheiden. Lisa, auch «Four Eyes» genannt – was im amerikanischen Sprachgebrauch eine typische Beleidigung für Personen mit sehr großen Brillen ist –, umgibt sich mit Büchern, spielt Schach und scheint Todd deshalb intellektuell überlegen zu sein. Sie repräsentiert einen Nerd-Typus, der sich durch besondere Begabungen bei gleichzeitig fehlenden sozialen Kompetenzen auszeichnet. Todd wird hingegen «Pizza Face» genannt und entspricht einem Freak, einer merkwürdigen Person, deren Aussagen und Handlungen nicht recht nachvollzogen werden können. Die Sketche bestehen aus einer Reihe von Running Gags, etwa, dass Todd sich über Lisas flache Brüste lustig macht: Dabei schaut er ihr auf die Oberweite und kommentiert, er wolle nur prüfen, ob es «irgendwelche neuen Entwicklungen» gibt. Oder er macht einen abschätzigen Kommentar: «Besser ein paar Pflaster auf diese Mückenstiche kleben». Jedes Mal antwortet Lisa dann: «Das ist so lustig, dass ich vergessen habe zu lachen». Beide verfügen über eine exzentrische Mimik und Gestik, die mit dem üblichen Sozialverhalten inkompatibel scheint.

Anschließend wurde der Nerd-Begriff in mehrere Wörterbücher aufgenommen, konkreter ausgestaltet und vielfach zitiert. Eine besonders pointierte Darstellung findet der Nerd dann in dem Saturday-Night-Live-Sketch «Nerd Rock» vom 28. Januar 1978. Darin hat Dugan (Dan Aykroyd), der Moderator einer Musiksendung, die Band «The Nerds» zu Gast. Fans von Saturday Night Live wissen natürlich gleich, dass es sich dabei um Lisa und Todd handeln muss, aber es gibt noch einen dritten Nerd in der Band: «Spaz» (Robert Klein). Der Sketch beginnt mit einem musikalischen Einspieler, die Kamera schwenkt zu Dugan, der das Interview ankündigt: «Acid Rock, Punk Rock, was kommt als Nächstes? Nerd Rock!» Dann erwähnt er den neuen Song «Gimme Back My Algebra Homework, Baby» und stellt die Band vor: «The Nerds», das Publikum lacht. Der Moderator Dugan entspricht nicht nur den Erwartungen an einen coolen Entertainer im Fernsehen, er spitzt sie gemäß dem Comedy-Genre zu: Während des gesamten Sketches trägt er Sonnenbrille, seine Mimik, Gestik und Stimmlage ist lässig und zeugt von seinem ausgeprägten Selbstbewusstsein. Er ist auffällig gekleidet, trägt ein trendiges gemustertes Hemd und ein leuchtend blaues Jackett. Ganz anders die Mitglieder der Nerd-Band: Sie sind nervös und krümmen sich auf ihren Sitzen. Alle drei tragen ebenfalls Brillen, allerdings ohne Tönung, sodass die Zuschauer sehen, wie sie jeden Augenkontakt vermeiden, wie hilf- und schutzlos sie sich fühlen. Sie tragen ausdruckslose, altmodische und unpassend zusammengestellte Kleidung. Lisa grunzt beim Lachen. Bei der Vorstellungsrunde nennen die Nerds nicht ihre echten Namen, sondern ihre unvorteilhaften Spitznamen – «Four Eyes», «Pizza Face» und «Spaz». Ein unbeholfener Versuch der Selbstbehauptung. Ihr Song «Gimme Back My Algebra Homework, Baby» befindet sich auf dem Album mit dem Titel «Trying desperately to be liked».

«Warum nennt ihr euch ‹The Nerds?›», fragt schließlich der Moderator. «Wir nennen uns nicht so, andere machen das.» Wieder lachen alle. Natürlich handelt es sich um eine Comedyshow, in der prinzipiell alle Figuren aufs Korn genommen werden. Die Nerds kommen aber besonders schlecht weg: Sie kriegen ihren gesellschaftlichen Außenseiterstatus nicht einmal mit, verstoßen gegen die vorherrschenden Etiketten (Grunzen statt Lachen) und nehmen alles viel zu ernst (die Fragen und ihre Musik). Auch wenn sie Ende der 1970er bereits selbstbewusster agieren, stehen die Nerds weiterhin unter der Fuchtel ihrer Eltern: Der Sketch endet damit, dass Lisas Mutter unaufgefordert ins Studio stürmt und die Nerds abholt. Sie fordert die drei Bandmitglieder auf, sich nochmal höflich zu verabschieden und zu bedanken, bevor sie gemeinsam das Studio verlassen.

Bereits bei der Fonzie-Figur standen Eigenschaften im Vordergrund – Coolness, Sportlichkeit und Beliebtheit bei Frauen –, die in den Folgejahren eine Idealvorstellung von Männlichkeit festigten, zu der die Nerdfigur zunehmend als Gegenbild entworfen wurde. Dieses Gegensatzpaar dominiert die Teen Pics der 1970er Jahre, und es kehrt in kaum zu übertreffender Modellhaftigkeit im Zuge des Wiederauflebens von Teenagerfilmen in den 1980er Jahren zurück. Fraglos ist es uns bis heute vertraut und kommt auch immer noch zum Einsatz – wenn auch, um dekonstruiert zu werden.

An die Stelle des Rebellen setzt sich nun der Sportler. Noch viel augenscheinlicher repräsentiert er physische Männlichkeit und Macht. Sportler und Nerd markieren jeweils den Pol auf einer Popularitätsskala, innerhalb derer sich die übrigen Charaktere in Teenagerfilmen, -fernsehsendungen oder -serien bewegen. Soziale Hierarchien spielen dabei eine wichtige Rolle.

Besonders deutlich wird das in «Fast Times at Ridgemont High» (1982) von Amy Heckerling, dem ersten kommerziell erfolgreichen Highschool-Film seiner Art.[1] Das heißt: Die Highschool bildet den Rahmen des Geschehens, die stark typisierten Schüler sind die Hauptfiguren des Films, und meistens handelt es sich um folgende Konstellation: Der Sportler ist der Held des Football-Teams, ein besonders schönes Mädchen ist die Anführerin der Cheerleader, dann gibt es noch einen männlichen Klassenclown und/oder eine weibliche «Verrückte» sowie schließlich den Nerd oder ein streberhaftes Mauerblümchen (die Reihenfolge entspricht der Beliebtheit und damit der Mächte-Hierarchie in der Highschool). Neben der Highschool ist auch die Mall, das Einkaufszentrum, Schauplatz des Films – in den 1980er Jahren ein wichtiger Ort für Jugendliche, an dem sie sich nach der Schule aufhielten.

In der großen verglasten Ridgemont Mall arbeiten die beliebten Teenager in der Restaurant-Abteilung, insbesondere im «All American Burger», die unbeliebten Teenager in der Unterhaltungs-Abteilung. Darunter befindet sich der Nerd Mark Ratner, genannt «Rat» (Brian Backer). Er prüft die Kinotickets beim Einlass und schaut stets sehnsüchtig auf die andere Seite der Mall, in Richtung der Restaurants.

Mark Ratner ist unattraktiv, unbeliebt, etwas asozial, trägt ein kariertes Hemd – er ist der personifizierte Nicht-Teenager; seine Freunde sind Mike Damone (Robert Romanus), ein Popkulturenthusiast (und selbsternannter cleverer Ganove), und Arnold (Scott Thomson), ein Hornbrille tragender und Bücher anhäufender Streber. Diesen verschiedenen Figuren des Unpopulären aus «Fast Times at Ridgemont High» entsprechen unterschiedliche Nerd-Stereotype: der sozial inkompetente Außenseiter, der exzentrische Fan oder Gamer und der kluge Insider.

Auf der anderen Seite stehen die Sportler, die riesige luxuriöse Autos fahren. Ihre Beliebtheit geht offenbar auch mit einer materiellen Überlegenheit einher. Sie sind körperlich groß und überragen ihre Mitschüler, werden von den Frauen angehimmelt und von den anderen Männern beneidet. Auf dem Schulflur weichen die Schüler zur Seite, wenn die Sportler ihn betreten: Sie sind in jeder Hinsicht privilegiert, ihnen stehen alle Türen offen, für sie sind alle Wege frei. Sie tragen ihre Sportuniform, auch wenn gerade kein Spiel oder Training ist.

Für die Nerds gilt das Gegenteil: Sie gehen zu Fuß, sind klein und schmächtig, werden von den Mitschülern verspottet und von Frauen bestenfalls belächelt. Ihnen werden stets absichtlich oder unabsichtlich Steine in den Weg gelegt. Die Türen stehen zwar offen, aber die Nerds laufen dagegen und fallen zu Boden. Ihre Bücher werden mit Kaugummis verklebt, ihre Spinde mit herablassenden und entwürdigenden Sprüchen versehen.

Wird zu Beginn der 1980er Jahre noch ein Gemisch an verschiedenen populären und unpopulären Figuren gezeigt, verdichten sich diese in den folgenden Jahren zu einem festen und deutlich beschränkteren Setting an Stereotypen. Exemplarisch vorgeführt werden die fünf zentralen Highschool-Charaktere in dem Teen-Movie-Klassiker «Breakfast Club» (1985) von John Hughes.

Der rahmende Plot ist ein samstägliches Nachsitzen in der Schule. Kammerspielartig werden die fünf Teen-Movie-Charaktere präsentiert. Anlässlich der von ihrem Lehrer gestellten Aufgabe, einen Essay über die Frage «Wer bin ich?» zu verfassen, reflektieren sie ihre eigenen klischeehaften Rollen. Schon in der Eingangsszene des Films weist der Nerd im O-Ton die Frage zurück: «Sie sehen uns doch ohnehin, wie sie uns sehen wollen – als einen Schlaukopf, einen Muskelprotz, eine Ausgeflippte, eine Prinzessin und einen Freak.» (Im englischen Original: «You see us as a brain, an athlete, a basket case, a princess and a criminal».)

Auch wenn «Nerd» hier als Bezeichnung nicht vorkommt, wird mit dem «Brain» eine bedeutende Vor- und Parallelfigur benannt, von der viel in den Nerd eingeht: insbesondere die Vorstellung, dass es sich um eine kluge Figur handelt, die ihre Stärken mehr in der Theorie als in der Praxis hat, sich folglich am liebsten geistig beschäftigt und körperliche Aktivitäten meidet. In «Breakfast Club» wird das besonders herausgearbeitet, da es sich um eine Metareflexion der vorhandenen gesellschaftlichen Rollen handelt.

Vermittelt über die Provokationen des «Freaks», der sowohl den Nerd («Brain») als auch den Sportler («Jock») aufs Korn nimmt, arbeitet der Film ein Gegensatzpaar modellhaft heraus, das in nahezu allen nachfolgenden Highschool-Filmen und -Serien reproduziert wird: Der Sportler ist die Verkörperung der Populärkultur, er steht positiv für das Sinnliche, Erfolgreiche, Kommerzielle, Massenhafte, Gemeinschaftliche (aber negativ für das Vulgäre, Dumme, Manipulierbare, Durchschnittliche); der Nerd steht hingegen negativ für das Asexuelle, Unkommerzielle, Einzelgängerische, Unpopuläre – aber positiv für das Rationale, Komplexe und Spezielle. Während der Sportler (wie die Populärkultur im Allgemeinen) als oberflächlich gilt, dafür aber von allen verstanden wird, stößt der Nerd gemeinhin auf Unverständnis, weil nur wenige Zugang zu dessen Spezialwissen oder -interessen und dem damit verbundenen Verhalten haben. Der Sportler und der Nerd sind damit Repräsentanten der Mainstream- und Massenkultur auf der einen und einer Spezialisten- und Insiderkultur auf der anderen Seite. Wo der Sportler beispielhaft für Sichtbarkeit und Präsenz steht, wird der Nerd mit Unsichtbarkeit assoziiert. Wenn er nicht gerade gehänselt wird, wird er übersehen.

DIE UNBELIEBTHEIT
DES VERSTANDS

DER NERD ALS MOTIV DES
ANTI-INTELLEKTUALISMUS

Auch wenn derartige Highschool-Filme meistens keine explizite Gesellschaftskritik artikulieren oder diese gar entwerfen, geben sie zumindest Aufschluss über die amerikanische Gesellschaft. Insbesondere im Genre der Teenager-Komödie wird oft aus ironischer Distanz erklärt, was es konkret bedeutet, in Amerika als Mädchen oder Junge, mit heller oder dunkler Hautfarbe, reich oder arm geboren worden zu sein. Dafür eignen sich Teenagerfilme und -serien deshalb so gut, weil sie sich mit der Adoleszenz beschäftigen, einer Zeit des körperlichen und geistigen Umbruchs, die sich durch ständige Veränderung auszeichnet und in der vieles zum ersten Mal erlebt wird. Verschiedene Ansichten, (Vor-)Urteile, Bedürfnisse, Fragen lassen sich ungenierter äußern, weil die Handlungen von Teenagern weniger folgenreich als die von Erwachsenen und oft noch revidierbar sind.

Anhand des muskulösen Sportlers oder der gutaussehenden Cheerleaderin wird ausgehandelt, was es bedeutet, populär zu sein, vielen zu gefallen, im Mittelpunkt zu stehen. Beide Figuren symbolisieren eine Gesellschaft, die bestimmte äußerliche Ideale vorgibt, an denen sich alle anderen messen. Gleichzeitig veranschaulichen die Außenseiter-Figuren, etwa der Nerd, die Folgen, wenn man diesen Idealen nicht entspricht. Mit dem Nerd wird im Highschool-Film also reflektiert, was es heißt, unbeliebt zu sein: Während Sportler oder Cheerleaderin für ihre Mitmenschen anstrebenswert und entsprechend einflussreich sind, nicht zuletzt weil sie leicht einzuordnen und ihre Ziele und Handlungen nachvollziehbar sind, erzeugen Nerds bei den meisten Widerstand oder zumindest Reibungen, ihr Verhalten wird als Abweichung wahrgenommen, die unbegründet zu sein scheint.

Hans Blumenberg hat 1987 in «Das Lachen der Thrakerin» erklärt, warum Theorie von vielen als exotisches Verhalten wahrgenommen wird: «Theorie ist etwas, was man nicht sieht.»[1] Und: «Einem in ihre Intentionalität nicht Eingeweihten, [die exotischen Handlungen] vielleicht nicht einmal ihrem Typus nach als ‹Theorie› Vermutenden, müssen sie rätselhaft bleiben, können sie anstößig oder sogar lachhaft erscheinen.»[2] Um seine These zu veranschaulichen, erinnert Blumenberg an die Anekdote der lachenden Thrakerin, die sich über den «Protophilosophen» Thales von Milet amüsierte, als dieser beim versonnenen Betrachten der Sterne, «in der unzweckmäßigsten Haltung wandeln[d]», versehentlich in einen Brunnen fiel.[3]

Diese Geschichte erinnert stark an die slapstickartige Inszenierung des Nerds in Highschool-Filmen, etwa wenn dieser durch den mit Spinden ausgestatteten Schulkorridor spaziert, die Aufmerksamkeit auf ein Buch oder eine bestimmte Situation gerichtet, und gegen eine geöffnete Tür stößt, über etwas stolpert, an einem Spind hängen bleibt. In der Populärkultur sind es also die Cheerleader oder die Sportler, die über vermeintliche Missgeschicke der Nerds lachen.

Die Geschichte von Thales war für Blumenberg die «Vorprägung aller Spannungen und Unverständnisse zwischen

Lebenswelt und Theorie.»[4] In den Stereotypen Jock, der für Lebenswelt steht, und Nerd, der für Theorie steht, werden diese Spannungen in die Gegenwart transportiert. Mithilfe der Nerdfigur wird also ein bestimmtes Verhältnis zur (im weitesten Sinne) Theorie ausgehandelt.

Um 1875 zeichnete der deutschamerikanische Karikaturist Thomas Nast, der als Begründer des politischen amerikanischen Cartoons gilt, bereits zwei Figuren, die dem Nerd und dem Jock erstaunlich nahe kommen. Ein belesener Gelehrter und ein stämmiger großgewachsener Boxer dienen ihm dazu, die populistische Sichtweise auf den Gegensatz von geistigen und körperlichen Fähigkeiten zu karikieren: Während der Boxer einen überdurchschnittlich großen Körper und nur einen ganz kleinen Kopf besitzt, kippt der große, von Büchern umringte Kopf des Gelehrten, der auf einem dünnen schmächtigen Körper liegt, schwerfällig nach vorne. Mit der schwarzen starken Brille und dem zerzausten Haar entspricht die Figur eindeutig der Nerd-Ikonografie. Zählt für den Boxer sinnbildlich die physische Kraft, setzt der Gelehrte auf seinen Geist. Zweifellos ist die Figur des Nerds in die Tradition von Darstellungsweisen besonders theorieorientierter und spezialisierter Personen einzuordnen. Es ist daher keinesfalls überraschend, dass die visuelle Darstellung des Nerds, lange bevor der Begriff dafür verwendet wurde, im Kontext von Anti-Intellektualismus aufzufinden ist.

Dem Anti-Intellektualismus liegt die Berufung auf einen «common sense», den sogenannten gesunden Menschenverstand zugrunde, der aus Sicht von Populisten dem Verstand des Intellektuellen insofern überlegen ist, als dass er auf lebensweltlicher Erfahrung beruhe. Diese lebensweltliche Erfahrung wird wiederum als konkret, praktisch, eben weltbezogen wahrgenommen, ihr wird nachgesagt, noch einen unverfälschten Zugang zur «Wahrheit» zu besitzen. Intellektuelle gelten hingegen als arrogant, kaltherzig, entfremdet, verständnislos. Man wirft ihnen vor, aus dem Elfenbeinturm auf die einfachen Menschen hinabzusehen und ihre Wünsche zu missachten, diese für dumm und unberechenbar zu halten. Oft ist Anti-Intellektualismus also an einen Anti-Elitarismus geknüpft. Allerdings geht es dabei nie nur um eine Aufwertung der einfachen Menschen oder des «Volkes», sondern vielmehr um eine Umpolung der Wertigkeiten von Volk und Elite. Deshalb ist Anti-Elitarismus selbst keinesfalls anti-elitär. Es soll lediglich die jeweils herrschende Elite zugunsten einer neuen Elite gestürzt werden.

Wie dem auch sei: Nicht erst Donald Trump hat sich als Sprachrohr des einfachen Mannes und als Gegenpol zum Intellektuellen inszeniert. Vielmehr machte er sich die lange vorhandene Tradition des Anti-Intellektualismus zunutze, die der Historiker Richard Hofstadter in den 1960er Jahren offengelegt hat und tief in der US-amerikanischen Kultur verankert sah. Anlass seiner Analyse war die Beobachtung, dass im politischen und intellektuellen Klima der 1950er Jahre der zuvor nur selten gebrauchte Begriff «Anti-Intellektualismus» eine enorme Popularisierung erfuhr.[5] Dazu habe vor allem der McCarthyismus beigetragen, dessen Anhängern es große Freude zu bereiten schien, Intellektuelle ins Visier zu nehmen.[6]

Die zunehmende Verachtung für Intellektuelle spitzte sich schließlich im Wahlkampf von 1952 zu: Auf der einen Seite stand der unkonventionelle Demokrat Adlai Stevenson, der eine große Affinität für Intellektuelle besaß und einen entsprechend defensiven, bedachten Wahlkampf führte; sein Widersacher war der Republikaner Dwight D. Eisenhower, der sich verhältnismäßig schlecht ausdrückte und dessen Kampagne unter dem Motto «Korea, Kommunismus und Korruption» ganz auf den McCarthy-Flügel seiner Partei abgestellt war. Im Wahlkampf diagnostizierte Eisenhower, was sich heute bereits nach einer Floskel anhört: dass es einen «großen und ungesunden Graben zwischen den amerikanischen Intellektuellen und den einfachen Menschen» gebe.[7] Auch die Medien überschlugen sich in ihrer Berichterstattung über den nun allerorts virulenten Anti-Intellektualismus. Der Historiker Arthur Schlesinger Jr. protestierte öffentlich gegen den Rufmord an den Intellektuellen, die sich plötzlich in einer Situation wiederfänden, wie es sie seit Generationen nicht mehr gegeben habe. Lange, so Schlesinger, sei der Anti-Intellektualismus «nur» der Antisemitismus der Geschäftsleute gewesen. Mittlerweile sei der Intellektuelle aber vor der gesamten amerikanischen Gesellschaft auf der Flucht – diffamiert als sogenannter «Egghead»[8] (Eierkopf).

Der zuvor eher in neckischer Absicht verwendete Begriff wurde nun als verächtliches Schmähwort gebraucht, um den Hass auf Intellektuelle auszudrücken, und war viel schärfer als das bisher auch für das Elitäre oder Hochkulturelle verwendete Wort «highbrow». Auch der damalige Vizepräsidentschaftskandidat Richard Nixon nannte seinen politischen Gegner Stevenson «Eierkopf», um ihn als weltfremden Intellektuellen zu denunzieren.[9]

Kurz nach Ende des Wahlkampfs im Jahr 1952 schrieb der seinerzeit überaus populäre rechtsgesinnte Schriftsteller Louis Bromfield einen Essay, in dem er bedauerte, dass das Wort «liberal» von (sozialistischen) Intellektuellen «gekapert und befleckt» würde. Umgekehrt feierte er den Eierkopf als authentisches Schmähwort, das aus «dem gesunden Menschenverstand, der Weisheit und dem Instinkt der einfachen Menschen» hervorgegangen sei.[10] Sie hätten schon Recht, sich auf diese Weise über die Abkopplung der Intellektuellen von den Gedanken und Gefühlen der überwiegenden Mehrheit zu beklagen. Der Titel seines Essays «The Triumph of the Egghead» zielt also nicht, wie man anfänglich vermuten mag, auf den Siegeszug der damit bezeichneten Personen ab, sondern der Triumph gilt dem neuen Kampfbegriff.

Bromfield schlug zudem vor, mit welcher Beschreibung «Egghead» eines Tages in die Wörterbücher aufgenommen werden könnte: «Eierkopf: Eine Person mit falschen intellektuellen Ansprüchen, oft ein Professor oder der Protegé eines Professors. Grundsätzlich oberflächlich. Reagiert überemotional und weiblich auf jedes Problem. Sein Denken ist tiefgreifend verwirrt und geprägt von einer Mischung aus Sentimentalität und gewalttätiger Bekehrungstätigkeit. [...] Eierköpfe sind selbstbewusste Täter, die alle Seiten einer Frage so lange untersuchen, bis sie gründlich verwirrt sind, während sie aber immer an der gleichen Stelle stehen bleiben. Ein blutarmes, blutendes Herz.»[11]

In dieser Beschreibung des Eierkopfes schimmert der Nerd eindeutig durch, insbesondere, wenn er als unmännlich und verwirrt beschrieben wird. Der Kulturwissenschaftler Anthony Lioi hat darauf hingewiesen, dass Nerds durch die Verwendung des Kampfbegriffs «Egghead» in der öffentlichen Wahrnehmung – letztlich zu Unrecht – sogar zu einer «mit Antirassisten, Feministinnen und Homosexuellen»[12] vergleichbaren diskriminierten Minderheit geworden seien. Und der Journalist Benjamin Nugent, der das bislang populärste Buch über den «American Nerd» geschrieben hat, zeigt sogar auf, dass die Darstellung von Nerds rassistischen und antisemitischen Karikaturen junger jüdischer und asiatischer Männer in Amerika erschreckend ähnlich ist.[13]

Im selben Jahr, als der Begriff «Eierkopf» eine wichtige Rolle in der politischen Auseinandersetzung einnahm, wurde auch erstmals die frühe Sitcom «Mr. Peepers» ausgestrahlt. Sie handelt von dem gleichnamigen Naturwissenschaftslehrer (Wally Cox) an der Jefferson City's Junior High School, einer durchweg liebenswürdigen Figur. Doch auch wenn Arbeit und Dasein des Lehrers in der Sitcom nicht grundsätzlich infrage gestellt werden, gerät der zierliche und mit Hornbrille ausgestattete, säuberlich gekleidete Mr. Peepers bereits in der Eingangsszene der ersten Folge vor der Schule auf exemplarische Weise in eine Baustelle, wo er mit den kräftigen und rabiaten Arbeitern konfrontiert wird. Dabei widerfährt ihm, wie sollte es anders sein, eine Reihe von Ungeschicken: Er stolpert, sein Hut verfängt sich in einer Holzleiste, sein Koffer wird versehentlich zersägt. Während die lauten Arbeiter stets trittsicher sind, schwankt der leise, schüchterne Mr. Peepers regelrecht über den Bauplatz. Er ist ununterbrochen mit seinen eigenen Gedanken beschäftigt und hat infolgedessen den Bezug zur Lebenswelt einfacher Menschen verloren – wie in der Urgeschichte von Thales und in späteren Darstellungen des Nerds.

Aber vorerst zurück zum Eierkopf. Bromfield hatte bei seiner Beschreibung noch keinen Nerd, sondern zuvorderst den «Professor», wie er selbst schreibt, oder noch allgemeiner den «Wissenschaftler» im Blick. Die beiden Figuren teilen sich nicht nur den gemeinsamen Schimpfbegriff «Egghead», sondern auch die Darstellungsweise: ein Ei mit Brille. Exemplarisch für diese Gestaltung ist ein Cover des «Newsweek»-Magazins vom 8. Oktober 1956. Das Bild auf der Titelseite zeigte ein strahlend weißes Ei, das eine feminine Brille trägt – ein Bild, auf dem noch heute stilisierte Darstellungen des Nerds beruhen.

Inhaltlich kommt der Nerd wohl dem Stereotyp des verrückten Professors am nächsten, wenn er – ausgestattet mit zerzaustem Haar und Brille – als weltfremd, verwirrt und vergesslich charakterisiert wird.

Prototypisch ist hierfür der Hauptprotagonist aus Jerry Lewis' «The Nutty Professor» (1963), einem Klassiker der Science-Fiction-Komödie, der insgesamt großen Einfluss auf die Darstellung des verrücken Wissenschaftlers hatte: Es

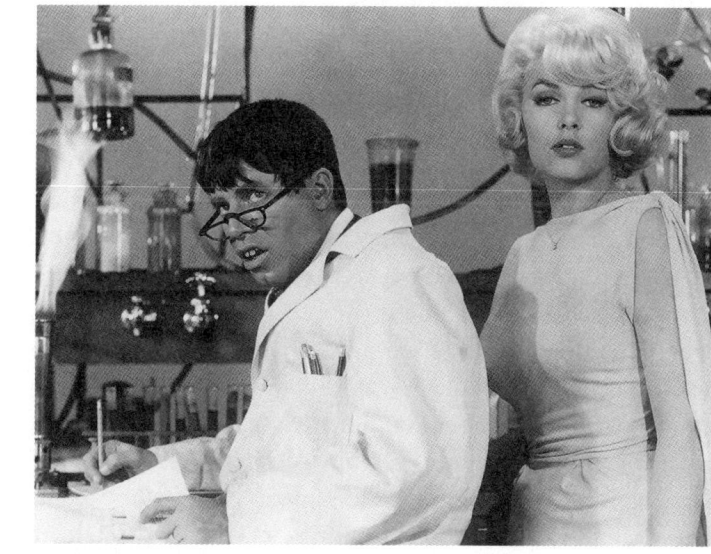

The Nutty Professor, 1963

gab mehrere Remakes (1996 und 2008) sowie zahlreiche Anspielungen in anderen Film- und Fernsehproduktionen (so referierte etwa der Charakter Professor Frink aus «The Simpsons» auf den «Nutty Professor»).

Ganz im Zeichen der Beobachtung Blumenbergs, Theorie sei etwas, was man nicht sieht, beginnt der Film im Intro mit dem Versuch, diese fehlende Sichtbarkeit zu kompensieren: mit einem Feuerwerk aus Reagenzgläsern und Kolben, die mit köchelnden chemischen Flüssigkeiten in unterschiedlichen Farben gefüllt sind. Bis heute wird, wenn Wissenschaft ganz allgemein im populären Kontext visualisiert werden soll, die Chemie als Referenzdisziplin herangezogen – nicht zuletzt wegen der emblematischen Glasgeräte und bunten Mixturen und der Experimente, die für filmische Effekte sehr gut geeignet sind. Das Bild von Wissenschaft in den visuellen Massenmedien bezieht sich somit aber auch auf eine Zeit vor der Professionalisierung im 19. Jahrhundert und hat seine

Ursprünge bereits in mittelalterlichen und frühneuzeitlichen Darstellungen des «verrückten Alchemisten».[14]

Auf den ersten Blick scheint Chemieprofessor Julius Kelp (Jerry Lewis) in jeder Hinsicht ungeschickt zu sein, keines seiner Experimente gelingt: Wirklich aus jedem Kolben quillt Flüssigkeit über, und die Explosionen seiner misslungenen Experimente bringen sogar das gesamte Hochschulgebäude zum Erschüttern. Gleich in der Einstiegsszene gerät die Schule durch Kelps Hände in Brand. Man sieht die Feuerwehr einfahren, den Klassenraum räumen, die Schüler retten. Schließlich sucht die Sekretärin des Schuldirektors nach dem Professor. Sie findet ihn in dem ausgebrannten Zimmer unter einer eingestürzten Tür am Boden, es sieht aus, als liege er in einem Sarg. Wie ein Untoter hebt er erst seine Arme, um – völlig unbeweglich und verdreckt – aufzustehen. Das kann fraglos als eine sinnbildliche Darstellung der gesellschaftlichen Rolle von Wissenschaft interpretiert werden: ein Arbeitsfeld, das zwar lebhaft betrieben wird, eigentlich aber tot ist, zumindest keine allzu große praktische, wirtschaftliche Relevanz besitzt. Die Hierarchie zwischen dem Direktor der Schule, Dr. Warfield (Del Moore), und Kelp folgt eindeutig anti-intellektuellen Ressentiments. Der gutaussehende und teure Maßanzüge tragende Dr. Warfield ist dem Professor optisch und wirtschaftlich überlegen, sein geringerer akademischer Qualifikationsgrad spielt keine Rolle. In Warfields Büro wird Kelp nach dem Brand zur Rede gestellt, er sitzt seinem Boss regelrecht zu Füßen.

Doch noch schlimmer als sein fehlendes Geschick ist Professor Kelps Unansehnlichkeit. Wieder ganz im Stil des späteren Nerd-Stereotyps hat er ungepflegtes dunkles Haar, eine Hornbrille, förmliche Kleidung etc. Anders als Mr. Peepers, der immerhin ein freundliches Gesicht hatte, wird Kelp in seiner Mimik und Gestik derart überzeichnet, dass er physiognomisch regelrecht entstellt ist: Der Oberkiefer steht merkwürdig nach vorne, seine Zähne sind schief und krumm, seine Augen schielen ungewöhnlich. Diese Hässlichkeit, wegen der er von Studierenden und Kollegen – die ihn ohnehin schon nicht ernst nehmen – regelrecht verspottet wird, steht im Zentrum des filmischen Geschehens. Professor Kelp hat neben Dr. Warfield noch einen zweiten Gegenspieler: seinen Schüler Warzewski (Med Flory). In dieser Lehrer-Schüler-Konfrontation liegt bereits ein Vorläufer der Nerd-Jock-Rivalität vor, denn Warzewski ist der gutaussehende Football-Spieler der Schule (die leichte Abweichung besteht darin, dass Kelp kein Mitschüler, sondern der Lehrer ist). Wie später zwischen Nerd und Jock geht es auch hier um ein körperliches Kräftemessen im Kampf um eine Frau: Stella Purdy (Stella Stevens). Kelp ist klein, völlig untrainiert, seine Stimme hoch (sie soll feminin klingen) und zerbrechlich, wohingegen Warzewski in Körper und Stimme groß, stark und bestimmt ist. Als Kelp in einer seiner Chemiestunden leise Einspruch erhebt gegenüber dem Wunsch Warzewskis, das Seminar vorzeitig für sein Football-Training zu verlassen, tritt dieser nach vorne, hebt den weiter vor sich hinmurmelnden Professor in die Luft und steckt ihn gewaltsam in den Schrank. Die Mitschüler sehen dem Geschehen zu und schütteln peinlich berührt die Köpfe. Einzig die freundliche blonde Schülerin Stella hat Mitleid mit Kelp, der sich daraufhin in seine Schülerin verliebt und ihr imponieren möchte – allerdings nicht, und das ist keinesfalls überraschend, durch seinen Intellekt, sondern durch körperliche Fähigkeiten und Attraktivität. Da aber all seine sportlichen Bemühungen erfolglos bleiben, erfindet er eine Art Zaubertrank, mit dem er sich in einen gutaussehenden, selbstbewussten Macho namens «Buddy Love» verwandeln kann.

Als Buddy Love erfährt Kelp plötzlich überall Respekt – selbst von seinen Gegenspielern. Der Direktor muss nun ihm zu Füßen sitzen. Ja, sogar Stella verliebt sich in Buddy, wenn sie ihn auch etwas zu überheblich findet. Zwar wird Kelp – der sein Verwandlungsspiel am Ende des Films offenbaren muss, da die Wirkung seines Mittels immer kurzlebiger wird – schließlich trotzdem von Stella akzeptiert. Allerdings ist die Überhöhung von Werten wie körperlicher Stärke und Attraktivität, die schneller ans Ziel führen als intellektuelle Anstrengung, der fade Beigeschmack der Geschichte.

Der wenn auch nur subtile Anti-Intellektualismus, der in solchen Darstellungen von Wissenschaftlern weltanschaulich zum Ausdruck kommt, wurde schließlich mithilfe der Nerdfigur und insbesondere im Teen-Movie-Format auf die Jugendkultur übertragen. Dort wurde der Nerd zunehmend auch zum Stellvertreter für zum Teil sehr unterschiedliche Außenseiterfiguren – allerdings nicht für alle Unbeliebten und Ausgegrenzten. Bis in die 2000er Jahre wurden viele Minderheiten kaum oder gar nicht durch ihn erfasst, darunter Homo- oder Transsexuelle, insbesondere aber People of Color.

Eine erstaunliche und deshalb wohl auch gefeierte Ausnahme bildete der Protagonist Steve Urkel (Jaleel White) aus der Sitcom «Family Matters», die von 1989 bis 1997 auf ABC ausgestrahlt wurde und deren Erfolg wesentlich auch dem ersten Schwarzen Nerd zu verdanken ist. Steve Urkel ist der Inbegriff eines Nerds: klug und mager, verliebt in Käfer, Käse und – hier nun deutet sich ein Motiv an, das die Figur in den Folgejahren ganz und gar bestimmen wird – seinen Computer. Auf seinem mimisch stets unkontrollierten Gesicht trägt er natürlich übergroße Brillengläser, dazu Hosenträger, die seine Beinbekleidung bis zum Bauchnabel ziehen, weiße Socken und setzt immerzu ein breites, verschwörerisches, aber gleichermaßen unbeschwertes Grinsen auf. Er ist der Nachbarsjunge der Winslows, deren Haus das Zentrum

Family Matters, 1989–1998

des Sitcom-Geschehens darstellt. Von ihnen wie von Lehrern und Mitschülern wird Urkel als Plage und Außenseiter angesehen. Er zeichnet sich überdies durch extreme Tollpatschigkeit aus und schließt insofern in Teenagergestalt unmittelbar an die Figur aus «The Nutty Professor» an: Seine Experimente und Erfindungen produzieren ebenfalls stets einen Kollateralschaden, auch sein Ziel ist die Eroberung einer ihm scheinbar unerreichbaren Frau, Laura Winslow (Kellie Shanygne Williams).

Seit die Figur in der zwölften Folge der ersten Staffel zum ersten Mal auftrat, sind Zuschauer und Medien von ihr begeistert. «Das Urkel-Phänomen ist mehr als nur ein Witz oder der neueste Trend. Tatsache ist, dass Urkel zu einer der beliebtesten schwarzen Fernsehfiguren Amerikas geworden ist», heißt es 1991 in der New York Times.[15] «Dass er ein Nerd ist, verleiht dieser Popularität einen kuriosen Unterschied [zu anderen Darstellungen von Schwarzen], von dem manche sagen, dass er bedeutender sein könnte, als die Produzenten der Show jemals gedacht haben.» Steve Urkel, so Joy Horowitz in seinem Artikel, repräsentiere eine Vielfalt innerhalb der afroamerikanischen Gemeinschaft, die selten im Fernsehen zu sehen ist. «Es ist ungewöhnlich, dass sie einen schwarzen Teenager als Nerd darstellen», zitiert Horowitz Dr. Alvin Poussaint, der auch Skriptberater für «The Cosby Show» und «A Different World» war, zwei andere sehr populäre Serien mit Schwarzen Hauptcharakteren. Urkel sei deshalb so ungewöhnlich, weil Schwarze Männer normalerweise nicht als intellektuell gezeigt würden: «Die Tatsache, dass er ein Nerd ist, könnte ein Schritt vorwärts sein – um zu erkennen und zu akzeptieren, dass ein schwarzer Teenager klug und frühreif sein kann und in einer Elite-Universität enden könnte.»[16]

Die achte Folge der zwölften Staffel von «Family Matters» kann sogar als ein Reenactment von «The Nutty Professor» angesehen werden. In dieser Episode entwickelt Steve Urkel einen Trank, der ihn zu einem coolen, attraktiven, begehrenswerten Jungen verwandelt. Als er Laura aufsucht, um ihr mit seiner Erfindung zu imponieren, trägt er noch den weißen Laborkittel über seiner üblichen Kleidung und redet augenzwinkernd davon, sie könne einen zukünftigen Nobelpreisträger begrüßen. Laura ist wie immer latent angewidert und genervt von dem verrückten Nachbarsjungen. Darauf folgt die Verwandlungsszene: Sein Körper zuckt, die Musik wird lauter, dramatischer, und aus Steve Urkel wird Stephane Urquelle, aus Dr. Urkel Mr. Cool. Und ja, Laura verliebt sich in Stephane, der ihr aber bald zu selbstbezogen und arrogant erscheint, weshalb sie sich schlussendlich nach dem echten Steve zurücksehnt (wie auch schon Stella nach Professor Kelp in «The Nutty Professor»).

Steve Urkel reiht sich in eine lange Liste von Teenager-Nerds ein, die einen – wenn auch subtilen – Anti-Intellektualismus befördern, weil sie kluge und schulisch erfolgreiche Schüler zeigen, deren einzige Sorge es ist, soziale Akzeptanz und Popularität auf dem Campus oder bei Autoritäten zu erlangen. Ihr Ziel ist von vornherein zum Scheitern verurteilt: den anderen zu gefallen.[17] Nichtsdestotrotz ist in diesen Darstellungen des Nerds immer auch schon die Hinterfragung verbreiteter gesellschaftlicher Werte angelegt: Sind die vermeintlich femininen Zuschreibungen wie Einfühlungsvermögen und Fürsorge möglicherweise doch erstrebenswerter als Coolness und Kraft? Sehnen wir uns nicht doch insgeheim nach Steve Urkel zurück, weil eine Welt voller Stephanes gar nicht so rosig ist, wie man sie sich ausgemalt hat?

DIE RACHE DES NERDS

VOM AUSSENSEITER ZUM ÜBERFLIEGER

Wie ich zu zeigen versucht habe, werden Sonderlinge, Nonkonformisten oder Nerds üblicherweise nicht verstanden, oft auch ausgelacht. Deshalb suchen sie sich Rückzugsorte, an denen sie vor dem Rest der Gesellschaft sicher sind. Beispielhaft für dieses Motiv hat sich in der Kunstgeschichte die Ikonografie des Kirchenvaters Hieronymus im Gehäus etabliert. Eine der populärsten Darstellungen dürfte die von Albrecht Dürer von 1514 sein: Hieronymus sitzt über eine Schrift gebeugt am Tisch, ist in die Lektüre vertieft, vor ihm wacht der gezähmte Löwe, aus dem Fenster strahlt das Sonnenlicht herein, wird aber überstrahlt vom Schein, der den glühenden Kopf des Hieronymus umgibt. Er ist ein nachlässiger Eigenbrötler: Angesammelte Gegenstände hängen wild an der Wand, die Kissen liegen regelrecht zerknautscht herum. Die Schuhe wurden nicht ordentlich nebeneinandergestellt, sondern liegen gekreuzt übereinander unter der Bank. Hieronymus selbst ist barfuß, was er aufgrund seiner Kontemplation nicht zu bemerken scheint. Er ist sicher und unbeobachtet in seinem Gehäus, aber auch abgeschottet von all den Konventionen, die er unbemerkt bricht.

Bei solch einem unfreiwilligen Nonkonformismus, der hinter verschlossenen Türen stattfindet, würde man jedoch noch nicht von einem Tabubruch sprechen. Wer Tabus bricht, tut dies gemeinhin mit einer gewissen Angriffslust und auch aus Gründen der Selbstinszenierung. Tabus werden mit Absicht gebrochen, sei es, um überhaupt auf sie aufmerksam zu machen, oder, um tatsächlich eine Veränderung von Normen herbeizuführen.

Ein Prototyp des Tabubrechers lässt sich wiederum im antiken Griechenland aufspüren: der Philosoph Diogenes von Sinope. Er lebte freiwillig ohne Hab und Gut in einer alten Tonne. Welch große Provokation damit verbunden war, zeigt sich darin, dass das Sujet bis ins späte 19. Jahrhundert immer wieder aufgegriffen wurde. Auf unzähligen Gemälden sieht man den Kyniker in Lumpen in einer alten durchlöcherten Tonne hocken. Sie bietet keinesfalls Schutz, wie das Gehäus dem Gelehrten, sondern dient der Zurschaustellung einer Unabhängigkeit von allen und allem, wenn man einmal von der Befriedigung der elementarsten Bedürfnisse absieht. Dass die Tonne für Diogenes ein Statement-Piece ist, wird deutlich, wenn man darauf achtet, wo er sich mit ihr platziert: vor allem in öffentlichen Räumen. Er lebt nicht zurückgezogen, sondern sucht gezielt die Konfrontation mit der nivellierten Bürgerschaft.

Die Widerständigkeit des Philosophen wird auch in den Formen seiner künstlerischen Darstellung deutlich. In Raffaels berühmter «Schule von Athen» von 1509/10 liegt Diogenes lässig auf einer großen Treppe in der Bildmitte. Heute würde man sagen: Er «chillt». Um ihn herum befinden sich Bürger, die angeregt diskutieren, hinter ihm schreiten Platon und Aristoteles ehrenhaft und etwas großspurig in die Halle hinein. Umringt von ihren Fans schauen sich die beiden großen Philosophen stolz und glückerfüllt in die Augen. Das berühmte Fresko wird zu einer Slapstick-Komödie, lässt man die beiden weiterlaufen und über den herumlungernden Diogenes stolpern, der ihnen genauso zu Füßen liegt wie der

Brunnen dem Thales. Wenn man es genau nimmt, liegt Diogenes im Goldenen Schnitt, er ist der Star des Bildes – und zwar gerade weil er sich dem Lebensstil der Bürgerschaft verweigert. In der asketischen Lebensweise von Diogenes, seinem demonstrativen Hausen in der Tonne, liegt aber auch ein gehöriges Maß an Arroganz. Damit verdiente er sich jedoch den Respekt von Alexander dem Großen, der dem Rebellentum des Kynikers zu gesellschaftlicher Akzeptanz verhalf, seinen Nonkonformismus gewissermaßen als «cool» lizenzierte.[1] (Er soll sogar gesagt haben, dass er am liebsten Diogenes wäre, wäre er nicht schon Alexander …) «Die Verehrung, die Alexander der Große Diogenes entgegenbrachte», schreibt Ulf Poschardt, «bedeutete eine Anerkennung des Ausgestoßenseins vonseiten der Macht.»[2] In jedem Fall geht dem Tabubruch ein starkes Selbstbewusstsein und Selbstverständnis voraus: als Künstler, Gelehrter oder Sonderling.

Die «Spannungen und Unverständnisse», von denen Hans Blumenberg beim Aufeinandertreffen von Theorie und Lebenswelt sprach, dienten Wissenschaftler- oder Künstlerfiguren folglich auch dazu, ihre Sonderstellung mal mehr und mal weniger selbstbewusst zu betonen. Sehr lange gehörte es zu ihrer Legendenbildung, sich gezielt von der Außenwelt abzuwenden und in die eigene Tätigkeit zu versenken.

Aus der Sicht der nicht in die Theorie – oder die Gedankenwelt von Nerds – Eingeweihten, wie zum Beispiel der Magd oder dem Sportler, ist ein solches Verhalten zwar unnormal und befremdlich. Denn wie die Theorie ist auch das Rätsel um den Wissenschaftler oder Nerd, sind seine Inspiration, Ideen oder sein Verhalten abstrakt und damit abweisend, sie haben mit der Lebensrealität der Vielen nur wenig gemein – egal ob es sich dabei um eine wissenschaftliche Theorie, eine künstlerische Fragestellung oder eine eigene Sprache handelt (man denke an «Elbisch» aus dem Filmkosmos «Herr der Ringe», die von vielen Nerdfiguren in Filmen und Serien beherrscht wird). Aus Sicht der Eingeweihten stellt sich das natürlich ganz anders dar. Hans-Georg Gadamer interpretierte den Sturz von Thales in den Brunnen daher berechtigterweise völlig anders als Blumenberg: Es sei kein Unfall eines weltfremden Trottels, sondern ein bewusster Abstieg gewesen; Thales habe den Brunnen als antikes Fernrohr genutzt.[3] Ein Perspektivwechsel erlaubt immer auch einen Einblick in die Gedanken des vermeintlich Unverständlichen oder Fremden.

Bis in die 1980er Jahre bildet der Nerd weder eine Subkultur aus, die mit eigenen Codes versehen ist oder sich durch entsprechende Stilverbünde auszeichnet, noch ein Selbstverständnis. Nein, der Nerd wird in der Popkultur dieser Zeit als Figur gezeigt, die dazugehören will und sich deshalb nie selbst als Nerd bezeichnen würde: «Warum nennt ihr euch ‹The Nerds›?», fragte Dan Aykroyd als Moderator die neugegründete Nerd-Rock-Band in dem erwähnten Saturday-Night-Live-Sketch. «Wir nennen uns nicht so. Andere machen das», antworteten «Four Eyes», «Pizza Face» und «Spaz». Der Nerd bricht zwar hin und wieder Tabus, tut dies aber stets unfreiwillig. Wie bereits an einer Reihe von Beispielen dargelegt, ist sein unkonventionelles Verhalten keine Pose, sondern meist ein Versehen. Die Rückzugsorte des Nerds sind deshalb weniger demonstrativ als die Tonne von Diogenes und weniger gesellschaftlich anerkannt als das Gehäus von Hieronymus. Sie sind aber auch nicht so unnahbar wie der Elfenbeinturm des Wissenschaftlers, von dem metaphorisch herablassend auf die Menschen geblickt wird. Die Rückzugsorte des Nerds sind der Keller oder die Garage. Es sind Räume, in denen er ungestört seinen eigenwilligen Hobbys nachgehen kann. Man denke nur an die Apple-Gründer Steve Jobs und Steve Wozniak, zu deren Mythos gehört, dass sie ihre ersten Computer im Teenageralter in einer Garage bauten. Oder es sind Räume, in die der Nerd zwangsversetzt wird, weil seine Anwesenheit andernorts nicht gewünscht ist. So beispielsweise in der britischen Serie «The IT-Crowd» (2006–2010), deren Humor sich an einer besonders hölzern-stereotypen Darstellungsweise von Nerds entfaltet: Der Schauplatz der Serie ist typischerweise das Kellergeschoss einer großen, aufstrebenden Firma; sie hat ihren IT-Support hierher verlagert, damit die asozialen unansehnlichen IT-Nerds nicht mit den Kunden in (Sicht-)Kontakt kommen.

Was den Status der Garagen- oder Kellerräume betrifft, ähneln sie einem Raumtypus, der sich zu Beginn des 19. Jahrhunderts bei der Darstellung von Dichtern und Künstlern etablierte: der Dachkammer. Das Leben in der Dachkammer ist auch nicht immer frei gewählt, man denke etwa an das berühmte Gemälde «Der arme Poet» (1839) von Carl Spitzweg. Hier liegt keinesfalls eine Selbstinszenierung vor, wenngleich der Poet trotz offensichtlicher Nässe (die Zimmerdecke ist löchrig) und Kälte (er ist in Decken gehüllt) zufrieden wirkt (und nicht gescheitert) und – wie Hieronymus – ganz in seine Arbeit vertieft ist. Auch den Nerd treibt es unfreiwillig in jene Räume, die eine gesellschaftliche Randlage beschreiben, nicht das Zentrum des Zusammenlebens bilden – wie das Wohnzimmer oder die Küche –, in die üblicherweise ausgelagert wird, was keine (soziale) Funktion mehr besitzt. Keller und Garage dienen als Stauräume, aber sie sind auch Orte, an denen entweder gespielt oder gebastelt wird. Garagen sind, weil häufig eine Werkstatt dazugehört, zudem männlich kodiert (z. B. in «Home Improvement», 1991–1999) – die Bastelei am Computer in der Garage setzt diese Tradition fort.

Allerdings wurde die Dachkammer ebenso häufig mit einem gewissen Sendungsbewusstsein als Sinnbild der gesell-

Freaks and Geeks, 1999

schaftlichen Randlage des Künstlers verwendet: Trotzig ruft der Künstler den Betrachtern entgegen, wie es um seine Existenz bestellt ist – und dass er diese selbstredend trotz aller Entbehrungen in Kauf nimmt. Anhand des Gemäldes «Selbstbildnis in der Dachkammer» (1924) des Expressionisten Gert Wollheim hat Walter Grasskamp in einem Aufsatz über Dachböden gezeigt, wie die Künstlergeneration um die Jahrhundertwende zu einem neuen Selbstbewusstsein kam und «sich zu Beginn des 20. Jahrhunderts als Avantgarde vom Rand an die Spitze der bürgerlichen Gesellschaft gesetzt hat.»[4] Wie schon Diogenes war nun auch der Künstler kein randständiger Sonderling mehr, sondern besaß mit seinem coolen Rebellentum, mit selbstgewähltem Nonkonformismus und gelegentlichen Tabubrüchen Macht.

Auch die Gestaltung der Nerdfigur nimmt eine solche Wendung. Seit den 1980er Jahren nehmen Nerds immer häufiger Hauptrollen ein. Im Zuge dessen rücken ihr Leben und ihre Biografie stärker in den Fokus. Ein Beispiel hierfür ist die Serie «Freaks and Geeks» (1999). Sie spielt in den frühen 1980er Jahren, und ihre Handlung wird allein von unpopulären Figuren – den Freaks und den Geeks bzw. Nerds – dominiert (die populären Figuren sind reine Staffage). Mr. Fleck (Steve Higgins) ist ein erwachsener Nerd: ein etwas korpulenter Kettenraucher, der eine hässliche Krawatte und eine Hornbrille trägt. Er leitet an einer amerikanischen Schule den Computerclub, der aus einer kleinen Gruppe von Nerds im Teenageralter besteht. Als die Nerds eines Tages sichtlich bedrückt ins Zimmer kommen, fragt Mr. Fleck: «Hey Jungs, was gibt es Neues?» Bill (Martin Starr) antwortet niedergeschlagen: «Wir wurden wieder geärgert.» Darauf Mr. Fleck: «Von den Sportlern?» Sam (John F. Daley): «Von wem sonst?» Dann sieht sich Mr. Fleck besonnen in der Runde der Jungen um: «Ich will euch mal etwas über die Sportler erzählen. Setzt Euch. Seht euch meine Hand an.» Er hebt die Hand auf Schulterhöhe. «Das sind die Stufen ihres Lebens.» Er hebt die Hand ein wenig und äfft die Sportler nach: «Huch, ich spiele in der Kinderfootball-Mannschaft. Ich bin gut!» Er hebt die Hand noch höher: «Was, ich darf in der Highschool-Mannschaft spielen? Ich darf ne Jacke mit Lederärmeln tragen?» Er hebt die Hand noch höher: «Huch, da, genau da, wo sie euch geärgert haben, ist der Höhepunkt ihres Lebens.» Er senkt die Hand leicht: «Hey, ich würde gern im College-Team spielen.» Er senkt die Hand weiter: «Was, meine Noten sind nicht gut genug, um ein College-Stipendium zu bekommen?» Er senkt die Hand noch tiefer: «Oh, ich habe mir beim Training das Knie verdreht.» Er senkt die Hand bis kurz oberhalb des Tischs: «Ups, ich hab' mein Studium abgebrochen und verkaufe nun Gebrauchtwagen.» Er knallt mit der Hand flach auf den Tisch: «Was? Ich bin entlassen? Reich mir doch mal die Schnapsflasche rüber, Kumpel.»

Er hebt die Hand wieder zum Ausgangspunkt, auf Schulterhöhe: «Jetzt sehen wir uns doch mal euer Leben an, ok?» Er senkt die Hand: «Ihr seid die Luschen.» Er senkt sie weiter: «Ihr werdet geärgert.» Und er senkt sie noch weiter: «Die Mädchen gucken euch nicht an.» Bill interveniert: «Ich dachte, Sie wollten uns damit aufbauen!» Mr. Fleck: «Augenblick.» Er hebt nun die Hand: «Was, ich bin angenommen worden? An einer Eliteuni?» Er hebt die Hand weiter: «Was, wer hätte das gedacht, die Mädchen stehen auf kluge Jungs!» Er hebt sie noch höher: «Seht nur, ich leite eine der fünf größten Firmen im Land.» Nun hebt er sie richtig in die Höhe: «Und ja, Sportler, der du mich immer geärgert hast: Ich nehme Pommes Frites dazu!» Alle lachen.

Die Biografie des Nerds wird zur Legende: Sie erzählt die Geschichte eines Außenseiters, der zu Unrecht aus der Gemeinschaft ausgegrenzt wird. Vielleicht, weil er Interessen hat, die etwas abseitiger sind, vielleicht, weil er nicht so (gut) aussieht wie manch andere, wahrscheinlich, weil er von gesellschaftlichen Idealen und Konventionen abweicht. Er zieht sich deshalb zurück, fokussiert sich auf seine besonderen Interessen oder Fähigkeiten, spezialisiert sich, nutzt die Zeit, ohne zu bemerken, dass das für ihn wichtig werden wird. Sein Antrieb ist, all denen, die ihn ausgegrenzt haben, zu beweisen, dass er entgegen der weitverbreiteten Annahme doch cool, dass seine Freundschaft oder zumindest Gesellschaft erstrebenswert ist. Ihn motiviert der Gedanke, die

Blindheit seiner früheren Peiniger zu entlarven: Sein Erfolg wird Zeichen ihrer Dummheit und Ignoranz sein. Stellt sich dieser Erfolg ein, dann schlägt der Nerd zurück. Mit seiner neugewonnenen Macht rächt er sich an allen, die nicht daran geglaubt haben, dass seine Fähigkeiten etwas nützen würden. Dabei ist er aber keinesfalls unzivilisiert, seine Rache ist keine rohe oder gar grobe Handlung. Weder folgt er einer spezifischen Rachsucht noch einem bestimmten Kalkül. Er rächt sich schlicht durch seinen Triumph, indem er bekommt, was sich alle, die ihn ausgegrenzt haben, wünschen, aber nicht erreichen konnten: Geld, Einfluss und Macht. Die erbauliche Botschaft der Nerdlegende ist also zunächst: Wer du auch bist, wie du auch aussiehst, was du auch machst – und vor allem: egal, was die anderen sagen –, du kannst alles erreichen, wenn du an dich glaubst und du selbst bist.

Die solchermaßen vorgezeichnete Biografie wird zu einem Hauptbestandteil des Nerd-Narrativs. Erst verspottet, erwarten ihn in Zukunft Erfolg und Reichtum. Dieses Motiv manifestierte sich unter anderem in Jeff Kanews Komödie mit dem einschlägigen Titel «Revenge of the Nerds» (1984). Zwei Jahre später wurde der Film unter dem Titel «Die Rache der Eierköpfe» auch in Deutschland ausgestrahlt. Damit wollte man jedoch nicht den anti-intellektuellen Einschlag der US-amerikanischen Debatte transportieren, sondern übersetzte aus bloßer Verlegenheit: Der Begriff «Nerd» war hierzulande noch lange nicht geläufig. Die Unbeholfenheit im Umgang mit dem Begriff zeigt sich noch besser bei der Übersetzung des zweiten Teils («Revenge of the Nerds II»): «Die Supertrottel».

«Revenge of the Nerds» ist einer der ersten Hollywoodfilme, bei dem Nerds die Hauptrollen einnehmen. Es handelt sich nicht um einen Highschool-, sondern einen College-

**Revenge
of the Nerds,
1985**

Film, biografisch befinden sich die Nerds also auf der Stufe: «Was, ich bin angenommen worden? An einer Eliteuni?» Und wie sich im Film zeigen wird: «Was, wer hätte das gedacht, die Mädchen stehen auf kluge Jungs!» Zwei Nerds stehen im Zentrum der Handlung: Lewis (Robert Carradine) und Gilbert (Anthony Edwards). Auch sie sind in jeder Hinsicht stereotyp: karierte Hemden, hochgezogene Hosen, Hornbrillen, schiefes Grinsen und schräges Lachen («harharhar»), Tollpatschigkeit, fehlende Sensibilität. Allerdings werden die beiden Nerdfiguren nun erstmals charakterlich stärker konturiert: Sie haben eine Reihe von Spleens, verwenden für alles Mögliche selbstkreierte Abkürzungen und berechnen jede Kleinigkeit haargenau (mit einem Taschenrechner, den sie bei sich tragen wie heutzutage Smartphones). Alles dreht sich um die Sehnsucht nach Frauen, von denen sie aber verachtet werden. Ihre Gegenspieler sind einmal mehr die Sportler – aus der vielsagenden Studentenverbindung «Alpha Betas». Zu Beginn des Films brennt deren Verbindungshaus ab, woraufhin sie den Wohnraum der Erstsemester beziehen. Jene, die nicht das Glück haben, in anderen Verbindungen unterzukommen – also ausschließlich die Nerds –, müssen wiederum in die Turnhalle ziehen. Das wirkt wie eine Ironie des Schicksals, ist doch gerade die Turnhalle sonst der Ort ihrer sozialen Gegenspieler. Hier beginnen sich sämtliche Erstsemester-Nerds nun zu solidarisieren. Typischerweise haben sie aber Schwierigkeiten bei diesem gemeinschaftlichen Akt der Gruppenbildung: Der eine ist allergisch, der andere misanthropisch, und überhaupt besitzt jede Figur eigene Spleens, die sie mit anderen Menschen inkompatibel zu machen scheinen. Die Rahmenhandlung des Films lässt sich wie folgt zusammenfassen: Die Nerds versuchen einer Studentenverbindung beizutreten, werden erwartungsgemäß überall abgelehnt und erhalten schließlich eine Probemitgliedschaft bei den «Lamda Lamda Lamda» (einer Schwarzen Verbindung) – allerdings unter der Voraussetzung, dass sie sich dieser mit der Organisation einer Verbindungsparty als würdig erweisen. Im Folgenden kommt es mehrfach zu Angriffen seitens der Alpha Betas und zu Racheaktionen durch die Nerds. Beim abschließenden Universitätswettbewerb in verschiedenen Disziplinen feiern die Nerds einen überraschenden Triumph. Sie gewinnen nicht nur das Turnier, sondern auch die Frauen – und rächen sich damit an ihren Peinigern.

In «Revenge of the Nerds» trifft man erstmals auf explizite Computer-Nerds – und nicht nur im weitesten Sinne auf

Enthusiasten diverser naturwissenschaftlicher Fächer. Lewis und Gilbert haben sich am Adams College eingeschrieben, um «Computer Science» zu studieren, und schließlich gewinnen sie das Turnier nur deshalb, weil sie im Musikwettbewerb mit einer vom Computer gesteuerten Musical-Produktion überzeugen. Hier schlagen sich eindeutig die Erfolgsgeschichten von Informatikern und Computer-Pionieren nieder, die in den 1980er Jahren bereits die Medienöffentlichkeit zu dominieren begannen. Bill Gates, Paul Allen oder Steve Jobs – um nur die populärsten zu nennen – schmückten Titelseiten und stifteten zukünftigen Nerdfiguren ein völlig neues Selbstverständnis. In einem Wechselverhältnis zwischen fiktiven Nerdfiguren und realen Celebrities erhielt der Nerd schließlich seine Kernbedeutung, auf die bis heute, wenn auch oftmals nur noch partiell, referiert wird.

DER COMPUTER-NERD

DAS MECHANISCHE GENIE

Am 15. April 1977 fuhren Steve Jobs und Steve Wozniak in einem frisch geschneiderten Dreiteiler, einem Outfit, das für die beiden mehr als nur unüblich war, zum Bill Graham Civic Auditorium in San Francisco. Anlass war die erste West Coast Computer Faire, die den Personal Computer populär machen sollte. Wenige Wochen zuvor hatte Jobs bei Jim Warren, der die Messe organisierte, dafür gesorgt, dass sie gleich am Eingang einen Stand bekommen sollten – für 5000 Dollar im Voraus. Nun bauten sie dort ihren Tisch auf, verkleideten ihn sorgfältig mit schwarzem Samt, und während die anderen Aussteller ihre schlichten Schilder aus Karton aufstellten, installierten Jobs und Wozniak eine große beleuchtete Plexiglastafel mit dem von Rob Janoff neu gestalteten und noch heute so signifikanten Apple-Logo: dem schlichten Apfel mit einem «byte», also angebissen. Passend zum kalifornischen Lebensgefühl dieser Zeit, das noch im Geiste der Hippie-Bewegung stand, war er in Regenbogenfarben gehalten.[1] Jobs und Wozniak präsentierten erstmals den von ihnen in der Garage händisch zusammengebauten PC, den Apple II, der die Messe im Nachhinein berühmt machen sollte.

Ungefähr so lautet eine wichtige Episode aus der Geschichte von Apple. Sie wurde immer wieder neu und nur in geringen Variationen erzählt, in zahlreichen journalistischen Artikeln, Autobiografien, Biografien, Filmen und Dokumentationen. Und es gibt noch eine Reihe weiterer vergleichbarer Episoden aus der Computertechnologiebranche, die als Schlüsselmomente in die jeweiligen Unternehmensgeschichten, aber auch in das kollektive Gedächtnis der Computergeschichte Eingang gefunden haben. Solche Erzählungen handeln vor allem von einzelnen Protagonisten, zugleich von unserer Faszination für ihr Handeln, das die Kultur und die Gesellschaft, in der wir heute leben, so stark beeinflusst hat – und sie begleiten von Anfang an die Entwicklungen des Personal Computers.

Schon in den 1970er Jahren berichtete man von der nicht enden wollenden Computer-Revolution, von einer regelrechten Computermanie.[2] Im Januar 1975 brachte Ed Roberts den ALTAIR 8800 mit Intel 8080-Prozessor als Bausatz auf den Markt und erfand damit den ersten sogenannten Microcomputer – im signifikanten Unterschied zu den raumfüllenden oder kühlschrankgroßen «Minicomputern», die sonst weithin gängig waren. Es gehört wiederum zum Gründungsmythos von Microsoft, dass Bill Gates und Paul Allen den ALTAIR auf dem (mittlerweile berühmten) Cover der Fachzeitschrift Popular Electronics gesehen haben und die Idee hatten, auf dem Gerät die Programmiersprache BASIC zu installieren, um die schlichte Box aus Schaltern und Leuchten zu erweitern, sie komplexer und nutzbarer zu machen. Nur wenige Monate später gründeten sie «Micro-Soft», heute bekanntlich eines der größten Unternehmen der Welt.

Aber noch 1977 ist man skeptisch, ob der Computer jemals auch im Alltag, also privat etwas nützen könne. Der Journalist Lee Dembart berichtete von der Messe «Computermania» in Boston etwas ernüchtert: «Niemand hier kann sicher sagen, wofür die Menschen den Computer zu Hause jemals gebrauchen könnten. ‹Zum Spaß› scheint mir die ehrlichste Antwort zu sein.»[3] Er lässt Dave Armitage, damaliger Präsident von Computer Power Inc., zu Wort kommen, der ihm voller Enthusiasmus erklärt: «Die Verwendung einer solchen Maschine beschränkt sich lediglich auf die Vorstellungskraft ihres Benutzers!»[4] Sprich: Sie kann alles, man muss es sich nur ausdenken. Und er trifft auf Steve Jobs, dessen Computer nur noch die Größe einer tragbaren Schreibmaschine besaß und an ein normales, man möchte sagen, geradezu «heimisches» Fernsehgerät angeschlossen war. Er prophezeit lässig und mit uneingeschränkter Zuversicht: «Der Computer wird ein Produkt für alle werden. Im Moment ist es das noch nicht, aber nur, weil die entsprechenden Programme fehlen.»[5]

Das sind im Kern die großen Fragen der Computerindustrie in den 1970er Jahren: Wozu kann man den Computer eigentlich verwenden? Wird er jemals für den Alltag nützlich sein? Ab wann ist «Personal Computing» nicht mehr eine Beschäftigung eigenbrötlerischer Hobbybastler – sondern auch eine eigene Wissenschaft und, natürlich, ganz besonders auch etwas, mit dem sich professionell Geld verdienen lässt?[6] Aus diesem Geist ging der Homebrew Computer Club hervor, ein Verein von Elektronikenthusiasten, zu dessen populärsten Mitgliedern aus heutiger Sicht wohl Steve Wozniak zählt. Die Aufgabe des Clubs, der Grund für die Zusammenkünfte seiner Mitglieder, war kein geringerer, als sich irgendwelche sinnvollen Tätigkeitsfelder für den ALTAIR 8800 auszudenken, einen «realen Nutzen für eine nutzlose Box» zu finden, wie der heute weniger bekannte Entwickler Lee Felsenstein die Treffen charakterisierte.

Aufgrund der anfänglich fehlenden Resonanz sahen sich viele Entwickler und Programmierer in den 1970er Jahren den Aussagen Felsensteins zufolge selbst als «verkannte Genies» an. Denn insgesamt genossen sie, ähnlich wie die Funkamateure des frühen 20. Jahrhunderts und die vormaligen Elektronikbastler, kein sehr hohes Ansehen und waren bis in die 1950er und 1960er Jahre sogar noch unbeliebter als die Figuren des Wissenschaftlers oder Eierkopfes.[7] Als sich aber die Prophezeiungen dieser Computerbastler, dass das, was sie da taten, die Welt verändern würde, zu bewahrheiten begannen, verschmolzen die Figur des Hobbyisten und die des Wissenschaftlers zunehmend miteinander – und sind gewissermaßen beide in die Nerdfigur eingegangen.[8] Das wird besonders anschaulich in einem Artikel, der auch Jahre später noch wegen seiner Prägnanz und Weitsicht selbst Insider überraschte.[9] Der Autor des 1972 erschienenen Aufsatzes «SPACEWAR. Fanatic Life and Symbolic Death Among the Computer Bums»[10] war Stewart Brand, der als Herausgeber des Whole Earth Catalogs, eines US-amerikanischen Gegenkultur-Magazins, Bekanntheit erlangte. Einen Absatz widmet Brand einer neuen Sozialfigur, die sich zum Teil mit der Nerdfigur deckt: dem Hacker. Mithilfe dieser Figur deutet er den Computerbastler als Genie, zeigt, wie aus Spott Ansehen erwuchs: «Ein echter Hacker ist kein Gruppenmensch. Er ist eine Person, die es liebt, die ganze Nacht aufzubleiben, ihn und die Maschine verbindet eine Hassliebe… Es sind Kinder, die dazu neigen, brillant zu sein, aber nicht sehr interessiert an den konventionellen Lebenszielen. Und die Informatik ist einfach ein fabelhafter Ort dafür, denn man braucht keinen Doktortitel oder etwas anderes. Es ist ein Ort, an dem man immer noch ein Handwerker sein kann. Die Leute sind bereit, dich zu bezahlen, wenn du überhaupt gut bist, und du hast genügend Zeit, um herumzuexperimentieren. Die Hacker sind die Techniker dieser Wissenschaft. Hacker ist ein Begriff des Spottes und zugleich das ultimative Kompliment. Sie sind diejenigen, die menschliche Anweisungen in Codes übersetzen, die die Maschinen verstehen und nach denen sie handeln können. Sie sind Fanatiker mit einem mächtigen neuen Spielzeug. Eine mobile, neu gefundene Elite mit eigenem Apparat, eigener Sprache und eigenem Charakter, eigenen Legenden und eigenem Humor.»[11]

Sehr schnell kristallisierten sich wenige Personen heraus, über deren Porträts die Geschichte des Personal Computers mit großem Pathos erzählt wurde – und zwar diejenigen, von denen noch heute in diesem Zusammenhang die Rede ist. Man konnte fortan immer wieder von Jobs und Wozniak lesen, wie sie in ihrer Garage den ersten PC zusammengeschraubt haben. Immer wieder wurde die Geschichte von Gates und Allen erzählt, wie sie unerschrocken zu IBM gefahren sind, um dem Unternehmen das Betriebssystem 86-DOS zu verkaufen – von dem sie zu diesem Zeitpunkt noch nicht einmal wussten, dass es auch funktionieren (geschweige denn die beiden später reich machen) würde. Und immer wieder diente den Erzählern, zunehmend aber auch den Persönlichkeiten selbst, die Nerdfigur dazu, Fiktionalisierung und Mythenbildung voranzutreiben. Denn damit ließ sich leicht an bereits vertraute kulturelle Narrative aus der eigenen Erfahrungswelt anschließen, die es ermöglichten, dass man sich mit Leuten wie Jobs oder Gates identifizieren konnte. Gleichzeitig wurden ihre Tätigkeiten für die Allgemeinheit dadurch anschaulicher.

Einige Jahre bevor die Film-Komödie «Revenge of the Nerds» erschien, schrieb der Journalist Paul Ciotti 1982 im Magazin «California» eine zehnseitige Story über Steve Wozniak, mit der er das Bild der Computerpioniere als Nerds nachhaltig beeinflusst haben dürfte. Der Titel lautete nämlich damals schon: «Revenge of the Nerd». Gleich auf den ersten Blick ist der im Rachemotiv angelegte Imagewandel der Nerdfigur in der Gestaltung des Leitartikels zu vernehmen: Während auf dem Cover ein leicht vertrottelt dreinblickender Teenager (nicht Wozniak) in Anlehnung an das aus den Teen Movies vertraute Stereotyp zur Verkörperung des

Nerds verwendet wird, zeichnet der Artikel selbst ein ganz anderes Bild der Figur. Wozniak wird als Künstler gefeiert, dessen Schaffen sich durch eine eigene Ästhetik auszeichnet, ja der sogar einen eigenen Stil hat. In einem Vorher-Nach-her-Bildarrangement wird dann der Faszination über seine sprungartige Karriere Ausdruck verliehen: Auf dem linken Bild basteln Jobs und Wozniak im Schlafzimmer am Apple I herum, auf dem rechten Bild sieht man die Rückseite eines Porsches, die Unterschrift lautet: «Nur vier Jahre später kauft sich Wozniak seinen metallic-kupferfarbenen Porsche.»[12] Der trottelige Außenseiter-Nerd ist jetzt ein Superreicher, lautet die Erzählung. Und auch schon in der Covergestaltung entfaltet sich die Erfolgsstory: Heutzutage werden Nerds von zwei gutaussehenden Blondinen in Unterwäsche umschwärmt. An den Leser adressiert steht neben dem Bild in fetten schwarzen Druckbuchstaben: «Erinnerst Du Dich an mich? Ich bin einer dieser Typen, über die Du in der Schule gelacht hast. Tja, heute designe ich Computer und verdiene Millionen. Also: Wer lacht zuletzt?»[13] Der einstige Teen-Movie-Nerd ist erwachsen geworden, und darüber hinaus ist er erfolgreich und begehrt. Er hat das Geld und die Frau.

In dem Artikel wird die allseits bekannte Figur des Nerds dazu verwendet, Wozniak stellvertretend für alle anderen wichtigen Persönlichkeiten aus der Computerbranche für die Leser greifbar zu machen. Jede und jeder kannte einen Nerd oder hielt sich sogar selbst dafür. Ein Typ wie Wozniak und seine für die Allgemeinheit völlig unverständliche Tätigkeit konnten somit in die eigene Erfahrungswelt integriert werden.

Nachdem mit dem Apple II bereits ein Heimcomputer auf den Markt kam, der durch seine überschaubare Größe, seine Leistungskraft und den angeschlossenen Bildschirm den individuellen, persönlichen Gebrauch von Computern immer attraktiver machte, gelangte der Personal Computer in den

1980er Jahren dank seiner zunehmenden Benutzerfreundlichkeit (wiederum insbesondere durch den Macintosh von Apple, der 1984 auf den Markt kam) zum Durchbruch. Entwickler, Unternehmensgründer, ja die Pioniere dieser Entwicklung wurden fortan und ganz im Stil von Paul Ciotti allerorts als Anführer und Helden einer Revolution porträtiert.[14] Bill Gates, Paul Allen, Steve Wozniak oder Steve Jobs schmückte man nunmehr mit Begriffen, die ihre Mythenbildung immer weiter forcierten. Jobs feierte man als einen «Helden, der die katastrophalen Siebziger vergessen lässt»,[15] mehr noch: als «Volkshelden», der den Menschen die Computer in ihre Wohnzimmer brachte. Man sprach davon, dass er ein «Wunderknabe»[16] sei, den «Triumph unternehmerischer Kraft»[17] repräsentiere und eine «Verkörperung der Erfolgsgeschichte des Silicon Valley»[18] darstelle. Andernorts nannte man ihn auch den «Evangelist für das kommende PC-Zeitalter».[19]

Eine tragende Rolle bei all den mystifizierenden Beschreibungen spielte – und spielt noch immer – die Verbindung von jungem Alter und überragendem Erfolg. In keinem der unzähligen Artikel und keiner der frühen Biografien blieb unerwähnt, dass Bill Gates schon als Kind klüger war als alle anderen und dass er sein erstes Softwareprogramm mit 13 Jahren geschrieben hatte. Dass Steve Wozniak schon mit drei Jahren lesen konnte und ebenfalls 13 war, als er in der Schule einen Preis für seine Erfindung «A Parallel Digital Computer» erhielt. Dass Gates bei der Gründung von Microsoft erst 19 Jahre alt war und noch studierte. Dass Jobs 21 Jahre alt war, als er Apple gründete. Dass Gates mit 30 Jahren als Vorstandsvorsitzender und Geschäftsführer 11 222 000 Aktien besaß, die bei 16 Dollar pro Aktie einen Marktwert von 180 Millionen Dollar hatten.[20] Dass Jobs mit 23 Jahren Millionär wurde.[21] Dass Allen der «reichste Einwohner des Planeten» sei.[22] Und so weiter und so fort.

Ein Motiv, das nun auch in die Gestaltung der Nerdfigur Einzug hielt.

Das in den beschriebenen Teen Movies angelegte Narrativ der Rache des Nerds wurde dadurch also einerseits bestätigt, aber andererseits enorm verstärkt und erweitert. Der in Aussicht stehende Erfolg für nerdige Teenager betraf fortan vor allem das Vermögen, durch das sie auch eine breite gesellschaftliche Anerkennung finden konnten. Zugleich wurden Nerds aber auch deshalb zunehmend mit Computernutzern assoziiert und umgekehrt Computernutzer als Nerds klassifiziert, da die Menschen einfach immer öfter mit Computern zu tun hatten[23] und schließlich die Beschäftigung mit dem PC innerhalb kürzester Zeit für viele Jugendliche und Erwachsene zu einer Freizeitbeschäftigung und damit Teil des Alltags wurde.[24]

1984 gab es einen regelrechten Boom populärer Sachbücher über die Expansion der Computerbranche, von denen mindestens drei eine tragende Rolle bei der beginnenden Mystifizierung der Celebrities aus der Computerindustrie spielten. Eine Entwicklung, die eigentlich gerade noch stattfand, wurde in diesen Büchern bereits historisiert. Steven Levy, der als Redakteur bei Newsweek vor allem für Technologie-Themen zuständig war und als Kolumnist für das zu Apple gehörende Magazin Macworld schrieb, veröffentlichte «Hackers: Heroes of the Computer Revolution», das auf zahlreichen Gesprächen mit Programmierern basierte, die von den 1950er bis in die 1980er Jahre aktiv waren. Es war schlagartig erfolgreich und erfreut sich bis heute großer Beliebtheit, weil es erstmals eine Art Hacker-Ethik entfaltete. Im Vorwort beschreibt Levy Hacker als «faszinierende Menschen» und bezeichnet sie als «Abenteurer, Visionäre, Risikofreudige, [und] Künstler» – entgegen der damals vorherrschenden und eher negativen Beurteilung als «nerdige

Außenseiter oder Hobby-Programmierer».[25] Wie Vasari einst in seinen Künstlerbiografien die bedeutendsten Persönlichkeiten der Renaissance darstellte, so stellt Levy die wichtigsten Programmierer und Maschinen des Computerzeitalters vor – darunter den berüchtigten Telefon-Phreaker John Draper, in der Szene auch bekannt als «Captain Crunch»; den «eingebildeten Zauberer» und Harvard-Abbrecher Bill Gates, der BASIC schrieb; den «Hacker-Hacker» Richard Greenblatt; den «Visionär» Steve Jobs; den offenherzigen, technologisch risikofreudigen Hardware-Hacker Stephen Wozniak alias «Woz»; den «verspielten und brillanten» MIT-Professor Marvin Minsky, der das MIT-KI-Labor leitete, und viele weitere. Levy sprach vom «Hacker» als einer besonderen Form des Nerds, den er eher als Oberbegriff verwendete, auch weil er offenbar noch stärker mit Schulstrebern assoziiert war. Dass er anders als Ciotti Wozniak und Co. als Hacker und nicht als Nerds klassifizierte, hatte auch damit zu tun, dass der Begriff Hacker von Anfang an anerkennend verwendet wurde, «als Auszeichnung für Einfallsreichtum und Hartnäckigkeit bei Problemlösungen.»[26] In dieser Zeit wurde der Hacker zudem in der breiten Öffentlichkeit noch nicht sofort mit Sabotageakten assoziiert, seine Tätigkeit wurde noch nicht pauschal kriminalisiert. Umgekehrt war der «Nerd» im Jahr 1984 noch verpönt, sodass es seiner Aufwertung durch den professioneller anmutenden «Hacker» bedurfte. Das war bei einer späteren Ausgabe des Buches aus dem Jahr 2001 nicht mehr nötig: Auf der Rückseite des Umschlags ist nun vom «computer nerd» die Rede – und nicht mehr vom «Hacker».

Ebenfalls 1984 erschien «Fire in the Valley: Making of the Personal Computer», geschrieben von Paul Freiberger und Michael Swaine, die sich 1981 kennenlernten, als beide für InfoWorld schrieben, eine Computerzeitschrift für eine damals kleine, aber schnell wachsende Community von Computerenthusiasten. Ihr Buch wurde zu einer populären Vorlage für unzählige Geschichten rund um die amerikanische Westküste, um das Silicon Valley und den unfassbaren Technologieboom, der sich dort vollzog, die atemberaubenden Erfolge, die zugleich so anziehend und so schwer fassbar waren und es im Grunde noch immer sind. Auch Freiberger und Swaine erzählen die Geschichte dieses Ortes vor allem anhand einzelner Persönlichkeiten, darunter – aber bei weitem nicht nur – der bekannten und erwähnten Hauptprotagonisten. Auch sie berichten von individuellen Schicksalen, von Spaß und Frustration, von Scheitern und Erfolg. Und auch sie sprechen nur an wenigen Stellen vom «Nerd» – immer nur dann, wenn es um die Schulzeit geht –, sondern stattdessen von «Hackern», «Wundertätern», «Hobbyunternehmern» oder von «Technischen Typen».[27] Auch hier zeigt sich also deutlich, dass die Nerdfigur aus den Teen Movies zwar durchaus bereits mit den Computerpionieren in Verbindung gebracht wurde, allerdings nur, um deren Backstory zu veranschaulichen.

Ein drittes, sehr erfolgreiches populäres Sachbuch aus dem Jahr 1984 über die Computerindustrie, deren Entwicklung ebenfalls anhand ihrer Pioniere erzählt wird, war «Silicon Valley Fever. Growth of High-Technology Culture», geschrieben von der Ingenieurin Judith K. Larsen, die selbst im Silicon Valley beschäftigt war, und dem Soziologen und Kommunikationswissenschaftler Everett M. Rogers.[28] Rogers hatte sich seit den 1960er Jahren mit der Ausbreitung und Akzeptanz von Innovationen befasst und prägte die Bezeichnung des «Early Adopters» als eines Typus, der neue Produkte und Trends schnell erkennt und sich aneignet, dadurch wiederum auch andere zu diesem Verhalten inspiriert und folglich dazu beiträgt, dass eine «Early Minority» entsteht, also eine breitere Akzeptanz des entsprechenden Produkts oder der entsprechenden Entwicklung einsetzt.[29] Und auch in dem Buch über das Silicon Valley geht es Larsen und ihm im Grunde darum, beispielhaft aufzuzeigen, wie Innovationen sich ausbreiten. Dass dazu die Ausbildung einer eigenen spezifischen Kultur ausgesprochen hilfreich ist, deutet sich schon im Titel an, der auf «Saturday Night Fever» anspielt, den US-amerikanischen Tanzfilm über die New Yorker Diskoszene von 1977 mit John Travolta in der Hauptrolle. Zunächst befremdet der Titel «Silicon Valley Fever», wurde doch der Nerd als Square bislang nicht als ein Teenager mit einer eigenen Sub- oder Jugendkultur angesehen und inszeniert, sondern vielmehr als explizit Nicht-Jugendlicher ausgewiesen, als ein junger Erwachsener oder als ein erwachsenes Kind. Der Titel lässt nun aber eine Szene oder Kultur der Silicon-Valley-Nerds erahnen, und genau um eine solche geht es den beiden Autoren auch. Sie erkennen im Silicon Valley schon früh einen von den Medien mystifizierten Ort, der nicht einfach einige wichtige Hightech-Firmen beherbergt, sondern vor allem auch eine Kultur hervorbringt, und zwar eine spezifische, unverwechselbare «Hightech-Kultur» mit einem signifikanten Unternehmertum, einer eigenen Art des Arbeitens, aber eben auch einer damit verbundenen charakteristischen Lebensweise.[30] Der Inbegriff dieser neuen Hightech-Kultur (an anderer Stelle sprechen sie auch von «Computerkultur») sei der «computer-addict» – den Larson und Rogers ebenfalls noch nicht als Nerd, sondern als «Hacker» bezeichnen oder «Hacker-Nerd».[31] Sie widmen den Hacker-Nerds dann auch ein ganzes Kapitel, dessen Charakterisierung wiederum sehr nah am heutigen Verständnis des Nerds gelegen ist. Der typische Hacker, schreiben die beiden Autoren, war in seiner Schulzeit ein Außenseiter, wurde von den anderen ausgeschlossen und widmete sich deshalb dem Computer, der sich – diese Erzählung ist weit verbreitet – nicht, wie alle anderen, als ständiger Feind, sondern als treuer Freund erwies. Hacker alias Nerds hätten versunkene leuchtende Augen, seien sehr hellhäutig und hätten zudem einen «klugen binären Humor».[32] Hier lag also ein früher Ansatz vor, nicht nur die Computerpioniere als Hacker-Nerds, sprich: als kulturelle Figuren zu begreifen, sondern in deren Selbst- und Fremdbeschreibungen zudem einen gemeinsamen Lifestyle zu erkennen.

Doch Medienpersönlichkeiten wie Gates, Jobs und Co. als Nerds zu klassifizieren, war nur eine Seite der Entstehung einer expliziten Computer-Nerdfigur. Die Computermillionäre mussten durch die populären fiktiven Medien noch viel stärker als Nerds verankert werden – insbesondere auch über die Teen Movies hinaus. Geradezu sinnbildlich für den biografischen Übergang der Nerdfigur vom Teenager zum Erwachsenen erzählt Francis Ford Coppola in seiner 1986 veröffentlichten Komödie «Peggy Sue Got Married» das biografische Rache-Narrativ rückwärts. Der Film beginnt mit einem Klassentreffen, wo die Hauptfigur Peggy Sue Bodell (Kathleen Turner) unter anderem auf Richard Norvik (Barry Miller) trifft, der mittlerweile zum millionenschweren und von den Medien gefeierten Computeringenieur avanciert ist. Seine ehemaligen Klassenkameraden, allesamt wenig erfolgreich, gratulieren ihm zu seinem Reichtum, von dem sie aus den Medien erfahren haben (und den sie nicht nachvollziehen können). Der Triumph bestätigt sich zudem, als Richard und Peggy Sue zu Wiedersehens-König und Wiedersehens-Königin gekürt werden. Im Trubel der Ereignisse und Erinnerungen wird Peggy Sue auf der Bühne plötzlich ohnmächtig und findet sich in ihrer alten Highschool wieder, als Teenager in den 1950er Jahren. Dort trifft sie ebenfalls auf Richard, von dem man schon ahnte, was sich nun bestätigt, nämlich dass er ein Nerd war, sich mehr als alle anderen für Naturwissenschaften interessierte – und dem dafür entspre-

chend viel Verachtung entgegengebracht wurde. Im Erwach-
senenleben, auf dem Klassentreffen attestiert ihm Peggy Sue
während eines Tanzes später freudig, dass er es nun allen gezeigt, dass er sich «gerächt» habe. An dieser Stelle wird sehr
deutlich, wie der Nerd als Sozialfigur im Wechselverhältnis
von realen und fiktiven Personen wirksam wird: wie nicht
nur Gates, Jobs und Co. durch die Beschreibung als Nerd
mythologisiert bzw. fiktionalisiert werden konnten, wie also
nicht nur die Nerdfigur verwendet wurde, um die realen Personen aus der Computerbranche zu klassifizieren, sie als
«Typen» einer Einordnung zu unterziehen und damit besser
verständlich zu machen; sondern wie auch umgekehrt die realen Personen die fiktive Figur des Nerds umgestaltet haben,
sie aus dem tendenziell schlechten Image schulstreberhafter
Außenseiter befreit und ihr aus der Pubertät geholfen haben.
So verknüpfte sich die Nerdfigur immer stärker mit den realen Computerpionieren – auch über die schlichte Ausmalung
von deren Backstory hinaus. Nicht zuletzt, weil das Narrativ
der Rache, das nunmehr essentieller Bestandteil der Figur
wurde, sich erst im Erwachsenenalter erfüllte.

Einen Höhepunkt der mystifizierenden Fiktionalisierung der
populären Personen aus der Computerbranche bildet die
1996 veröffentlichte und von Robert X. Cringely geschriebene britische Fernsehdokumentation über die Geschichte
des Personal Computers mit dem Titel «Triumph of the
Nerds», der auf den Spielfilm «Revenge of the Nerds» anspielt. Cringely – ein Pseudonym, unter dem der Journalist
Mark Stephens seit 1987 eine Klatsch-Kolumne in Info-
World veröffentlichte, in der er über das Silicon Valley und
die Entwicklungen der Computerindustrie berichtete – hatte
bereits 1992 ebenfalls die Nerdfigur verwendet, um die Geschichte des PCs anhand seiner Protagonisten zu erzählen
und diesen damit – ganz in der Tradition der drei Vorläufer-

Publikationen aus dem Jahr 1984 – zu Popularität zu verhelfen. «Accidental Empires: How the Boys of Silicon Valley Make Their Millions, Battle Foreign Competition, and Still Can't Get a Date» hieß das Buch, aus dem schließlich auch der Dokumentarfilm hervorging. Keine andere Dokumentation, kein Bericht, kein Film und keine Serie hat die mit dem Nerd verbundenen Narrative vergleichbar stark sowohl auf die unbekannteren Wegbereiter des PCs als auch auf die Medienpersönlichkeiten Gates, Allen, Wozniak und Jobs übertragen.

Die Dokumentation beginnt mit Robert X. Cringely, der in einem der oberen Ränge im Basketball-Stadion steht und sich an uns, die Zuschauer wendet. Er tritt als Moderator des Films in Erscheinung und kündigt an, zu erzählen, wie der Computer die Welt erobert hat. «Warum ich dafür im Basketball-Stadion stehe?», fragt er kokett in die Kamera. «Wegen dieses Mannes.» Die Kamera zoomt aus der Vogelperspektive in die vorderen Ränge des Stadions hinein – auf eine Person mit Vollbart und Pilotenbrille. «Sein Name ist Paul Allen. Alles, was Sie hier sehen, gehört ihm: die Portland Trailblazers, das Basketball-Team, die Arena, selbst die Tänzer – dank des Personal Computers hat er 8 Milliarden Dollar für solche Spielzeuge übrig.» Paul Allen sitzt also, offenkundig milliardenschwer, im Basketball-Stadion, das ihm selbst gehört: Eine Dokumentation über den «Triumph» der Computer-Nerds dieser Zeit hätte kaum schlagender beginnen können. Als seien sie Allens Spielfiguren, bewegen sich die Basketballprofis der Portland Trailblazers in den nächsten Sequenzen über das Feld. Da bleibt es nicht bei einer Rache an den Sportlern, wie es das Stereotyp vorsieht, nein, er hat sich seine ehemaligen Gegenspieler regelrecht einverleibt. Aus einer reaktiven Geste ist aktive Machtausübung geworden.

«Allen ist reicher als Gott. Und Gates ist reicher als Allen.» Gottgleich regieren Nerds die Welt, so führt uns Cringeley glaubhaft vor Augen – und das nur zwanzig Jahre, nachdem sie den Personal Computer erfunden haben. Eine Revolution hätten sie damit ausgelöst, ja, sie hätten verändert, wie wir denken, arbeiten und kommunizieren. Aber wie kam es dazu? Hier nun erklärt sich unter Bezugnahme des Rache-Narrativs der Untertitel der Dokumentation «The Rise of Accidental Empires»: aus Versehen, es war nur «ein Unfall». Eine Erklärung, die auch in Buchtiteln besonders weit verbreitet war. So nennt sich eine Biografie über Paul Allen «The Accidental Zillionaire»,[33] die Autobiografie des Linux-Gründers Linus Torvalds «Just for Fun: The Story of an Accidental Revolutionary»[34] und das Buch über die Gründung von Facebook, das schließlich auch für David Finchers Film «The Social Network» adaptiert wurde, «The Accidental Billionaires: The Founding of Facebook, a Tale of Sex, Money, Genius, and Betrayal».[35] Auch in «Fire in the Valley» gab es das Motiv bereits, hier sprechen die Autoren von «Accidental Entrepreneurs». Für Cringeley bedeutet der «versehentliche» Aufstieg des Computerimperiums: Die Revolution fand nur deshalb statt, weil ein paar unterschätzte Nerds ihre Freunde und Feinde beeindrucken wollten. Sie war eigentlich nur ein Nebeneffekt.

Aus dieser Perspektive erklärt sich auch die Rede vom «Triumph» anstelle von «Rache». Während «Triumph» schlichtweg einen Tatbestand beschreibt, unterstellt «Rache» eine ganz konkrete Motivation. In diesem Sinne ist das Motiv vom Erfolg «aus Versehen» noch aus einem anderen Grund aufschlussreich: Es suggeriert, Nerds interessierten sich nicht für den Erfolg, er unterlaufe ihnen. Aufgehen würden sie allein in ihrer Tätigkeit: «Essen, baden, eine Freundin haben, ein Social Life haben, das ist nebensächlich», spricht ein junger Start-up-Mitarbeiter in Cringeleys Kamera, und weiter: «Alles, was das Coden unterbricht, ist Zeitverschwendung.»

Und auch Bill Gates (obwohl er mittlerweile die Welt retten will) schildert, dass er manchmal derart aufgeregt ist über seine Arbeit, so vertieft in das Programmieren, dass er vergessen würde, zu essen. Er ist nachgerade besessen und vermittelt damit den Eindruck genialischer Unbekümmertheit.

Sichtet man die unzähligen schriftlichen und filmischen (Auto-)Biografien von Gates, Allen oder Jobs, fällt auf, dass sie sich lesen wie die «Legende vom Künstler», die Ernst Kris und Otto Kurz 1934 herausgearbeitet haben.[36] Allein die Tatsache, dass ein ausgeprägtes Interesse an den Biografien und Schicksalen der Computerpioniere besteht, zeugt davon, dass der Computer-Nerd gleich dem Künstler von einem «je ne sais quoi», einem «Geheimnis», einem «Rätsel», einem «Zauber» umgeben ist. Man fragt sich, wo sein Antrieb herkommt, wie es möglich ist, eine Tätigkeit so vehement zu verfolgen, ein «Werk» zu vollbringen. Eine Voraussetzung dafür ist natürlich, dass überhaupt ein «Werk» vorliegt, das mit dem Namen seines Schöpfers unweigerlich verbunden ist: Microsoft mit Bill Gates, Apple mit Steve Jobs, Linus Torvalds mit Linux, Mark Zuckerberg mit Facebook. Wie stark diese Verknüpfung ist, belegt auch die Tatsache, dass sie selbst dann fortexistiert, wenn die Schöpfer sich von ihrem Werk getrennt haben. Obwohl sich Gates 2007 von Microsoft verabschiedete, bleibt er mit dem Unternehmen fest assoziiert, und auch nach seinem Tod ist Steve Jobs das bedeutendste Gesicht von Apple geblieben.

Das Interesse an der Psychologie des Künstlers und an der Frage, wie er auf seine Ideen kommt, wurde meistens durch die Bewunderung für das Kunstwerk und die darin zum Ausdruck gebrachte Kreativität erzeugt – und mittlerweile ebenso durch die unerklärlich hohen Preise, die künstlerische Werke auf dem Markt erzielen. Das «Werk» des Nerds ist jedoch noch undurchdringlicher als etwa ein Bild, eine

Skulptur, eine Installation oder eine Performance. Was sich hinter der Metallhülle eines Computers abspielt, ist noch viel unbekannter, mysteriöser.

Als ein «zentrale[s] Motiv» der Künstlerlegende bestimmen Kris und Kurz die Erzählung, dass «sich das Ingenium des Künstlers schon in der Kindheit verrate»,[37] wobei die «Entdeckung des Talents» mystifiziert werde.[38] Dahingehend schreibt auch Paul Allen in seiner Biografie: «Schon als Kind habe ich die meisten Geräte auseinander und wieder zusammengebaut, weil ich auf diese Weise sehen wollte, wie sie funktionieren.»[39] In einem Kapitel aus der autorisierten Biografie Steve Jobs' von Walter Isaacson – mit dem vielsagenden Titel «Kindheit: Verlassen und auserwählt» – wird wiederum über mehrere Seiten geschildert, mit welch herausragender Intelligenz Jobs bereits als Kind ausgestattet war: dass er zwei Klassen direkt überspringen konnte, dass seine Lehrer den «Überflieger» von Anfang an erahnten – und wie sehr ihm selbst stets bewusst war, «dass er etwas Besonderes» sei.[40] Und wenn Bill Gates davon spricht, dass er schon als Kind mit dem Erfinden begann und dass Kinder überhaupt die besseren Erfinder seien, weil sie mit ihren Spielsachen nicht nur spielen, sondern sie auch verändern, ja, dass das kindliche Spiel der Kern der Kreativität sei[41] – dann hört man automatisch Pablo Picasso heraus, der bekanntlich Kinder als die besseren Künstler bezeichnete. Spürbar wird aber auch eine Berufung auf die Phantasie: Kreativität und Einflussreichtum charakterisieren die Arbeit von Nerds (wie auch von Künstlern), nicht Mühe, Fleiß oder Strebsamkeit.

Schon Kurz und Kris stellten ganz im Sinne einer noch zu etablierenden Sozialfigurentheorie fest, dass es nicht den einen Künstlertyp gibt, sondern dass sich in «jeder Phase der geschichtlichen Entwicklung [...] neue soziale Typen [den

älteren] an[schließen], ohne daß diese älteren darum verschwunden wären. Das akademische Schulhaupt steht neben
dem revolutionären Neuerer, der Künstler als Universalgenie
oder als Edelmann neben dem Einsamen und Verkannten».[42]
Gleiches gilt, wie bereits für einige Jahrzehnte gezeigt wurde,
auch für den Nerd: Er kann als konformistischer Spießer
oder nonkonformistischer Eigenbrötler auftreten, als lang-
weiliger Streber oder aufregender Technikenthusiast, als ver-
träumter Geek oder systemkritischer Hacker.

Gemein sei all diesen unterschiedlichen soziologischen Bildern vom Künstler aber, so schreiben Kris und Kurz weiter,
dass in ihnen die «Vorstellung vom Genie» nachlebt, dass sie
selbst also wiederum nur als ein «Glied der großen ‹Geniege-
meinschaft›» anzusehen seien. In diese Geniegemeinschaften
kann nun auch der Nerd eingereiht werden.

Tatsächlich lässt sich sogar in mehrfacher Hinsicht eine
Strukturanalogie von Nerd und Genie feststellen, die in der
Dokumentation von Cringeley, aber auch in den (Auto-)Bio-
grafien der Entwickler und Programmierer mit Leben erfüllt
wird. Wie Jochen Schmidt in seiner «Geschichte des Genie-Gedankens in der deutschen Literatur, Philosophie und
Politik» gezeigt hat, entstand die «Anschauung vom außerordentlichen Rang der Dichtkunst» im 18. Jahrhundert und
war eine Voraussetzung dafür, dass der Dichter vom gelehrten Poeten zum Genie werden konnte und die «Würde eines
mit höchster Autorität auftretenden Schöpfers erhielt».[43]

Dass man dem Bau von Computern und dem sogenannten
«Coden» seit den 1980er Jahren zunehmend einen ebenso
außerordentlichen Stellenwert beimisst und beides sogar mit
künstlerischen Fertigkeiten vergleicht, kann durch unzählige
Fremd-, aber auch Selbstbeschreibungen belegt werden.
Wenn beispielsweise Steve Wozniak als «Mozart of digital
Design» charakterisiert wurde, dann wird der Gestaltung
der digitalen Welt durch die bisher eher als rechnerisch-

stumpf wahrgenommene Tätigkeit der Programmierung eine enorme künstlerische Aufwertung zuteil. Auch in seiner Autobiografie beschreibt Wozniak, dass er die Chips zusammengebaut habe «wie ein Künstler» – im Gegensatz zu denen, die nur die technische Seite interessiert habe.[44]

Die Entfaltung des Genie-Gedankens im 18. Jahrhundert setzte einen autonomen Dichter voraus, der keiner fremden, sondern nur noch seiner eigenen Autorität unterworfen war. Außerdem bedurfte es der Entstehung einer bürgerlichen Öffentlichkeit, insbesondere eines bürgerlichen Lesepublikums, das die ökonomische Basis für ein unabhängiges Schriftstellertum schuf – und damit eine Freiheit, die im Genie-Gedanken stets auch ideologisiert wurde (auch wenn neue Einschränkungen durch den Markt entstanden).[45] Unter den gesellschaftlichen Rahmenbedingungen der 1970er und 1980er Jahre in Kalifornien, das noch im Geist der 68er-Bewegung stand, musste sich der Nerd jedoch gar nicht mehr eigens behaupten, er musste sein autonomes Schaffen nicht erst begründen; vielmehr waren Selbstverwirklichung und die Ablehnung tradierter Normen die Regel und die Idee der Schöpfung als ein mit der Künstler-Persönlichkeit verbundener Topos in der Gesellschaft bereits fest verankert. Der Genie-Gedanke wurde deshalb auch zunächst von außen an die Nerdfigur herangetragen, sie wurde nicht mit expliziten Funktionen wie der Ablehnung traditioneller Autoritäten und Normen verbunden oder als Gegenentwurf zum Rationalismus gedacht (beim Nerd lässt sich folglich auch keine Hinwendung zur Sphäre elementarer Gefühle, Subjektivität oder Individualität feststellen). Einige Grundideen der Genie-Konzeption finden aber dennoch in der Nerdfigur ihren Ausdruck: die Vorstellung, dass man nicht zum Nerd werden kann, sondern es (als eine auserwählte Person, als *poeta nascitur, non fit*) einfach ist; die Besessenheit von der eigenen Tätigkeit; das Selbstverständnis als Schöpfer. Auch das bereits erläuterte biografische Motiv der Rache des Nerds entspricht in gewisser Weise der Besonderheit des Lebensweges eines Genies, dessen historische Semantik Georg Stanitzek für das 18. Jahrhundert herausgearbeitet hat. Das wichtigste Medium war damals ebenfalls die Autobiografie, genaugenommen die Gelehrtenautobiografie.[46] In ihr wurde, wie in der Autobiografie der Computerpioniere und ihrer Fiktionalisierung im Film, das Leben von der Rückschau her, oft aus der Position einer erfolgreichen und erfüllten Existenz aufgerollt. Dabei stellt sich «der Lauf des Genies» als «ein abweichender» dar, «man stellt ihn sich als Kometen- oder jedenfalls höchst exzentrische Bahn vor.»[47] Stanitzek zeigt: Der Lebensweg des Genies wird als eine Abweichung der «vorgezeichneten Bahn», wie es bei Jakob Friedrich Abel heißt,[48] inszeniert und wahrgenommen. Seine «Flüge [seien] fast alle exzentrisch» und von den «Gesetze[n] der Regelmäßigkeit und selbst des Anstandes» suspendiert – so drückte es wiederum seinerzeit der Philosoph Christian Garve aus.[49] «Das Genie ist ein Querschläger, könnte man sagen. Keiner vorgezeichneten Bahn folgend, ist es darauf verwiesen, eine solche für sich selbst zu konzipieren, eine eigene, im emphatischen Sinn, ‹neue›», heißt es dann bei Stanitzek.[50]

Erneut zeigt sich die Ambivalenz des Nerd: Aspekte der Genie-Ästhetik werden anverwandelt, es wird kaum einmal verpasst, zu betonen, wie exzentrisch der Nerd seine Kindheit und Jugend verbringt (ohne Freunde, vertieft in seine Tätigkeit), allerdings – und wie schon gezeigt – ist seine biografische Laufbahn nicht weniger vorgezeichnet. Anders als das Genie des 18. Jahrhunderts, dessen biografischer Entwurf durchaus auch in Opposition zu bürgerlichen Nützlichkeitsidealen entstand, bleibt der Nerd seiner Herkunft als Square treu und stellt die etablierten und zum Teil konservativen gesellschaftlichen Werte zumindest nicht infrage, vor allem wenn es um seine Karriere geht.

Hierzu noch ein Blick auf die Dokumentation von Cringeley, die auch auf bildsprachlicher Ebene aufschlussreich ist. Auch visuell wird hier eine Analogie von Nerd und Genie herge-stellt. Wie ein Leitfaden zieht sich die Ikonografie der «Schaf-fenden Hände» durch die Dokumentation, und zwar ganz ähnlich, wie sie in den 1920er Jahren, ebenfalls im Medium des Films, von Hans Cürlis zur Darstellung von Künstlern zum Einsatz kam. Von 1923 bis 1933 begleitete Cürlis Künstler-Persönlichkeiten wie Lovis Corinth, George Grosz, Otto Dix oder Käthe Kollwitz in kurzen Dokumentarfilmen, wobei es ihm insbesondere um die Aufzeichnung der sich be-wegenden Hände während der Entstehung von Kunstwer-ken ging.[51] So sieht man die Hand Corinths, mal konzen-triert und bestimmt, mal ungewiss suchend über die Leinwand streifen und Pinselstriche setzen. Nur hin und wieder wird, beinahe im Schuss-Gegenschuss-Verfahren, auch das Gesicht des Malers mit seinen das eigene Werk durchdringenden Augen gezeigt. Die meiste Zeit wird die Hand allerdings frei-gestellt, wodurch eine Parallele zur mittelalterlichen Ikono-grafie der Hand Gottes entsteht, die – aus den Wolken grei-fend – ebenfalls oft körperlos, nur als Zeichen auf die Schöpfung der Welt durch den Allmächtigen verweisen sollte.[52] Wie Gott die Welt erschuf, lautet die unbescheidene Aussage, so erschafft der Künstler sein Werk – und, das ist die Pointe von Cringeleys Dokumentation, so erschafft der Nerd die Welt, in der wir heute leben. Hände, die Computer-mäuse bewegen und über Tastaturen fliegen, diesmal im di-rekten Schuss-Gegenschuss-Verfahren mit stechenden Augen hinter dicken Brillengläsern, vermitteln die Botschaft: Pro-grammierer erschaffen mit ihren Händen eine immaterielle Welt. Wie ausdrücklich sich die Filmemacher dabei an Cür-lis' Darstellungen der «Schaffenden Hände» orientiert ha-ben, wird erkennbar, wenn man die Bildkomposition näher in den Blick nimmt. Diese ist stets bemüht, manchmal fast schon etwas zu gezwungen, Hände und Werk zusammen auf ein Bild zu bekommen (wie beim Künstler, der die Hände zwangsläufig auf dem Gemälde hat, um etwas entstehen zu lassen) – obgleich diese, je nachdem, wo sich Tastatur und Maus befinden, in gewisser Entfernung zum Bildschirm sind.

Tatsächlich unterscheidet sich die Art der Schöpfung bei Programmierern: Sie ist nicht intuitiv-suchend wie bei den Künstlern in Cürlis' Dokumentarfilmen, sondern erfolgt geplant, korrekt, penibel. Bei der Inszenierung des Computer-Nerds, besonders auch in Cringeleys Dokumentation, kommt zum Ausdruck: Anders als der Künstler ist der Nerd seinem Werk nicht erlegen, er erschafft es kontrolliert, nicht gefühlsmäßig oder intuitiv. Das drückt sich auch in einem anderen Motiv auf filmischer Ebene aus: dem Zurechtrücken der Brille, das hier gerade nicht slapstickartig inszeniert wird, sondern als ernstzunehmende Geste der Beherrschung. Es wird dann auch in den Interviews deutlich, dass das Programmieren nicht nur als eine Form der Schöpfung, sondern mehr noch als Machtausübung empfunden wird. Die Lust bestehe vor allem darin, Anweisungen zu geben, die dann einfach ausgeführt werden, Ideen zu formulieren, die der Computer dann auch verwirklicht. Wozniak schildert in einem Interview, dass er das Gefühl, alles machen zu können, über das Gerät bestimmen zu können, derart genoss, dass diese Lust den Wunsch in ihm aufkommen ließ, einen eigenen Computer zuhause zu besitzen, um sich permanent als Herrscher fühlen zu können. Auch das wird uns Zuschauern freilich als Entstehungsmythos des Personal Computers präsentiert.

Eine Grundkonstante der Genie-Konzeption stellt die Auserwähltheit dar: Genialität wird nicht jedem zuteil und kann auch nicht erlernt werden, sie ist gegeben. Dieses Narrativ referieren auch Kris und Kurz: «Nicht Schulung oder Übung bedinge das Künstlertum, sondern eine vorgegebene Eignung [...]. [D]er Künstler werde als Künstler geboren.»[53] Das Genie ist also «begabt», ihm wurde, gewissermaßen als Medium, eine Gabe zuteil. Dafür werden in der Geschichte des Genie-Gedankens immer wieder unterschiedliche Ursachen bzw. Verursacher ausgemacht, sei es Gottes Gnadentum oder eine Gabe der Natur. Für den Nerd und innerhalb einer längst säkularisierten Gesellschaft hat sich eine weitaus weniger romantische Erzählung etabliert. So wird die «Gabe» des Nerds rationalisiert: In Form einer Krankheit, des Autismus, sei sie ihm angeboren. Umgekehrt spricht man deshalb bei Asperger auch von dem «Geek- oder Nerd-Syndrom» – spätestens seit Steve Silberman im US-Magazin «Wired» 2001 davon berichtete, dass es im Silicon Valley eine ungewöhnlich hohe Anzahl von Autismus-Fällen gebe, und von dieser Beobachtung auf die Nerdfigur insgesamt schloss.[54]

Die von Leo Kenner 1943 und Hans Asperger 1944 an Kindern und jungen Menschen identifizierte psychische Sonderkonstitution ist durch eine überdurchschnittliche Intelligenz gekennzeichnet, häufig verbunden mit obsessiv betriebenen Interessen bei einer gleichzeitigen Abschirmung von allem anderen. Schon Asperger soll seine Patienten «kleine Professoren» oder «echte Genies» genannt haben, erinnert Silberman in seinem Buch über die Geschichte des Autismus. Er liefert natürlich auch eine Erklärung für das erhöhte Auftreten von Autismus im Silicon Valley, die auf viel Zuspruch gestoßen ist: «Die Kultur jener Orte» (gekennzeichnet durch «Flexibilität, Demokratie und Offenheit») eröffne «soziale Möglichkeiten für Männer und Frauen im Autismusspektrum, die noch nie zuvor bestanden haben.»[55]

Diese Erklärung schien für viele sofort evident, ja geradezu die Lösung des «Rätsels» zu sein, eine Lüftung des «Geheimnisses», das den Nerd umgab. Sie führte vielleicht auch zu einer Entzauberung der Figur. Zunehmend wurde nun auch rückwirkend die Autismus-Erklärung auf ehedem als Genies klassifizierte Personen der Kulturgeschichte angewandt. So schrieb etwa Michaela Simon in ihrem Aufsatz «Die Geek-Autismus-Connection» von 2002: «William Blake, der die Schönheit der Welt in einem Sandkorn entdecken konnte, Ludwig Wittgenstein, der mit zehn Jahren eine Nähmaschine baute und über den seine Mitschüler sagten, er sei ‹wie aus einer anderen Welt herbeigeschneit›, Albert Einstein, der sich selbst als ‹einsamen Besucher› auf der Erde bezeichnete, der ebenfalls nobelpreisgeschmückte John Nash, Vincent van Gogh, Glenn Gould, Isaac Newton, Emily Dickinson, Paul Klee, Wassily Kandinsky, Anton Bruckner, Bela Bartok, Steven Spielberg, um nur einige zu nennen und nicht zuletzt Bill Gates, der alte Rocker – gehören sie alle einer besonderen Spezies an, einer Spezies mit Eigenheiten, die im weitgespannten Regenbogen des autistischen Spektrums leuchten?»[56]

Dass immer mehr Menschen, die man Nerd nannte und nennt, als «Aspis» (wie Menschen mit Asperger-Syndrom auch neckisch bezeichnet werden bzw. sich selbst bezeichnen) beschrieben wurden, bestätigte zunächst nur die Charakterisierung der Nerdfigur als unsozial und unnormal, öffnete aber zudem – so die Philosophin Nicole Karafyllis – «Tür und Tor für einen neuen Anti-Intellektualismus».[57] Erneut sei das Feindbild «der einsame Geistesarbeiter, der der Gesellschaft keinen wirklichen Nutzen stiftet und auch nichts mit ihr zu tun haben will»[58] – nur dass er diesmal nicht im Elfenbeinturm, sondern zunächst in einem bescheidenen Kellerzimmer, dann aber in einem selbsterschaffenen riesigen, aber ebenso abgeschiedenen «Valley» sitzt und eben doch Nutzen hat.

Das Etikett des Autismus pointierte schließlich auch ein Charakteristikum der Nerdfigur, das in ihr schon längst angelegt war, nun aber stärker sichtbar wurde und damit erst richtig zur Geltung kam – und zwar das «Hyperfocusing» auf einen Interessenbereich, die intensive Konzentration auf eine Tätigkeit, die Obsession für etwas ganz Bestimmtes.[59] Dabei handelt es sich um ein Merkmal, das noch bis heute die Nerdfigur und den -begriff am stärksten dominiert, besonders wenn sie auf andere Bereiche angewendet werden. Nur deshalb lässt sich mittlerweile von «Nature Nerds» oder «Sport Nerds» sprechen. Der Begriff «Nerds» bezieht sich in solchen Verwendungen lediglich auf eine übermäßige Spezialisierung in irgendeinem Gesellschaftsbereich.

Bei der pathologisierenden Beschreibung des Nerds lässt sich ebenfalls eine Parallele zu einem prägenden Topos der Genie-Konzeption ziehen: der Annahme nämlich, dass Genie und Wahnsinn nah beieinander lägen. Allerdings entstand das Narrativ vom genialischen Wahnsinn als Selbstbeschreibung und Kampfinstrument gegen den aufklärerischen Rationalismus.[60]

Nun deutet sich bei der Fremdbeschreibung des Nerds als «Aspi», die ja fraglos eine rationale Erklärung für dessen Besonderheit darstellt, bereits an, dass der Genie-Begriff des 18. Jahrhunderts hier zur Charakterisierung der Nerdfigur an seine Grenzen kommt. Denn das Genie war ja gerade eine Gegenfigur zum Rationalismus, zu der Ansicht also, dass nur ein auf (instrumenteller) Vernunft basierendes Denken als Erkenntnisquelle zulässig ist. Dieses rationale Denken, mehr noch: ein «rechnerisches» oder «maschinenhaftes» Denken und auch Handeln wird der Nerdfigur aber genauso zugeschrieben wie Genialität.[61] In diesem Fall werden Nerds nicht mehr als Herrscher über ihr Instrument oder Beherrscher ihres Gebiets charakterisiert, sondern als ihnen ähnlich oder gar gleich. Der Nerd wird in diesem Sinne gewissermaßen selbst als Computer betrachtet. So verwirklicht sich etwa im Kontext des Science-Fiction-Genres die Metapher des Nerds als maschinenhafter Mensch schließlich auch in der Figur des Cyborgs.

Ein sehr frühes Beispiel hierfür ist der Disney-Film «The Computer Wore Tennis Shoes» (1969) von Robert Butler. Er beginnt damit, wie eine Gruppe technikversierter Studierender des Medfield Colleges mit einem Walkie-Talkie eine Sitzung des Dekans belauschen, in der es um die Anschaffung eines Computers für die Wissenschaftsabteilung geht und die zugleich eine Diskussion über Modernisierung ist. Solle man an alten Standards festhalten, wie es der Dekan Higgins (Joe Flynn) vorschlägt, oder dürfe man die Verwendung neuester Technologien nicht verpassen, um auf der Höhe der Zeit zu bleiben, wie der deutlich jüngere Professor Quigley (William Schallert) einwendet? Nach Austragung des offensichtlich vorliegenden Generationenkonflikts und der Ablehnung des Computers durch den Dekan wenden sich die Studierenden um die Hauptfigur Dexter (Kurt Russell) an den reichen ortsansässigen Geschäftsmann A. J. Arno (Cesar Romero), der daraufhin anstatt einer Spende seinen eigenen Computer stiftet (der damals noch einen ganzen Raum einnahm). Im Unterricht führt Professor Quigley die Studierenden in die Funktionsweise des Computers ein, den er als Imitation des menschlichen Gehirns präsentiert, weshalb die Menschen, so seine Einschätzung, durch den Computer auch irgendwann ersetzt werden könnten. Damit verarbeitet der Film die zu dieser Zeit weit verbreitete Computermetapher, die sich darauf bezieht, dass psychische Prozesse in Analogie zu Prozessen in Computern konzeptualisiert werden können,[62] und die 1958 mit der Veröffentlichung von John von Neumanns «Das Gehirn als Computer» auch wissenschaftlich dargelegt und verbreitet wurde. Zuvor kam der Vergleich aber bereits im Kontext der Kybernetik auf. Zusammen mit Norbert Wiener organisierte von Neumann im Frühjahr 1943/44 in

Princeton ein interdisziplinäres Treffen mit Ingenieuren, Neurowissenschaftlern und Mathematikern zu den Gemeinsamkeiten zwischen dem Gehirn und Computern. Mit der Kybernetik veränderte sich die Perspektive des Forschers auf sein Objekt. Es ging nun nicht mehr um die Beziehung zwischen Struktur und Funktion – zum Beispiel des Gehirns –, zwischen Seele und Leib, sondern ausschließlich um die Funktion. Das bedeutete wiederum: Für die Kybernetiker funktionierte das Gehirn «nicht nur wie ein Computer, sondern es [war] ein Computer, weil es seine Operationen nach denselben logischen Regeln vollz[og].»[63] Umgekehrt stellte sich dann auch die Frage, «ob Computer wirklich denken können»[64] – die vielerorts bejaht wurde, auch um den Sonderstatus des Computers gegenüber anderen Maschinen, der Uhr, dem Teleskop, dem Zug, zu veranschaulichen. Die damit verbundenen Ängste wurden außerhalb der Wissenschaft überwiegend in Science Fiction-Literatur und -Filmen im Motiv des humanoiden Computers verhandelt – man denke nur an den Supercomputer HAL aus Stanley Kubricks «2001: A Space Odyssey» (1968), der – von Menschen geschaffen – ein unberechenbares Eigenleben zu entwickeln beginnt.

Sherry Turkle hat in «The Second Self: Computers and the Human Spirit» (1984) veranschaulicht, wie das Nachdenken über den Computer auch das Nachdenken über das menschliche Denken beeinflusst: «Die meisten Betrachtungen über den Computer beschreiben ihn als rational, uniform, eingeschränkt durch die Logik. Ich betrachte den Computer in einem anderen Licht […] als einen Gegenstand, der beschwört, ein Gegenstand, der fasziniert, ein Gegenstand, der die Gleichgültigkeit unterbricht und zum Nachdenken anregt.»[65] Wenn der Computer als eine «denkende» Maschine beschrieben werde, dann beeinflusse das ebenso unsere Anschauung über das menschliche Denken, über Gefühle und

Identität: «Was passiert, wenn Menschen anfangen zu glauben, dass sie Maschinen sind?», spitzt Turkle zu.[66] In ihrer sechsjährigen Studie, in der sie Kinder, Jugendliche und Erwachsene, die sich intensiv mit Computern beschäftigen, beobachtet hat, macht die Autorin plausibel, dass das Verhältnis von Mensch und Computer von einem gewissen Unbehagen begleitet wird, da nicht eindeutig geklärt ist, in welcher Weise der Computer als lebendig zu betrachten ist. Seine scheinbare Fähigkeit zu «denken» verwische deshalb die Grenzen zwischen Mensch und Maschine – ein Gedanke, der auch in die Nerdfigur Eingang findet.

Noch während der besagten Unterrichtsstunde im Film «The Computer Wore Tennis Shoes» kommt es zu einem Kurzschluss, und der neuerworbene Computer fällt aus. In der Nacht macht sich der Student Dexter auf, um ihn zu reparieren. Da durchfährt ihn ein Stromschlag, und es kommt zu einer Verwandlungsszene, bei der man sofort an Kelp, den «Nutty Professor», denken muss, der sich eines Nachts vom verrückten Wissenschaftler in einen gutaussehenden Frauenschwarm verwandelt. Dexter macht nun eine entgegengesetzte Metamorphose durch: vom Studenten mit überschaubarer Intelligenz zum Nerd. Eigentlich wird er nicht wirklich zum Nerd, vielmehr wird er zum menschlichen Computer, denn bei dem Stromschlag wurden die Fähigkeiten und die Sprechweise des Computers auf Dexter übertragen.

Wie aber verhält sich nun der menschliche Computer alias der Nerd? Nach seiner Verwandlung wacht Dexter im Zimmer seines Wohnheims auf und fängt an zu piepen – wie ein Computer. Seine Stimme ist gleichförmig und monoton, ohne Höhen und Tiefen, sein Blick ist starr geradeaus gerichtet, insgesamt mutet sein Körper unbeweglich an. Aus dem sozialen Frauenschwarm ist ein funktionalistisch denkender Außenseiter geworden. Obwohl er aufgrund seiner herausragenden Intelligenz zum Fernsehstar avanciert ist, möchte er keinen Applaus – weil das Zeit spart. Insgesamt ist Dexter empathielos geworden, seine Kommilitonen empfinden ihn zunehmend als unsympathisch und wünschen sich sein altes Ich zurück. Mit Dexter als menschlichem Computer wird also schon 1969 die Figur des Computer-Nerds entwickelt – definiert als eine Person, die wie ein Computer denkt, die ihre Menschlichkeit, Subjektivität und Individualität verloren hat. Ganz in diesem Sinne charakterisierte auch Karafyllis den Nerd als jemanden, «der sich obsessiv und ungestört von Emotionen einer klar definierten Aufgabe widmet und in dessen Computergehirn Mensch und Maschine gelingend miteinander verschmolzen sind.»[67] Auch wenn Dexter noch nicht als Nerd, sondern «intellectual freak» bezeichnet wurde, dient er bereits als Figuration der Computermetapher – für die wenige Zeit später der Computer-Nerd gebraucht wird.

Diese Figuration der Computermetapher dient fortan der Aushandlung von Ängsten und Diskursen, die im Angesicht der neuen Technik aufgekommen sind, mit der bis in die 1980er Jahre hinein die meisten kaum in Berührung gekommen waren, geschweige denn ihre Funktionsweise und ihren Sinn verstanden hatten. Hier kann nun gut nachvollzogen werden, wie der Computer-Nerd als Antwort auf eine neue Technologie und die damit verbundenen politischen, gesellschaftlichen und kulturellen Veränderungen entsteht, wie mithilfe der Figur Umgangsformen mit derartigen Veränderungen erprobt werden. So wird mit Dexter gefragt, welche Auswirkungen es hat, wenn der Computer immer mehr unser Denken beeinflusst, wenn einzelne unabhängige Informationen an Bedeutung gewinnen, während soziale Kontexte an Relevanz verlieren. Ein Beispiel: Wenn Dexter in der Fernsehshow den Applaus ablehnt, um die dadurch gesparte Zeit stattdessen anders einzusetzen, dann wird gezeigt, was es heißt, zwischenmenschliche Erfahrungen in numerische Abstraktionen zu verwandeln – der Preis dafür ist soziale Bestrafung (die Freunde sind sichtlich entsetzt, der Professor schaut irritiert-kritisch) und darüber hinaus eine generelle Verkümmerung des Sozialen. Andererseits wird Dexter durch sein Wissen und seine kalkulierenden Verhaltensweisen enorm erfolgreich und von den Experten als Genie gefeiert.

Der einstige Schulstreber und der virtuose Hacker verbinden sich also in den 1980er Jahren zu zwei schillernden, durchaus widersprüchlichen Seiten der Nerdfigur. Aus dem Square in Philistertradition war ein Genie geworden, das seine Herkunft allerdings nicht verleugnen konnte. Die Entwicklung vom Teenage-Nerd zum genialischen Hacker wurde und wird gerade nicht als Emanzipation gedacht – vielmehr handelt es sich um die zwei Seelen in der Brust des Nerds. Das philiströs-mechanische Genie wurde damit zum Kernnarrativ der Nerdfigur, das bis heute fortbesteht – eine contradictio in adiecto, die für Technikoptimismus und -skepsis gleichermaßen anschlussfähig ist.

EIN COMPUTER IST AUCH NUR EIN MENSCH

NERDS, HACKER UND GAMER ZWISCHEN MASCHINENKRITIK UND TECHNIKOPTIMISMUS

«In diesem Buch geht es nur vordergründig um Computer», schrieb Joseph Weizenbaum 1976 im Vorwort von «Die Macht der Computer und die Ohnmacht der Vernunft», das heute als Klassiker der Computerkritik gilt. Denn die «Erschaffung der Welt nach dem Bild des Computers» habe begonnen, lange «bevor es elektronische Computer gab.»[1]

In den 1970er und 1980er Jahren war Weizenbaum einer der international einflussreichsten Computerkritiker. Als Professor am MIT in Cambridge hatte er 1966 das Computer-Programm «ELIZA» entwickelt, das Gesprächspartner simulieren konnte, in Debatten um künstliche Intelligenz eine wichtige Rolle spielte und als Prototyp für Chatbots gilt. Dass er vom ambitionierten Informatiker in den Folgejahren zum «Ketzer» innerhalb seines Fachs wurde, hatte mit der Resonanz auf «ELIZA» zu tun: Die gedankenlose Gläubigkeit, die Probanden der Simulation durch sein Computerprogramm entgegenbrachten, hätten ihn derart erschrocken, dass er sich fortan auf den kritischen Umgang mit Computern fokussierte und diesen gleichermaßen einforderte.

Hinter der Computerkritik standen laut Weizenbaum jedoch «Ideen, die viel wichtiger sind».[2] Deshalb stellte er dem Vorwort seines Buches das Aquarell «Republikanische Automaten» (1920) von George Grosz voran. Seit 1946 befindet sich das Bild im Besitz des MoMA in New York; ein Jahr vor der Veröffentlichung von Weizenbaums «Computer Power and Human Reason» wurde es in einer Ausstellung mit dem Titel «In the Twenties» gezeigt. Auf dem Bild sind zwei Gliederpuppen zu sehen, die sich als Kriegsveteranen identifizieren lassen – dem einen fehlt ein Bein, dem anderen eine Hand. Sie gehören augenscheinlich dem wohlhabenden konformistischen Bürgertum an: Der eine trägt Anzug, dazu eine Melone, und schwenkt eine Deutschlandflagge, der andere Smoking und Fliege und das Eiserne Kreuz. Angetrieben werden die beiden Figuren durch ein Räderwerk, das sich im unteren vorderen Bildteil befindet. Der Kopf der rechten Gliederpuppe ist geöffnet, der Schriftzug «1, 2, 3 HURRA» tritt aus der Halbschale heraus. Im Buch konkretisiert Weizenbaum seine Kritik am mechanischen Mann, indem er ihn als Marionette beschreibt, die nicht (mehr) selbstbestimmt und autonom denken und agieren kann, sondern der bestimmte Einstellungen und Wünsche «einprogrammiert» wurden – sei es durch den aus dem Kaiserreich in die Weimarer Republik hinüberschwappenden Autoritarismus oder die moderne Großstadt, die die Menschen in passive und anonyme Konsumenten verwandle. Das Frontispiz deutet an: Die gegenwärtige Computerkritik lässt sich einreihen in eine lange Tradition der Technikkritik, insbesondere der Auseinandersetzung mit der Maschine als Automaten, der zu der Zeit, in der Grosz lebte, zu einer negativen Metapher für Staat und Bürokratie, zu einem Schimpfwort für Untertanengeist und Obrigkeitshörigkeit wurde.[3]

Ob nun Massenbewusstsein und Uniformität, Reglementie-
rung und Bürokratisierung der Lebenswelt, Künstlichkeit
und Entfremdungserfahrungen, Versachlichung und Anonymität, die Angst vor dem «gläsernen Menschen» oder Umweltzerstörung: Viele prominente Themen der Technikkritik
sind, wie Robert Nisbet einmal bemerkte, weniger technische, sondern vor allem politische Probleme.[4] Und auch
Joseph Huber hat in seinem 1989 publizierten Buch «Technikbilder» plausibel gemacht, dass Technikdebatten keine
technischen Debatten sind. Es seien aber auch «erst in zweiter Linie» Debatten, die sich mit wirtschaftlichen oder
machtpolitischen Fragen auseinandersetzen. In erster Linie
drückten Technikdebatten «Geltungskonflikte von Weltbil-
dern» aus. Bestimmte Weltbilder beinhalteten auch bestimmte Technikbilder, die, so eine weitere These Hubers,
mit expliziten Naturbildern, Menschenbildern, Wissen-
schaftsbildern, Gesellschaftsbildern etc. einhergingen und
sich «zu typischen Weltbildmustern» zusammenfügten.[5] Wie
könnten solche Weltbildmuster nun besser veranschaulicht
werden als durch eine figurative Verkörperung? Im Nerd
werden in besonderer Weise Computer- und Technikdis-
kurse im Kontext ihrer jeweiligen Weltbilder reflektiert.

Unter den unzähligen Darstellungen von Nerdfiguren seit
den 1980er Jahren kommen große Weltbilder in teils kleinen
Details zum Ausdruck. Bereits in «Revenge of the Nerds»
wurde das Weltbild des Nerds, sein Verhältnis zum Computer und seinen Mitmenschen filmisch verarbeitet. In einer
Szene trifft der Nerd Gilbert im Computerraum auf ein
Mädchen namens Judy (Michelle Meyrink). Er sieht, wie sie
wütend auf einen Computer einredet, und lässt sie innehal-
ten: «Sachte, lass ihn leben. Ein Computer ist auch nur ein
Mensch.» Judy erwidert: «Ich hab' eben zu den Dingern ein
gestörtes Verhältnis.» Gilbert: «Du fängst gerade erst an,
he?» Sie: «Ja.» Er: «Locker bleiben.» Entnervt wendet Judy

ein: «Hach, das hat keinen Sinn, die Kiste ist mir unheimlich.» Woraufhin Gilbert erklärt: «Es ist genau umgekehrt. Nur Menschen sind unheimlich.»

Diese kurze, beiläufige Konversation trifft bereits den Kern einer in dieser Zeit durch die Computerindustrie wieder aufflammenden Technikdebatte, die sich Argumentationsmustern bedient, die nicht erst in den 1980er Jahren, sondern schon im ersten Drittel des 20. Jahrhunderts formuliert wurden. Hier trifft eine skeptische Bewertung der Technik, die den Menschen zum «Sklaven seiner Schöpfung» mache, wie es Oswald Spengler nach Ende des Ersten Weltkrieges formulierte,[6] auf eine affirmative Perspektive, wonach es ganz darauf ankomme, wie Menschen die Technik bedienen. Der auf den ersten Blick vielleicht belanglose Small-Talk zwischen Judy und Gilbert führt somit zwei Glaubensrichtungen vor Augen. Für die einen stellen Computer eine relativ autonome Einheit dar, die menschliches Denkens letztlich ersetzen könne, wohingegen die anderen im Computer lediglich ein Werkzeug des Menschen erkennen, das sowohl Sinnvolles und Gutes in Wissenschaft, Industrie und Alltag bewirken als auch missbraucht werden könne, um Zerstörung oder Tod zu verursachen.[7]

Wenig überraschend gehört der Nerd eher nicht zu den Technikkritikern. Sein positives Verhältnis zum Computer ist zumindest anfänglich und im Teen Movie auch nicht mit einer konkreten Zukunftsvision verbunden, er verfügt über keine ideologisch eingefärbte Weltanschauung. In späteren Teen Movies oder Teen Serien kann das hingegen vorkommen, wenn auch relativ selten. Zwei Nerds aus der Serie «Buffy the Vampire Slayer» (1997–2003) haben die im Small-Talk von Judy und Gilbert nur anklingende Technikdebatte zum Beispiel sehr viel deutlicher zum Ausdruck gebracht.

In der achten Folge der ersten Staffel mit dem vielsagenden

Titel «I Robot, you Jane» (ins Deutsche übersetzt mit «Der Computerdämon») wurde die Bibliothek der Highschool mit einigen Computerplätzen ausgestattet, um Neuzugänge zu scannen. Einige der Schüler machen sich an den Bücherkisten zu schaffen, andere bereiten die Computer für das Scanverfahren vor. Da beginnen der Bibliothekar und entschiedene Technikskeptiker Rupert Giles (Anthony Stewart Head), dem Computer suspekt sind, weil sie nach nichts riechen, und die Informatiklehrerin Jenny Calendar (Robia LaMorte) darüber zu diskutieren, was das maßgebende Medium der Zukunft sei. Plötzlich erhebt Fritz (Jamison Ryan), ein als Nerd ausgewiesener Schüler, das Wort: «Das geschriebene Wort ist überholt. Information wird nicht mehr zwischen Buchdeckel gepresst! Sie hat eine neue Form bekommen. Die einzige Realität ist die virtuelle! Wenn Sie nicht online sind, dann sind Sie nicht lebensfähig!»

Die Figur des Nerds zeichnet sich durch ihr ausgesprochen positives Verhältnis zum Computer aus und steht innerhalb der jeweiligen Fiktionalisierungen zwangsläufig für die uneingeschränkt technikoptimistische Perspektive, die von Autoren, Journalisten und Filmemachern jedoch oft in technikkritischer Absicht gebrochen wird. Erinnert sei nochmal an die Darstellung Dexters: Ihr lag noch eine eindeutig negative Bewertung des Computers als Symbol für den Siegeszug «kalter Rationalität über die Gefühle, die Körper, die Träume, das Menschliche»[8] zugrunde. In gewisser Weise gilt das sogar noch für Lewis und Gilbert. Zwar erregen sie durch ihre Opferrolle und ihre Tollpatschigkeit das Mitgefühl der Zuschauer, aber ihr Verhalten bleibt uns, mit Judy gesprochen, doch bis zuletzt unheimlich. Wir möchten nicht so sein wie sie. Vor allem aber werden sie als stumpfsinnig gezeigt. Sie sind wider Erwarten von beschränkter Intelligenz, weil sie nur eine bestimmte Art des Wissens, der instrumentellen Rationalität, erlernen und wiedergeben können (man könnte auch computersprachlich von «ausgeben» sprechen). Die Nerdfigur dient in ihrer populärkulturellen Darstellung also immer auch dem Nachweis, dass der Mensch, sein Denken und seine Intelligenz mehr seien als der Rechner.

Um diese Unterscheidung war auch der US-amerikanische Historiker Theodore Roszak in seinem 1986 veröffentlichten und weltweit erfolgreichen populärwissenschaftlichen Sachbuch «The Cult of Information. A Neo-Luddite Treatise on High-Tech, Artificial Intelligence, and the True Art of Thinking» bemüht, das wesentlich zur Verbreitung verschiedener technikkritischer Argumentationen beitrug. Ein Computer, so Roszak, kann lediglich Informationen verarbeiten, das sei jedoch nicht gleichzusetzen mit Intelligenz. Um diese These zu belegen, erinnert er daran, was sich Menschen unter Informationen vorgestellt haben, als diese noch nicht mit einer bestimmten, glanzvollen Technologie verbunden waren, also noch keinen ökonomischen Wert versprachen, noch nicht titelgebend waren für das heraufziehende «Informations»-Zeitalter. Vor dem Ausbruch des Zweiten Weltkriegs «war Information kein aufregendes Thema», schreibt Roszak, man gebrauchte das Wort lediglich bei der Auskunft, wenn man mit «Information please» eine Telefonnummer erbat. Darauf spielte auch eine gleichnamige Radiosendung an, in der ein Team von Experten ausgefallene Fragen zu allen möglichen Sachgebieten beantworten musste, die Zuhörer eingesendet hatten. In diesem Sinne stellte man sich Informationen als «unverbundene Fakten» vor, «als einzelne kleine Pakete» – und damit allenfalls als Voraussetzung des viel komplexeren menschlichen Denkprozesses.

Roszak untermauert seine technikkritische These mit einem Angriff auf den bürokratischen Geist von Computernutzern: Waren ihre Vorläufer, die an den Büromaschinen hockten, nicht die langweiligen «Datenhüter», die «blassen, abgehärmten Schreiber, die in überquellenden Handbüchern blättern, die seelenlosen Statistiker und Kalkulatoren, die endlose Zahlenreihen zusammenzählen»? Galten sie nicht – im Unterton glaubt man herauszuhören: zu Recht – als «Sklaven eines Apparates aus Stahl und Eisen», und die Arbeit, die sie verrichteten, «als der Inbegriff der Entmenschlichung»?[9] Damit beschwört Roszak auch das ältere Bild des Squares, des kleinbürgerlichen Spießers wieder herauf: Die Stupidität des Wissens, das lediglich darin besteht, Gespeichertes auf Knopfdruck wieder hervorzuholen, ist demnach ein Hauptmerkmal der negativen Darstellungen des Nerds. Auch der Streber, der ausschließlich davon motiviert ist, vorgegebene Erwartungen möglichst genau zu erfüllen, spiegelt sich hier wider.

Dieser Verkörperung seiner Computerkritik stellt Roszak in Referenz auf Steven Levy das Bild des Hackers gegenüber. Dieser sei, im Vergleich zum stupiden Statistiker oder Kalkulatoren, nicht mehr Sklave, sondern «Gott über die Maschine». Die beiden dialektischen Seiten des mechanischen Genies werden hier getrennt und hierarchisch einander gegenübergestellt. Der Hacker «benutzte nicht einfach einen Computer, sondern mußte intellektuelle Kontrolle über ihn gewinnen.» Er «formte den Computer nach seinem Willen.»[10] Zwar greift Roszak nun eindeutig das Bild des Nerds als Hacker auf, aber wider Erwarten verleitet ihn das nicht zu einer technikoptimistischen Sicht – man könnte ja meinen, dass er hier eine Emanzipationsgeschichte der Menschen vom Computer schildert –, sondern zu einer weiteren Kritik am Computer- bzw. Informationszeitalter. Denn nur die «erste Generation junger Hacker» sei eine «verrückte Minderheit» gewesen, «hochbegabte Köpfe, für die die kniffligen Computerprobleme zur Obsession, wenn nicht sogar zu Drogen werden» konnten. Dank der Benutzerfreundlichkeit des Computers, der nunmehr in Schulen in Konkurrenz zum Lehrpersonal stehe, seien mittlerweile jedoch immer mehr Kinder vom Gerät abhängig geworden. Sie könnten, so Roszak, einfach nicht der «verführerischen Belohnung» widerstehen, ein eigenes Universum zu erschaffen, Macht auszuüben. Doch sei diese Machtausübung nicht wie bei den Hackern anspruchsvoll und virtuos, sondern einfach und stumpfsinnig, und das Universum nur eine «stark gefilterte Simulation der Wirklichkeit», nur die «Erfahrung des logischen Verstandes». Hier spielten der «sinnliche Kontakt, Intuition, die spontane, kaum in Worte zu fassende Urteilsfähigkeit des ‹gesunden Menschenverstandes› sowie unser ästhetisches Empfinden» keine Rolle. Die Landschaft des Computers sei deshalb «trügerisch», ihre Nutzer seien «listenreich», da ihnen die neuen Technologien auch vermitteln würden, dass «ein guter Trick den stärksten Muskeln überlegen sein kann».[11]

In der Darstellung des Computer-Nerds wird die Arbeit am Computer folglich auch oft als Ersatz-Handlung ausgewiesen, die von realer Erfahrung weit entfernt sei. In der Buffy-Folge «I Robot, you Jane!» chattet Willow (Alyson Hannigan) unwissentlich mit einem Computerdämon, in dem Glauben, mit einem Jungen in Kontakt zu stehen. Ihre beste Freundin Buffy (Sarah Michelle Gellar), die mit Computern nichts am Hut hat, sieht – stellvertretend für eine in den Anfangszeiten des Internets durchaus übliche Ansicht – diese Kommunikationsform als Kompensation dafür an, dass sich die beiden nicht sehen und «in echt» kennenlernen und berühren können. Als sich schließlich auch tatsächlich herausstellt, dass Willow nicht mit einem netten, gutaussehenden, gleichaltrigen Jungen gechattet hat, sondern mit einem machtsüchtigen, gestörten, fanatischen Computerdämon, bestätigt sich in der Serie eine allgemeine Sorge der Computerkritik.

Bei Roszak zeigt sich repräsentativ, wie sich Kritik und Diskurs nicht nur in Filmen, Serien oder journalistischen Artikeln, sondern auch im populärwissenschaftlichen Sachbuch in der charakterlichen Ausgestaltung von Figuren formuliert, ja wie Kritik durch diese Figurenzeichnungen erst veranschaulicht und verständlich gemacht wird. Denn Roszak schreibt gerade nicht über konkrete Personen; es ist nicht die Rede von Bill Gates oder Steve Jobs. Vielmehr überträgt er Eigenschaften, die eigentlich am Computer kritisiert werden, auf deren Nutzer, verlegt technikkritische Ressentiments in deren Aussagen, bestimmte Figurenkonstellationen oder konkrete Narrationen. Im Narrativ der Rache des Nerds spiegelt sich in diesem Sinne etwa die Angst vor dem Siegeszug der Technokratie, da in dem Rache-Szenario der Nerd als mechanischer, computerhafter Mensch die Macht übernimmt.

An Roszaks Buch kann außerdem exemplarisch nachvollzogen werden, wie in den beiden dialektischen Seiten des Nerds als mechanisches Genie zwei weitere Figuren angelegt sind, die sich in der Kritik teilweise vom Nerd abgrenzen: der Hacker, der immer häufiger vom Nerd unterschieden wird und sich dadurch auszeichnet, dass er mit den Geräten auch die Welt beherrscht, und der Gamer beziehungsweise Popkulturenthusiast, der als Opfer dargestellt wird, da er zum «Sklaven» der Geräte – sei es nun der Computer oder der Fernseher oder Spielkonsolen – geworden ist.

In «Silicon Valley Fever» (1984) deuteten Judith K. Larsen und Everett M. Rogers bereits die Entwicklung einer eigenständigen Hacker-Figur an. Am Ende ihres Kapitels über den Hacker, den sie als neuen Typus der Computerkultur identifizieren, prophezeien sie: «Die Kriminalität könnte ein nächster Schritt für einige Hacker sein, die durch den ‹Absturz› eines Großrechners legendäre Bilder schaffen, mit denen sie ihren Hackerkollegen imponieren können. Eine solche Hacker-Einlage [Hacker whimsy] vernichtet Programme und Daten, wenn der Computer abstürzt. Eine Möglichkeit, einen Computer zum Absturz zu bringen, besteht darin, eine Vielzahl von Programmen in Gang zu setzen, von denen jedes ständig in andere Programme verzweigt wird, die sich in noch mehr Programme aufteilen. Bald wird sogar ein Großrechner in die Knie gezwungen werden.»[12]

Zu dieser Zeit war die kollektive Angst vor einem Atomkrieg wieder auf einem Höhepunkt. Anders als in der Kuba-Krise in den 1960er Jahren bestand diese Angst nunmehr vor allem in dem Szenario eines zufällig ausgelösten Atomkriegs – und zwar entweder durch einen Computerfehler oder einen gezielten Hackerangriff. In der Prophezeiung von Larsen und Rogers spiegelt sich insofern die Vorstellung wider, dass der Hacker über ein großes Maß an Macht verfügt – unabhängig davon, zu welchen Zwecken er diese gebraucht. Durch diese Macht wird der Hacker bis heute definiert, er erscheint uns noch immer als eine «janusköpfige, also ebenso subversive wie staatstragende Figur, die zwischen einem Robin Hood des Datendschungels und einem finsteren Cyber-Terroristen schwankt, der, je nachdem, Weltherrschaft oder Weltuntergang anstrebt» – wie ihn Claus Pias einst treffend beschrieb.[13] Auch Christiane Funken stimmt in ihrem Aufsatz über den Hacker in diese Deutung ein: «Wie die meisten interessanten Sozialtypen, so gewinnt auch die Figur des ‹Hackers› ihr Profil durch gegensätzliche Zuschreibungen: Zum einen dient sie als Projektionsfläche für Erlösungshoffnungen und Identifikationswünsche, zum anderen nährt sie Ängste vor verschwörerischen Aktionen, die die Infrastruktur von Staat, Wirtschaft und Gesellschaft unterminieren.»[14]

In seiner Funktion, Ängste angesichts der politischen Lage, insbesondere durch die Bedrohung eines Atomkriegs, zu verkörpern und der Gesellschaft exemplarisch verschiedene Handlungsweisen vorzuführen, reiht sich der Hacker ebenfalls in die Tradition des zerstreuten Professors aus den 1950er und 1960er Jahren ein, man denke etwa an Johann Wilhelm Möbius in Friedrich Dürrenmatts «Die Physiker» (1962), mit dem – ebenfalls in Angesicht eines potentiellen atomaren Krieges – nach der Verantwortung von Wissenschaft und Forschung gefragt wurde, oder an Stanley Kubricks «Doctor Strangelove» (1964). Für den zerstreuten Professor wie auch den Hacker gilt: Nicht die wissenschaftlichen Erkenntnisse oder der Computer werden infrage gestellt, sondern das, was man mit ihnen macht. Je klarer sich dieses Bild des Hackers als Herrscher über den Computer – und nicht als Metapher *für* den Computer – herauskristallisiert, desto stärker beginnt er sich fortan als «dunkle Seite» der Informationstechnik,[15] mehr noch als dunkle Seite des Nerds zu etablieren. Mehr und mehr stellte sich der Hacker als ein «destruktiver Terrorist» dar, der Websites lahmlegt, Kreditkarten-Nummern stiehlt oder Viren verbreitet.[16]

Gerade in dieser Dialektik von Nerd und Hacker in den frühen 1980er Jahren zeigt sich, wie sehr es sich dabei um eine Figur der Übergangs- oder Eingewöhnungszeit handelte, in der man sich mit den neuen Medien und ihren Möglichkeiten gerade erst bekannt und vertraut machte.

Die Tätigkeit des Hackers wird als künstlich beschrieben und teilweise stark ästhetisiert. Er ist gerade kein «‹Entdecker› digitalen Neulands», kein «‹Fischer› von Daten» und auch kein «‹Surfer› auf Informationsfluten» – um einige gängige Metaphern des Users aufzugreifen.[17] Wo die aquatische Metapher des Datenmeeres suggeriert, das Internet sei etwas Natürliches, gilt der User als jemand, der kaum Einfluss darauf hat und sich mit den Gegebenheiten zurechtfinden muss. Nur «Hacker sind in dieser privilegierten, [einflussreichen]

Position.»[18] User sind im wahrsten Sinne des Wortes Nutzer, die kaum oder kein Wissen über die Herstellung oder Beschaffenheit ihrer Instrumente haben. User verwenden das Internet, können aber nur selten sagen, wie es funktioniert. Der Hacker gestaltet hingegen die Werkzeuge, das Internet. In diesem Sinne spricht man auch von einer «Hacker-Ästhetik», der «ein eigenes Schönheitsempfinden» zugrunde liegt und die sich unter anderem durch bestimmte «Stilfragen beim Programmieren», einen «eigenen Sprachjargon» und die «richtigen Pseudonyme» auszeichnet. Diese ästhetischen Ansprüche an die eigene Arbeit unterscheiden den Hacker von anderen Darstellungsweisen des Nerd. So konnten Hacker auch eigene Stilverbünde und damit eine eigene Subkultur ausbilden, der eine gemeinsame «sprachliche und soziale Praxis» zugrunde liegt. Als eine solche Subkultur beschrieb der Journalist Boris Gröndahl die Hacker in seinem gleichnamigen Buch. Sie diene der Distinktion, sei «darauf ausgerichtet, sich nach außen abzugrenzen». Regelrechte «Abgrenzungspraktiken» hätten die Hacker ausgebildet, sie spielten stets «mit einer gewissen elitären Haltung».[19] Während also gerne von einer «Hacker-Subkultur» oder von Hackern als «‹indigener Kultur› des Cyberspace» die Rede ist,[20] wird der übergeordneten Sozialfigur Nerd keine eigene Subkultur attestiert, auch wenn ihn ein «subkultureller […] Geruch […] manchmal umweht», wie Matthias Mertens schreibt.[21] Auch der Philosoph Thomas Vasek bemerkt, dass es sich bei Nerds «weder um eine klar fassbare Subkultur noch um eine politische Bewegung» handelt.[22] Die Subkultur kommt beim Nerd eigentlich nur dann ins Spiel, wenn eine bestimmte Hacker- oder Gamerszene gemeint ist, also eine konkrete Ausgestaltung der allgemeinen Sozialfigur Nerd vorgenommen wird. Hier zeigt sich nochmal ein wichtiges Charakteristikum der Sozialfigur: Sie muss so spezifisch wie nötig sein, um ein eigenes Profil etablieren zu können –

aber auch so wenig exklusiv und so allgemein wie möglich, um von möglichst vielen Menschen verstanden oder gar anverwandelt werden zu können. Das heißt auch: Sozialfiguren sind Figuren des Mainstreams, selbst wenn sie aus einer Subkultur hervorgegangen sein können.

Der Hacker wird zwar durchaus als genialische Künstlerfigur beschrieben – wobei er sich aber seine Fähigkeiten, was wohl seinem Herkunfts-Image als Hobby-Computerbastler geschuldet ist, stets autodidaktisch aneignet. «Der Hacker ist kein geschulter Techniker oder Programmierer, sondern jemand, der sein Wissen selbst zusammensucht», schreibt Pias. Das aber unterstreicht im Grunde das Subversive seiner Tätigkeit, insofern er sich «respektlos gegenüber den willkürlichen Vorschriften von Programmen, Systemverwaltern und Nutzerkontexten» verhält, ähnlich wie ein Künstler der Outsider Art, der die künstlerischen Konventionen und Regeln bricht. Dem Hacker (und eigentlich auch dem Outsider-Artist) erscheint das Kind «als Metonymie, [...] weil es die Stärke und Respektlosigkeit gegenüber tradierten Rechts- und Nutzungszusammenhängen besitzt, weil es keine Angst vor Computern hat und weil es hohe, unerwartete und allzu menschliche Ansprüche stellt. Das Kind ist – wie der Hacker – ein unbekümmerter Autodidakt, der die Dinge spielerisch erforscht und in dessen Spiel die Elemente ihrer Kontexte entbunden werden, um überraschende Vereinigungen einzugehen», bemerkt Pias.[23]

Die Verbindung von Spiel und Macht dominierte dann auch die Wahrnehmung der heimcomputersozialisierten Hacker-Generation, die es in den frühen 1980er Jahren immer wieder in die Schlagzeilen geschafft hat. Da gab es etwa Kevin Mitnick, der unter dem Decknamen «Condor» unzählige Male in die Systeme des Pentagons eingedrungen sein soll, mit 17 Jahren erstmals verhaftet und schließlich dafür bekannt wurde, das Verteidigungssystem NORAD gehackt zu haben. Dieser Hack inspirierte den Regisseur John Badham kurze Zeit später zu dem Film «War Games» (1983). Oder Ronald Austin, der sich – wiederum angeregt durch den Film – im Alter von 19 Jahren ins Pentagon hackte.[24]

«War Games» ist ein interessanter Fall für die Figuren-konstellation Nerd-Hacker-Gamer. Hauptprotagonist ist der 16-jährige computerbegeisterte Schüler David L. Lightman (Matthew Broderick). Zuhause an seinem privaten Mikro-computer hackt er sich gerne in den Schulcomputer und fri-siert seine Noten, bis er irgendwann versucht, sich in das System eines Spielherstellers zu hacken, weil er die neuesten Games ausprobieren möchte. Schließlich gelingt ihm das auch, aber das System, in das er sich eingehackt hat, gehört gar nicht besagtem Spielehersteller, sondern es handelt sich um WOPR – ein neu entwickeltes und lernfähiges Programm, das das US-Nuklearwaffenarsenal steuert. Es wurde entwi-ckelt, um die bei Menschen vorhandenen moralischen Be-denken im Hinblick auf einen konkreten Abschussbefehl auszuschalten. Der Gamer David, der sich in einem Spiel wähnt, startet die Option «Weltweiter Thermonuklearer Krieg».

Schon der Beginn des Films führt die Dimension der Mög-lichkeit eines zufällig ausgelösten nuklearen Angriffs modell-haft vor Augen: Zuerst sieht man imposante Aufnahmen in den Stationen des Nordamerikanisches Luftverteidigungs-kommandos, die gerade einen sowjetischen Angriff auf die Vereinigten Staaten simulieren, um die Verteidigungsbereit-schaft zu testen. Man sieht also uniformierte Männer, Hoch-sicherheitstrakte, Raketen und vor allem große hochtechno-logisierte Computerräume. Es herrscht Aufregung: Sollte man die Sicherheit des Landes wirklich einem Computer an-vertrauen? Dann gibt es einen Cut, die friedliche Skyline von Seattle bei Sonnenaufgang ist zu sehen, ein paar wirre Töne erklingen, die sich in der nächsten Sequenz als Computer-spielgeräusche herausstellen, denn David zockt in einer Spielhalle ein Luftkriegsspiel am Automaten. Zwischen Fakt und Fiktion liegt nur ein kurzer Cut. Spiel und Realität sind verwechselbar, lautet die in Hinblick auf den Filmplot pro-phetische Botschaft. Wir sehen David, der auf sein Spiel konzentriert ist. Er kann sich kaum von dem Automaten los-reißen, auch als die Zeit drängt, weil er zur Schule muss. Dort angekommen, stellt sich überraschender Weise heraus, dass er kein guter Schüler ist, aber dafür eine charismatische Anziehungskraft besitzt. Seine männlichen Mitschüler fin-den ihn witzig, die Mädchen sympathisch. David ist also kein typischer Highschool-Nerd. Offenbar reicht es aus, dass er computerversiert ist und im Game-Center verkehrt, um in den folgenden Jahren in der Rezeption immer wieder als Nerd klassifiziert zu werden. Mit dem Square oder dem Stre-ber hat er als Protagonist einer im Entstehen befindlichen Hacker-Kultur vergleichsweise wenig gemein. Er ist allen vo-ran ein Teenager, der als solcher eben auch für das Unbere-chenbare, Unvorhersehbare steht.

Mehr noch als in den US-amerikanischen Medien hat man in Deutschland in dem Film vor allem eine Kritik an «technisch komplizierten Automatenspielen» gelesen, die «den Spiel-trieb von Millionen Kindern und Jugendlichen in den hoch-zivilisierten Ländern» befriedigen.[25] Und während in der US-amerikanischen Presse bevorzugt auf Stanley Kubricks «Doctor Strangelove» referiert wurde, um die unterschiedli-che Auseinandersetzung mit der Angst vor einem atomaren Krieg in den 1960er und 1980er Jahren herauszuarbeiten, verwies man hierzulande lieber auf Friedrich Schiller: Ange-sichts seiner Theorien über den Zusammenhang von Schön-heitsideal und Spieltrieb würde sein Urteil über heutige Kriegsspiele vernichtend ausfallen, schreibt Lina Schneider bissig in ihrer Filmrezension für die ZEIT. Ihre Beschreibung des Hauptprotagonisten ist wiederum weniger differenziert, aber näher an der Charakterisierung einer Nerdfigur: «David ist ein Computer-Freak, einer jener inzwischen auch bei uns nicht mehr seltenen Jugendlichen, die ihre Zeit nicht mit Fußballspielen und Mofafahren verbringen, sondern sich an ihrem Heimcomputer vergnügen. Am liebsten sitzt David zu Hause und lässt den eigenen Computer mit anderen Computern spielen, zum Beispiel mit dem der Schule.»[26]

Insgesamt tritt die Figur des Nerds in Deutschland – allerdings zunächst nur unter dem Begriff des «Computer-Freaks» – vor allem in Diskursen um Videospiele und im Zusammenhang mit der generellen Sorge um die Auswirkungen von Computern auf Kinder und Jugendliche in Erscheinung. Eine für Deutschland sehr frühe Publikation über Teenager, die mit Computern aufgewachsen sind, erschien ebenfalls 1984 und bildet hinsichtlich des Urteils eine Ausnahme. In «Chip Generation» gibt Matthias Horx, der zu dieser Zeit als Autor und Redakteur bei Tempo, ZEIT und Merian beschäftigt war, bevor er sich einen Namen als Trend- und Zukunftsforscher machen sollte, den Lesern zunächst Einblick in einen persönlichen Gesinnungswandel. «Natürlich hasse ich Computer. Es ist schon fast müßig, das zu begründen. […] Gäbe es nicht die Atombombe […], gäbe es wohl auch keine Computer […] Und sind sie nicht auch ein ideales Werkzeug für jeden Diktator, jeden Profiteur, jeden Kriegstreiber, jeden gefühllosen Dummkopf?», pointiert Horx in den ersten Sätzen seines Buches die damals vorherrschende Computerkritik, der er sodann kokett den Wind aus den Segeln nimmt: «Solche Sätze gehen wie Butter in die Tastatur.»[27]

Horx weiß um die Eitelkeit seiner Kollegen, greift ihre Ansichten – die «Mythen, Ängste, Projektionen», die im Zusammenhang mit dem Computer permanent entstehen – auf und spekuliert über die Folgen dieser Haltung: Werden die Computer nicht dadurch erst «wirklich gefährlich, entziehen sich gesellschaftlicher Kontrolle[?] Denn Mythen sind Herrschaftsinstrumente. Wo Berührungsängste und mythische Bilder überhandnehmen, bleibt das Terrain kampflos in den Händen der Technokraten.» Gleichzeitig war Horx gelangweilt von den «diversen ‹Bewegungen›», von alternativem Leben, Frieden, Ökologie – all das empfand er zunehmend als «Sprach- und Kulturhülsen», als Gesten der Hilflosigkeit: «Die Welt schien sich in einen Kummerkasten verwandelt zu haben, in dem man nur noch Niederlagen zelebrieren und eine einzige Identitätsform kultivieren konnte: die des Opfers.» Ob es sich um die Niederlagen der Befreiungsbewegungen in der Dritten Welt, das Waldsterben, die Krise, Rationalisierung oder aber «gehäufte Abwaschprobleme in der Wohngemeinschaft» handelte – Schuld waren immer, so Horx sichtlich ernüchtert, «das System, respektive die Schweine, die Technokraten.»[28] Besaß die Technikkritik bis dato eine «beeindruckende Fülle von Tatsachen» – sei es die Atombombe, das Waldsterben, die Zunahme umweltbedingter Erkrankungen –, die eine Kritik an den «harten […], umwelt- und artenzerstörenden, energieverschwendeten, irreversiblen, überspezialisierten, naturentfremdeten, kulturzerstörenden, mißbrauchsanfälligen, kapitalintensiven, zentralistischen, hyperkomplexen» Technologien rechtfertigten, stellte sich nunmehr ein ökologischer Fundamentalismus ein, eine «Dämonisierung der Technik» durch den «engagierten Zorn der Gerechten» – kurz gesagt: eine gewisse Ausweglosigkeit.[29]

Was kann nach der großen Ausweglosigkeit kommen? Wo ist das hoffnungsbringende Licht am Horizont? Matthias Horx erblickte es eines sonnigen Nachmittages als er in einem Berliner Straßencafé zwischen «bärtigen, ziemlich gewerkschaftlich organisierten Lehrern» und «ein paar Hippie-

Relikten [saß], die ununterbrochen aus Tabakkrümeln dünne Zigaretten drehten», und sein Blick ganz plötzlich auf ein Comic-Geschäft auf der gegenüberliegenden Straßenseite fiel. Es öffnete sich (auch symbolisch) eine Tür, und aus dieser Tür trat: ein Nerd.

«Er trug eine Brille – und bei heißem Wetter ungewöhnlich – eine gefütterte olivgrüne Bomberjacke, unter der sein Körper vollständig verborgen blieb [...]. Sein Gesicht war entschieden zu bleich für einen sonnenreichen Sommer, die Haare militärisch kurz. Von hinten wirkte der Junge mit der Bomberjacke klein und schmächtig, sein Gang hatte etwas Schlaksiges und Unbeholfenes [...]. Aus der Nähe hatte er ein paar Pickel und eine runde Nickelbrille mit ziemlich starken Gläsern.»[30] Horx folgte dem Jungen, vorbei an einer Demonstration, durch die der Nerd «auf mysteriöse Art und Weise» geradewegs durchspazierte, «als wären die Demonstranten Luft für ihn».[31] Schließlich beobachtete er, wie der Junge sich zu einer Gruppe gesellte, und es stellte sich heraus, was er in dem Laden gekauft hatte: einige Videospiel-Disketten.

Der Nerd, von Horx «Technikfreak» oder «Computerfreak» genannt (oder «die Kategorie ‹Computerkid›») wird hier als Gegenbild zum ermüdeten Kulturpessimisten der linksalternativen Szene entworfen; als Inbegriff einer neuen, optimistischeren Generation, die noch so jung ist, sich die Computerwelt anzueignen, ohne dass eine mal mehr, mal weniger pauschale Technikskepsis sie von vornherein daran hindern würde. Im Reportagestil lässt Horx eine Reihe namentlich genannter Jugendlicher und deren Eltern zu Wort kommen. Die Mutter von Martin, einem der interviewten Teenager, zeigt sich besorgt angesichts der Tatsache, dass sich ihr Junge immer mehr abkapselt, denn «er hat nur noch Sinn für den Computer, am liebsten würde er ihn sogar in den Urlaub mitnehmen.»[32] Damit spricht sie die Bedrohung der menschlichen Psyche durch den Computer an, die Angst, der Computer würde die emotionalen, sensitiven oder sonstigen Körperfunktionen unterdrücken oder gar verkümmern lassen.[33] Selbstredend nehmen die Teenager die Gegenposition ein. Für sie ist der Computer ein mächtiges Werkzeug, das den Menschen dazu befähigt, seine kognitiven Fähigkeiten und geistigen Leistungen zu potenzieren, und einen «Zugriff auf die Zukunft»[34] erlaube. Die interviewten jungen Computerfreaks stehen für eine Haltung, die Technik als Chance und Verheißung begreift und nicht als Risiko und Bedrohung, als konstruktive Potenzsteigerung und nicht als destruktiven Lebensersatz, als Möglichkeit zur Verbesserung und nicht als Erschwernis der Lebensbedingungen.[35]

Zwar gab es auch in Deutschland seit den 1980er Jahren einige Role Models für den (Hacker-)Nerd: «ein paar tausend, die meisten von ihnen leben in großen Städten», heißt es in einem 1987 erschienenen Artikel über den Hacker aus der ZEIT,[36] insbesondere im Zusammenhang mit dem 1981 gegründeten Chaos Computer Club. Doch der Nerd-Begriff selbst und die damit in Zusammenhang gebrachte Figur – unabhängig von ihrer Erscheinung als Hacker – ist erst 2009 öffentlichkeitswirksam in Erscheinung getreten, und zwar im Zuge des Aufstiegs der Piratenpartei, die sich insbesondere mit netzpolitischen Themen befasste. Plötzlich war in fast jedem Bericht, jedem Artikel über die Partei von den Mitgliedern als Nerds die Rede. Insbesondere der von Frank Schirrmacher 2009 für die Frankfurter Allgemeine Zeitung verfasste Artikel «Die Revolution der Piraten» trug zur Popularität des Motivs (und der Partei) bei. Darin nutzt er die Nerd-Klischees, um ihre Leistungen und ihre Fortschrittlichkeit zu rühmen: «Die Nerds, die die Sprites auf ihrem C-64-Homecomputer programmierten, während ihre Mitschüler in Clubs oder auf Demos waren, haben buchstäblich die Welt programmiert, in der wir uns heute bewegen [...]. Nerds, heißt es, haben es in der Pubertät etwas schwerer als die Raver, eine Freundin zu finden. Das stachelt sie umso mehr an». Und er prophezeit ihnen eine glorreiche Zukunft: «Der Nerd ist ein Wunder der Technik. Aber jetzt wird er zu einem Wunder unserer Gesellschaft.»[37] Ganz anders liest sich das überraschenderweise bei Sascha Lobo, der sich 2009 in seiner Spiegel Online-Kolumne ebenfalls mit den Piraten als Nerds auseinandersetzt: «Vernetzung ist ein sozialer Vorgang, und das Soziale ist dem Nerd nicht völlig fremd – wenn es zu seinen Bedingungen geschieht. Das aber funktioniert nur mit anderen Nerds wirklich gut, denn Berechenbarkeit ist nicht gerade die Grundeigenschaft sozialer Vorgänge. Das von den Nerds als nerdsoziale Nerdsphäre geschaffene Internet dehnt sich aus und durchdringt immer größere Teile der Gesellschaft, von Kultur, Politik, Wirtschaft. [...] Für den Nerd – der die Welt mit Messwerten begreifen möchte – besteht die Welt aus Daten, und Daten sollen frei und unabhängig fließen, das ist die Funktion des Netzes. Dagegen besteht für den Kulturschaffenden die Welt aus Werken, und Werke sollen bleiben.»[38] Lobo nutzt die typischen Merkmale der Nerdfigur also, um die Piratenpartei einer Kritik zu unterziehen und die Unvereinbarkeit ihrer Forderungen und Ziele mit dem gesellschaftlichen und kulturellen Status quo zu betonen.

Es wird deutlich: Immer wieder tauchen technikskeptische Ressentiments in der Gestaltung der Nerdfigur auf, und zwar bis heute. Die genannten Haltungen treten in verschiedenen Facetten und verschiedenen Medien anlässlich neuer Technologien, Geräte, Softwares, Plattformen oder Protagonisten immer wieder in Erscheinung und werden stets aufs Neue mit der Sozialfigur Nerd entfaltet. Deutlich wird aber auch, dass der Nerd spätestens seit den 1980er Jahren eher verwendet wird, um Technikoptimismus zumindest zuzulassen, bevor er später sogar völlig zu dessen Verkörperung wurde. In «Peggy Sue got married» konnte der Highschool-Nerd Richard Norvik sein Glück kaum fassen, als Peggy Sue aus der Zukunft zu ihm sprach und ihm die aus seiner Vergangenheits-Sicht wahnwitzigen Erfindungen, die ihm und der Welt noch bevorstünden, verriet. Eine technisierte Zukunft wird in dem Film von Francis Ford Coppola einspruchslos begrüßt, der Fortschritt als eine Verbesserung der Lebensqualität, Entlastung von schwerer Arbeit, Verlängerung des biologischen Lebens angesehen. Und auch bei Horx konnte man sehen, wie mit dem Nerd beziehungsweise dem «Computerkid» und dessen Kultur eine neue positivere Bewertung von Technik verbunden war – oder wenigstens erzeugt werden sollte.

Die zunehmende Popularität der Figur des Nerds wurde daher auch zu Recht als Symptom für eine abnehmende Technikskepsis gedeutet, was unter anderem die Kulturwissenschaftlerin Lori Kendall 1999 diagnostiziert hatte. Erfolgreiche Computerpioniere wie Bill Gates haben mit ihrer Popularität in den 1990er Jahren zu einer insgesamt weitaus technikoptimistischeren Sicht beigetragen und konnten eine zweite Generation Nerds hervorbringen, also junge, anonyme Computerprogrammierer, für die sie Vorbild waren. Mittlerweile gibt es mindestens eine dritte Generation Nerds, und zwar die, in der sich fast alle als Nerds begreifen. Aber dazu später.

Mehrere Entwicklungen hatten dazu geführt, dass die Popularität der Computerkritik stark abflachte. Natürlich wurde es immer schwieriger, dem Computer gegenüber kritisch zu sein, je mehr er integraler und irgendwann auch unverzichtbarer Bestandteil des (Arbeits-)Alltags wurde. Mit dem Einzug des Personal Computers in immer mehr Haushalte war zweifellos eine gewisse Skepsis eingetreten, ob der Computer wirklich so schlecht und böse war, wie die bisherige Technikkritik es behauptet hatte. War der Computer nicht einfach ein hilfreicher Alltagsbegleiter, mit dem man schneller rechnen, schreiben und kommunizieren konnte als bisher? Der die Effizienz steigerte, aber das Bisherige deshalb ja nicht notwendigerweise bedrohte oder infrage stellte?

Neben all den negativen Zukunftsbildern etablierten sich also auch zunehmend positive, die an eine Befreiung der Menschheit und ihren Fortschritt durch Technik glaubten. Sie kamen aber weniger aus der Intellektuellenkultur oder der sogenannten «High Culture», sondern aus einem anderen Hochbereich, nämlich dem «Hightech», mehr aber noch aus der Populär- bzw. Massenkultur selbst (in der der Hightech-Bereich auch weitestgehend vermittelt wurde). Die Popularität des Nerds ist deshalb auch nicht nur Symptom für eine abnehmende Technikskepsis, sondern geht gleichsam einher mit einer abnehmenden Kritik an der Populärkultur aus den Reihen von Journalisten oder Intellektuellen. Und das, obwohl der Nerd, wie ich gezeigt habe, in der Tradition von Gelehrten und Wissenschaftlern verortet werden kann. Tatsächlich unterscheidet er sich aber in einem Aspekt ganz wesentlich von diesen Präfigurationen: Mindestens hat er kein Problem mit populärer Kultur – meistens ist er sogar regelrechter Populärkulturenthusiast, ja ein «Fanboy».[39] So gehört es zum festen Bestandteil der Beschreibungen von Nerds, dass diese wahlweise Comics lesen, Arcadeautomaten spielen, Star-Trek-Kostüme tragen[40] und schlicht ein besonders inniges Verhältnis zu Filmen, TV-Shows, Science-Fiction oder Superhelden, Computer- oder Rollenspielen besitzen.[41] Aber nicht zu allen Produkten der populären Kultur haben sie ein solches inniges Verhältnis: Die Ausdrucksformen der Game-Nerd-Kultur reichen von neo-gotischen und futuristischen Stilen bis hin zu Manga und japanischen Animationen.[42]

Dabei handelt es sich meist um populärkulturelle Artefakte, Games oder Filme, die fiktiv sind, um Spielwelten mit einer eigenen und abgeschlossenen Realität, in die man sich vertiefen kann, die es sich auch zu erforschen lohnt (wie zum Beispiel J. R. R. Tolkiens Phantasiewelt Arda, H. P. Lovecrafts Cthulhu-Mythos oder George Lucas' «Star Wars»-Universum). Ob nun Spiele wie «Space Invaders», «Legend of Zelda», «Street Fighter II», «Quake», «Starcraft» und «Everquest» oder Comics wie «Flash Gordon», «Fantastic Four», «X-Man», «2000AD», «Raw», «Eightball», «Batman», «Akira» und «Jimmy Corrican. The Smartest Kid on Earth»:[43] Es handelt sich um Produkte der Populärkultur, die sich dadurch auszeichnen, dass sie zwar Spaß machen, gleichzeitig aber auch einen substanziellen Anspruch haben, als sie «akribische Kritik und echte Forschung erfordern».[44]

Lange Zeit rümpften Intellektuelle oder «Verfechter klassischer wie moderner Kunst und Kultur» die Nase, wenn es um populär- und massenkulturelle Phänomene ging, da man dort nur «auf einfache Schemata und einen geringen Grad an Individualisierung und Neuerung treffe.»[45] Da populäre Kultur als oberflächlich galt, schien sie auch keiner Interpretation würdig. In Museen, Bibliotheken oder anderen Bildungseinrichtungen war für sie kaum Platz. «Erst gegenwärtig ändert sich das nachhaltig», schreibt Thomas Hecken im Jahr 2017. Doch bereits seit den 1960er Jahren erhalten auch kommerzielle Pop- und Populärkulturartefakte immer mehr Aufmerksamkeit und teilweise auch Anerkennung.[46] Allerdings bestand diese intellektuelle Aufmerksamkeit meist vor allem darin, bestimmte Produkte der Film-, Musik- oder noch allgemeiner: der Konsumkultur explizit aufzuwerten. Im Lichte dieser Aufwertung etabliert sich auch der Nerd, der jedoch anders als seine Präfigurationen wie der Gelehrte ein völlig selbstverständliches, ungezwungenes, affirmatives Verhältnis zu den Artefakten der populären Kultur hat. Wenn er sich für Coca-Cola ausspricht, dann nicht, um diese aufzuwerten.

Der Nerd steht für eine Zeit, in der Diskussionen über die Unterscheidung von High und Low an Relevanz verlieren. Der Medienwissenschaftler Lars Konzack hat beschrieben, wie durch die Popularität der Nerdfigur komplexere, anspruchsvollere Pop-Artefakte in die Mainstream-Kultur kamen. Umgekehrt wird der Nerd Ausdruck einer (zumindest gewünschten) Grenzauflösung zwischen Hoch- und Populärkultur. Er hat damit Pionierarbeit geleistet, von der die Generation der Digital Natives mittlerweile profitiert.

TEIL 2

NERDS UND POPKULTUR

EINE BESONDERE GELEHRTHEIT

Nerds verfügen bekanntlich über eine ausgeprägte Kenner-schaft, ja geradezu eine Gelehrtheit im Bereich der Popkul-tur. In diesem Zusammenhang stellt sich erneut die Frage, ob auf dieser Grundlage nicht auch eine eigene Jugend- oder Subkultur entstanden ist. Jugendkulturen zeichnen sich üblicherweise dadurch aus, dass sie sich «in deutlicher Op-position zur vorherrschenden Konsenskultur befinden» und mithilfe bestimmter kultureller Codes einen «symbolischen Widerstand gegen oppressive gesellschaftliche Normen» leisten.[1] Historisch betrachtet trifft das auf den Nerd nicht zu. Als Spießer war er unbestrittener Teil der «Konsenskul-tur», aber er bleibt es auch als unpopulärer Außenseiter. Und selbst wenn er die gesellschaftlichen Normen bricht, begehrt er nicht gegen diese auf – schon gar nicht mit einer Gruppe von Gleichgesinnten.

Nichtsdestotrotz bilden Nerds eine Art losen Stilverbund, d. h. sie werden mit einer Reihe von kulturellen Artefakten und Handlungen assoziiert. Nerds haben mit bestimmten Konsumprodukten zu tun, mit Fast Food, mit ausgewählten Filmen und Serien, mit Spielen, mit Comics, mit Technik und nicht zuletzt auch mit einer bestimmten Ästhetik – kompri-miert dargestellt in Produkten wie der Brille oder der Zahn-spange.

Das Cover eines der populärsten Bücher über den Nerd («American Nerd» von Benjamin Nugent) zeigt eine Ausstellung gerahmter Gegenstände, die gemeinhin mit der Figur in Verbindung gebracht werden: darunter Würfel für ein Rollenspiel, ein Taschenrechner, ein Comic, ein Inhalator, ein Amateurfunkgerät, eine Actionfigur und eine Zit-Zap-Aknecreme. Dabei kommen einem verschiedene Nerds in den Sinn: der historische Elektrobastler-Nerd, der Schulstreber-Nerd oder der Comic-Nerd. Dass diesen unterschiedlichen Nerds ein gemeinsamer Stilverbund nachgesagt wird, ist wiederum das Ergebnis zahlreicher Versuche – ähnlich wie bei Nugent –, die Nerd-Kultur mithilfe einzelner Artefakte als solche zu erfassen. Tatsächlich reflektiert der Nerd seine eigene Kultur selbst nicht oder stellt sie zumindest nicht bewusst zur Schau. Das knüpft an eine bekannte Erzählung an: So zufällig der Nerd zum Millionär wurde, so zufällig er an der technischen Revolutionierung der Gesellschaft mitwirkte, so unwissentlich hat er auch eine eigene Kultur hervorgebracht. Als Subkultur lässt sich die Nerd-Kultur aber, wie gesagt, nur schwer beschreiben.[2]

In den 1970er Jahren erlebte das Nachdenken über Subkulturen und «das Phänomen ‹Jugend›» eine Konjunktur,[3] was wiederum zeitlich mit der Etablierung des Nerds als eigenständige Figur zusammenfällt, der in verschiedenen Darstellungen dazu diente, als Negativfolie den spezifischen Jugendkulturen erst zur Geltung zu verhelfen.

In Studien aus den 1970er Jahren, die aus dem Umfeld des vielrezipierten Birminghamer «Centre for Contemporary Cultural Studies» stammten, wurden Jugendsubkulturen als generationenspezifische Subsysteme von «klassenspezifischen Stammeskulturen» (im englischsprachigen Original «parent cultures») betrachtet. Demnach waren die Klassenlage der Jugendlichen und ihre damit verbundenen Probleme,

Konflikte und Verarbeitungsformen für die Entstehung eigener Subkulturen verantwortlich. Die «latente Funktion» dieser jugendlichen Subkulturen wurde folglich in dem Versuch gesehen, «klassenspezifische Probleme, die generationenspezifisch erfahren werden, auf ‹magische›, symbolisch-expressive Weise zu ‹lösen›.»[4] Diese symbolische Kritik an der herrschenden Ordnung artikulierte sich dann in bestimmten Stilen und Codes. Die Rocker, die Mods, die Skin Heads, die Hip Hopper, die Hippies und die Punks – sie alle galten als Jugend- bzw. Subkulturen, die aus der Arbeiterklasse hervorgingen.[5]

Es wurden dann gemeinhin drei Gründe dafür genannt, warum jugendliche Subkulturen verschwunden seien. Schon in den 1970er Jahren bemerkte Dick Hebdige, wie mit der Jugendkultur verbundene «Konsumrituale […] ad finitum verfeinert und vervielfacht [wurden], bis es nur noch um den Gebrauch von Waren ging, die von einer rasch expandierenden Pop-Industrie spezifisch für einen […] Markt bestimmt waren.»[6] Das Argument, Subkulturen würden durch den Mainstream vereinnahmt und dadurch wirkungslos, ja ihre gesellschaftskritischen Anliegen würden zum «politische[n] Feigenblatt einer unpolitischen, konsumorientierten Spaßkultur»,[7] ist ein bis heute gängiges Narrativ – braucht es doch tatsächlich mittlerweile nur noch wenige Wochen, bis «jede noch so obskure Errungenschaft […] als wohlfeile Massenware erhältlich ist»,[8] wie es die Modetheoretikerin Diana Weis formuliert hat.

Die zweite Erklärung für das Ableben der Subkulturen entstammt ebenfalls der Kapitalismus- und Konsumkritik und lautet, dass «diverse Retros, Crossovers und Neos insbesondere in den neunziger Jahren […] alle Musikrichtungen und Stile soweit ‹durchgesampelt›» hätten, dass schlichtweg nichts Neues mehr habe entstehen können[9] und das «Bild der Jugendlichen als einer Erneuerungskraft»[10] infolgedessen erloschen sei. In diesem Zusammenhang wurde die Techno-Szene der 1990er Jahre zur letzten großen Jugend-kultur stilisiert. 2002 resümierte der Soziologe Dieter Rink schließlich: «Die Wende zum neuen Jahrtausend ist ohne die Herausbildung einer neuen spektakulären, gar politischen Jugendkultur erfolgt. Allenfalls die rechtsextreme Subkultur kann für sich zurzeit verbuchen, ob ihrer Gefährlichkeit und Dynamik die öffentliche Aufmerksamkeit zu absorbieren. Aber sie ist nicht neu, ihre Wurzeln reichen bis in die achtzi-ger Jahre zurück.» Und Rink führt zudem als dritte Ursache für das Verschwinden der großen Subkulturen an, dass sich «die gesellschaftlichen Rahmenbedingungen so verändert» hätten, «dass Jugendkulturen zunehmend obsolet» gewor-den seien. Diese Veränderungen beträfen vor allem «die In-dividualisierung und Pluralisierung von Lebensstilen» nach 1989.[11]

Wie man diesen Erklärungsansätzen auch gegenüberstehen mag: Die zeitgleich mit dem Bedeutungsverlust der großen Jugend- und Subkulturen einhergehende, enorme Populari-sierung der Nerdfigur hängt unbestritten mit einer breiten Affirmation pop- und konsumkultureller Phänomene zu-sammen. Zudem zeichnen sich Nerds seit den 1990er und frühen 2000er Jahren vermehrt durch eine stilsichere, selbst-ironische Haltung aus.

Da gibt es zum Beispiel Seth Cohen (Adam Brody) in der US-amerikanischen Teenager-Serie «The O.C.» (2003–2007) von Josh Schwartz, die bis heute zu einer der belieb-testen ihrer Art zählt. Abgesehen vom guten Aussehen des Protagonisten sind tatsächlich alle relevanten Komponenten der Nerdfigur bei Seth zu finden: Er ist überdurchschnitt-lich intelligent und begabt, hat ein elitäres Selbstverständnis und ist Fan (insbesondere von Comics, die er auch selbst zeichnet).[12]

In der ersten Folge wird der Plot der Serie entfaltet: Seths Vater Sandy Cohen (Peter Gallagher) ist Pflichtverteidiger und trifft auf den jungen Klienten Ryan Atwood (Benjamin McKenzie), der von seinem großen Bruder in einen Autodiebstahl verwickelt wurde. Sandy identifiziert sich mit dem jungen Mann aus dem sozialen Problemviertel Chino, weil er selbst aus der Arbeiterklasse stammt und in schwierigen Familienverhältnissen aufgewachsen ist. Mittlerweile lebt er mit seiner wiederum aus großbürgerlichen Verhältnissen stammenden Frau Kirsten (Kelly Rowan), der Erbin eines Immobilienimperiums, und seinem Sohn in einer Luxusvilla in Newport Beach. Weil Ryan nicht zu seiner Familie zurückkehren kann, nimmt Sandy ihn schließlich bei sich auf.

Der im Wohlstand einer vermeintlich harmonischen Familie aufgewachsene Nerd Seth taucht zum ersten Mal auf, als der vom Küstenblick des Anwesens überwältigte Ryan schlaftrunken aus dem Poolhaus ins Haupthaus der Familie kommt. Mit ihm schauen wir nun in das riesige Wohnzimmer der Cohens, wo Seth gerade im Schlafanzug auf dem Fußboden vor der Couch ein Videospiel spielt. Unbeeindruckt fragt er den Gast: «Willst du spielen?» Ryan nickt und setzt sich dazu. Ein ungleiches Bild: der schmächtige Seth im Schneidersitz, leicht angespannt und nach vorne gekrümmt, daneben der muskulöse Ryan im weißen Feinripp-unterhemd, lässig nach hinten gelehnt. Seth gewinnt das Spiel, gefolgt von orgiastischem Jubelgeschrei, und fragt in seiner Erregung, ob Ryan nicht auch noch «Grand Theft Auto» mit ihm spielen wolle, das sei cool, weil man da Autos klauen könne. Er bemerkt sofort, dass seine Frage daneben war. Für den wohlbehüteten Nerd Seth ist Autodiebstahl ein Spiel, für den Delinquenten Ryan hingegen folgenreiche Realität.

Zwar sind Seths Eltern keine Hippies oder Yuppies, aber sie verfolgen bei ihrer Erziehung das liberale Ziel, ihrem

Sohn die Möglichkeit zu geben, sich selbst auszudrücken und zu entfalten, seine individuellen Träume zu verwirklichen; außerdem predigen sie – ganz ohne ideologische Einfärbung – Toleranz und Nächstenliebe. Trotz allem gibt es auch in Seths Leben Konflikte mit Freunden und Familie, die verschiedenen gesellschaftlichen Zusammenkünfte der Reichen in Newport Beach beschreibt er als die «dunkle Seite» seines Wohlstands. Aus nachvollziehbaren Gründen sieht er jedoch keinen Anlass, dagegen aufzubegehren.

Ryan steht mit seinen Handlungen, seiner Herkunft und seinen Posen noch immer für den coolen jugendlichen Rebellen. Aber anders als noch die in «Rebel Without a Cause» von James Dean verkörperte Hauptfigur ist der Rebell in «The O. C.» völlig machtlos. Denn durch jedes unangepasste Verhalten droht der Verlust der neu gewonnenen Heimat, von Frieden und Sicherheit. Die Rebellen-Attitüde kommt insgesamt nicht gut weg, es sei denn, ihr liegt ein ehrbares Motiv zugrunde. So entpuppt sich auch Ryan zunehmend als glaubhafter Moralapostel.

Und Seth, der Nerd? Er ist kein Bösewicht, gewiss aber auch kein Moralapostel. Seth gibt sich – und das bleibt bis heute typisch für die Nerdfigur – amoralisch, was er sich auch leisten kann, weil er sich in Sicherheit wähnt, weil er nie ernsthaft bestraft wird, weil er die Freiheit hat, ein «interessanter Typ» zu sein, wie Sandy seinen Sohn nennt. Es wird im Verlauf der Serie immer deutlicher: Ryan findet Seth nicht (nur) interessant, sondern auch cool. Und auch wir Zuschauer finden ihn cool, wenn er sich bei Partys an den Kindertisch setzt, wenn er alles hochgradig zynisch und ironisch kommentiert, dabei zugleich aber immer auch ernst bleibt, wenn er sich mit seinem Spielzeugpferd Captain Oats beschäftigt, wenn er lustige Wortneuschöpfungen vornimmt. Seine Spleens sind erfrischend und anziehend, ganz im Gegensatz zum klischeehaften Stumpfsinn der Wasserpolo-Spieler. Zwar wird Seth, der Nerd, noch immer mit diesen Sportlerfiguren kontrastiert, die in der Schule auch das Sagen haben; die Zuschauer wissen jedoch sofort, welcher Habitus eigentlich erstrebenswert ist. Luke Ward (Chris Carmack), Prototyp des Sportlers, ist die Chiffre für eine – zurückhaltend formuliert – ausgesprochen konservative und – drastischer ausgedrückt – rückschrittliche Gesellschaft. Als herauskommt, dass Lukes Vater schwul ist, wird der Sohn aus seiner Freundesclique verstoßen. Wo findet er anschließend Halt? Natürlich bei Seth und Ryan, denen er vorher noch in herzlicher Abneigung verbunden war.

Nicht nur Seths individuell-künstlerische Abweichung von nivellierten Teen-Gruppen – er geht später natürlich an die Kunstakademie – ist sympathisch und neuerdings begehrenswert. Den positiven Zugang zum Nerd begünstigt in «The O. C.» zudem sein angenehmes Äußeres. Zwar entspricht Seth keinem bis dato vorherrschenden Männlichkeitsideal; er repräsentiert aber gewissermaßen ein heraufziehendes Ideal moderner Männlichkeit, die in ihren femininen Zügen für eine aufgeklärte Klientel viel attraktiver und weniger toxisch erscheint. Das physiognomisch Entstellte, das Nerds vorher ausgezeichnet hatte, fehlt in dieser Darstellung zudem völlig. Der privilegierte Status des Nerds wird in der Figur des Seth Cohen jedoch zementiert: Er ist ein junger weißer, unmännlicher Mann aus einer wohlhabenden Familie, der sich jeden noch so abseitigen Spleen erlauben kann, weil er von den Verhältnissen trotzdem profitiert.

DER SILICON-VALLEY-NERD

HARMLOSER WELTVERBESSERER
ODER HARTHERZIGER NEOLIBERALER?

Im Vorfeld des Marktstarts von Apple Macintosh wurde während des 18. Super Bowls der amerikanischen Football-Liga NFL am 22. Januar 1984 einer der denkwürdigsten Werbespots der Computerindustrie ausgestrahlt. Im dritten Viertel des Spiels der Washington Redskins gegen die Los Angeles Raiders füllte sich der Bildschirm während einer Werbepause schwarz, bevor plötzlich Massen grauer, anonymer, gesichtsloser und kahlgeschorener Arbeiter darauf auftauchten, die wie Gefangene im Gleichschritt einen langen, röhrenartigen Korridor entlang marschierten.[1] Schließlich erschien im Werbespot das Gesicht eines alten Mannes, der von einem riesigen Monitor von einer «Informations-Reinigungs-Direktive» («Information Purification Directives»), einem «Garten purer Ideologie» («Garden of pure Ideology») und der «Vereinigung der Gedanken» («Unification of Thoughts») zu schwärmen begann, während ihm die gleichgeschaltete Masse regungslos zuhörte.[2] Die Anspielung auf den «Großen Bruder» aus George Orwells dystopischem Roman «1984» war unverkennbar.

Zwischen diese verstörenden Szenen ließ Ridley Scott, der damals gerade durch «Alien» und «Blade Runner» berühmt gewordene Regisseur des Spots, aber immer wieder eine durch den Korridor rennende blonde junge Frau schneiden. Sie trägt einen Vorschlaghammer, mit dem sie nach kurzer Zeit den Monitor zerschmettert. Danach flutet weißes Licht den Raum. Die Männer erwachen aus ihrer Apathie, und es erscheint der Schriftzug: «Am 24. Januar wird Apple Computer den Macintosh vorstellen. Und Sie werden sehen, warum 1984 nicht wie ‹1984› wird.» Auf dem weißen Top der Frau ist schemenhaft die einzige Abbildung des im Film beworbenen Produkts zu sehen – der Macintosh. Sie soll folglich ein Unternehmen (Apple) verkörpern, das in einer grauen, uniformen Welt durch seine Buntheit, seinen Nonkonformismus und seine Individualität heraussticht. Am Ende wird das Logo in Regenbogenfarben eingeblendet: ein erlösender, leuchtender Abschluss. Die Botschaft lautete: Nun übernehmen die «Andersdenkenden»[3] das Zepter in einer bis dato von älteren Herren in grauen Anzügen dominierten Computerbranche.

Es wurde vielfach darüber spekuliert, ob mit dem «Großen Bruder» im Werbeclip IBM gemeint war. Ganz sicher aber bestand ein Clou des Spots darin, die in den frühen 1980er Jahren vorherrschende Technikskepsis aufzunehmen und ins Positive zu wenden – und zwar ganz und gar ohne dröge Funktionsbeschreibungen von Computergeräten. Stattdessen warb eine junge, blonde, athletische Frau für einen Computer.

In der 1997 veröffentlichten Werbekampagne, die unter dem noch heute mit Apple fest assoziierten Slogan «Think Different» firmierte, rückten die Käufer und Rezipienten stärker in den Mittelpunkt. Der im Fernsehen ausgestrahlten Werbung lag ein Text zugrunde, der zugleich als eine Art Firmenphilosophie auf der Website veröffentlicht wurde. Ohne den Nerd explizit zu benennen, wird er hier implizit als (potenzieller) Computernutzer adressiert: «Auf die Verrückten.

Auf alle, die nicht so richtig passen wollen. Auf die Rebellen.
Die Unruhestifter. Die runden Steine in den quadratischen
Löchern. Diejenigen, die die Dinge anders sehen. Sie mögen
keine Regeln. Und sie haben keinen Respekt vor dem Status
quo. Man kann sie loben, ihnen widersprechen, sie zitieren,
sie ungläubig machen, sie verherrlichen oder verunglimpfen.
Das Einzige, was man nicht tun kann, ist, sie zu ignorieren.
Denn sie verändern die Dinge. Sie erfinden. Sie stellen sich
vor. Sie heilen. Sie erforschen. Sie erschaffen. Sie inspirieren.
Sie treiben die menschliche Spezies voran. Vielleicht müssen
sie verrückt sein. [...] Wir stellen Werkzeuge für diese Art
von Menschen her. Während einige in ihnen nur Verrückte
sehen, sehen wir Genies.»[4]

In dem Clip wird eine Nerdfigur nach dem Bilde von Steve
Jobs entworfen, ein Nerd, der «erschafft», der «heilt», der
«die menschliche Spezies voranbringt» – der Nerd als Weltverbesserer. Egal ob man an den spießigen Square, den unbeliebten Schulstreber oder das mechanische Genie denkt,
diese neue Variante des Nerds ist im Rückblick überraschend. Ja, sie widerspricht geradezu den gängigen Charakterisierungen, die zumindest eint, dass mit ihnen eine weitgehend apolitische, weitgehend selbstbezogene, weitgehend
unkreative Person beschrieben wurde. Wie ist es zu diesem
Imagewandel gekommen? Wie wurde der Nerd zu einer Figur, die eine positive Zukunft versprach, die von Optimis-
mus, aber auch Idealismus geprägt zu sein schien? Wie
wurde er zu einem interessanten Individualisten mit großen
gesellschaftlichen Visionen?

Um diese Frage zu beantworten, muss man sich einer Erzählung widmen, die in der Bay Area Nordkaliforniens der
1960er und 1970er Jahre entstanden ist, genauer: im Silicon
Valley.

Das Silicon Valley ist viel mehr als nur ein bedeutender
Standort der IT- und Hightech-Industrie, das Silicon Valley

ist längst auch ein Ort der Popkultur, der in Büchern, Filmen, Serien, Dokumentationen und journalistischen Artikeln zum wichtigen Schauplatz des Nerds avancierte. Seiner Geschichte liegt ein Ursprungsmythos zugrunde, der auf die 1960er Jahre zurückgeht, als die dort ansässigen Hippies, Künstler und Nerds verschiedener Disziplinen aufeinandertrafen und begannen, an einer gemeinsamen Zukunft zu arbeiten, eine gemeinsame Vision zu entwickeln.

Dieser Ursprungsmythos wurde vor allem in diversen (auto-) biografischen Darstellungen popularisiert, denn anscheinend «brauchen sie [die Medien] bestimmte Figuren, um ihr Narrativ entwickeln zu können», bemerkte Adrian Daub in seinem Buch «Was das Valley denken nennt», in dem er sich mit der Entstehung der Leitideen des Silicon Valley aus der Gegenkultur der 1960er Jahre beschäftigt.[5] Lange Zeit stand Steve Jobs im Zentrum des medialen Interesses, weil in seiner Person die künstlerisch-alternativen und technologisch-unternehmerischen Facetten des Valleys beispielhaft zusammenfielen. Oder anders ausgedrückt: Seine vermeintliche Widersprüchlichkeit hat zum Mythos von der schillernden und faszinierenden Person beigetragen, als die Jobs bis heute angesehen wird. So experimentierte er bekanntlich mit LSD, während er gleichzeitig studierte, arbeitete bei Atari, bevor er eine Zeitlang in Indien verbrachte und sich mit Hinduismus, Buddhismus und Urschreitherapie vertraut machte, gründete später Apple und machte ein Megaunternehmen daraus, wurde gleichzeitig aber auch Frutarier. Mit dieser alternativen Lebensweise, die man nur schwer mit dem unternehmerischen Interesse an neuen Technologien zusammenbrachte, verbanden sich Ideologien und Vorstellungen von einer besseren und neuen Zukunft, die weniger unter den Computerbastlern, als vielmehr unter den gegenkulturellen, konsumkritischen, naturverbundenen Blumenkindern der

Pirates of Silicon Valley, 1999

1970er Jahre vorherrschten. Diese beinahe gegensätzlichen, aber gleichermaßen dominanten Kulturen der Techies und der Hippies vereinten sich auf ungewöhnliche Weise in Steve Jobs, der deshalb auch bis heute als «Billion Dollar Hippy» gilt.[6]

Da wäre zum Beispiel die 1999 erschienene Dokufiktion «Pirates of Silicon Valley» von Martyn Burke, die im Begriff des Piraten bereits den gegenkulturellen Anstrich der Protagonisten betonte: Sie agierten wie Freibeuter im Cyberspace. Die Dokufiktion beginnt mit einem Monolog von Steve Jobs (Noah Wyle), dessen Gesicht in Nahaufnahme zu sehen ist: «Denken Sie bitte nicht, das, was Sie hier sehen, sei ein Film, nur ein Prozess, in dem sich Elektronen und magnetische Impulse in Figuren und Töne verwandeln. Nein, bestimmt nicht. Wir sind hier, weil wir das Universum verändern. Warum sollten wir sonst existieren. Wir erschaffen ein völlig neues Bewusstsein, wie ein Künstler oder wie ein Poet. Das ist unser Ansatz, unsere Idee. Und damit sind wir in der Lage, die Welt der Gedanken vollkommen umzuschreiben.» Schnitt. In solchen von tatsächlichen Interviews inspirierten Aussagen treffen Elektronen auf das Universum, magnetische Impulse auf das Bewusstsein, Computerbastler auf Poeten. Hier sieht man keinen Nerd mehr, der maschinenhaft Tätigkeiten ausübt, der sich über Mitmenschen geschweige denn gesellschaftliche Zusammenhänge keine Gedanken macht – sondern auf einen Nerd, der kreativ ist, der die Folgen seiner Tätigkeiten reflektiert.

Nun wird Ridley Scott (J. G. Hertzler) eingeblendet, ebenfalls in Nahaufnahme, der nach dem passenden Licht für die Schauspieler fragt, die Kamera zoomt heraus und es wird deutlich, dass sich die Personen an einem Filmset befinden. Und zwar nicht an irgendeinem Filmset, sondern an dem des legendären Apple-Werbespots «1984». Die Kamera fährt umher, zeigt die grauen uniformen Männer und bleibt schließlich erneut bei Jobs stehen, der zufrieden und voller Vorfreude lächelt. «Spirituelle Selbstfindung und missionarische Radikalität» seien schon seit der frühen Kindheit Jobs' wesentliche Charakterzüge gewesen, spricht nun Steve Wozniak (Joey Slotnick) in die Kamera. Schnitt. Der Campus der University of California, Berkeley, im Jahr 1971, eine historische Rückblende. Ein Studentenprotest ist im Gange, mittendrin sind Jobs und Wozniak, die sich optisch ins Bild der Revoluzzer einfügen. Sie seilen sich aber bald von den anderen ab, und Jobs empört sich über seine Kommilitonen: «Die halten sich alle für Revolutionäre, aber wir beide sind es wirklich.»

In diesen Eingangsszenen wird ein Bild von Computer-Nerds produziert, für dessen Entstehung Stewart Brand, der Herausgeber des Whole Earth Catalogs, wesentlich mitverantwortlich war, indem er bereits in den frühen 1970er Jahren die «Computer Bums» (Computer-Gammler), Programmierer und Informatiker als verspielte (Hippie-)Rebellen beschrieb, die Maschinen als Werkzeuge der persönlichen und gesellschaftlichen Befreiung betrachtet hätten.[7] Stewart Brand habe das Kunststück vollbracht, schrieb Fred Turner in seinem sorgfältig recherchierten Buch «From Counterculture to Cyberculture», Computer-Nerds in einem Magazin salonfähig zu machen, das sonst für Geschichten aus der Welt der Rockstars und Gonzo-Angriffe auf Richard Nixon bekannt war: im «Rolling Stone». Damit habe er die Ideen der revolutionären 1960er Jahre aus den angestaubten Kommunen in die paradiesischen Gefilde des Cyberspace hinübergeholt.[8] Turner spielte auf Brands Artikel «Spacewar» vom 7. Dezember 1972 an, in dem dieser eine Reihe von Computerprojekten im Umfeld der Alternativszene der Stanford Universität vorstellte und in fortschrittsoptimistischen Tönen den Erfolg des Personal Computer prophezeite. Wenige große Computer, heißt es bei Brand, könnten riesige Verwüstungen anrichten, aber viele Computer in den Händen von vielen Individuen würden Gutes bewirken.[9] Um seine Thesen zu untermauern, trifft Brand zum Beispiel einen namenlosen «Computer-Gammler», der sich nachts ins Rechenzentrum der Stanford Universität schleicht, wo er Geldbeträge in ein selbstgebautes Programm einpflegt, um ein Gemeinschaftskonto zu führen. Wenn die Leute in seiner Wohngemeinschaft eine Woche Urlaub machten, wollten sie in ihrer Abwesenheit nicht für das Essen bezahlen. Stundenlang habe er zuvor jeden Monat gebraucht, um die Kosten für jeden Einzelnen zu berechnen. Jetzt, mithilfe des Computers, dauere es nur noch eine halbe Stunde pro Monat.

Der Artikel endet mit einem Appell: Jeder ist ein «Computer-Gammler»; man müsse nur ein Buch über Computerprogrammierung lesen, und schon sei man sozusagen Computerwissenschaftler – denn diese Wissenschaft sei noch wahnsinnig jung. Man solle daher schon als Schüler die Rechenzentren der Universität besuchen oder die eigene Schule überreden, entsprechendes Equipment anzuschaffen[10] – ganz so, wie Dexter und seine Klassenkameraden zwei Jahre zuvor in dem Film «The Computer Wore Tennis Shoes».

«Die halten sich alle für Revolutionäre, aber wir beide sind es wirklich», lässt man Jobs also sagen, denn die Ideale der Hippie-Bewegung bleiben ohne technische Instrumente zu ihrer Umsetzung bloße Blütenträume. In den 1990er und frühen 2000er Jahren, in Filmen wie «Pirates of Silicon Valley» (1995) oder Büchern über die Entstehung der Internetkultur aus der Gegenkultur wie jenen von Turner (2006) oder John Markoff («What the Dormouse Said», 2005)[11] verfestigte sich die Erzählung, der gegenkulturelle Geist und die Ideale einer politisch ausgehöhlten Hippie-Kultur seien von Nerds und ihren digitalen Utopien in die technologische Zukunft weitergedacht worden.[12] Die alternative Gegenkultur um Stewart Brand habe, so Turner, die Informatiker oder Nerds zwar nicht hervorgebracht, aber sie habe die Informatik, oder besser: Computer-Nerds und ihr Tätigkeitsfeld legitimiert und sogar «cool» erscheinen lassen.[13]

Das war insofern völlig neu, als die Technologiebranche zuvor noch mit dem langweiligen, biederen IBM-Mitarbeiter assoziiert war – einem Square im grauen Anzug. Auch Programmierer wurden weithin als «nüchterne […], vielfältig einsetzbare […] Sicherheitsspender für die Überraschungen und Frustrationen im Umgang mit Rechnern»[14] angesehen. Systematisch sprach man den Programmierern jegliche Kreativität ab; ihr Expertenwissen wurde zum Hobby erklärt und damit abgewertet.[15] Demgegenüber verstärkte die Führungsliga von IBM – Big Blue – stets die in Orwells «1984» formulierten Ängste vor dem «Großen Bruder», der die Menschen überwacht, kontrolliert und unmündig macht. Erst durch das Aufeinandertreffen von Hippies, Nerds, Idealisten und Geschäftemachern an der Kalifornischen Küste in den frühen 1970er Jahren gelang es schließlich, im Personal Computer nicht mehr ein Instrument der Unterdrückung, sondern eines der Befreiung und Emanzipation zu erkennen.

1974 erschien schließlich ein Büchlein, das Steven Levy später die «Bibel der Hacker»[16] nennen würde: Ted Nelsons «Computer Lib/Dream Machines», in dem der Autor eine kreative und kritische Kompetenz im Umgang mit Computern forderte und den Nerd als Weltverbesserer imaginierte.[17]

1985 gründete Stewart Brand das Forum «WELL» (Whole Earth 'Lectronic Link), das rückblickend als erste Online-Community gilt. Sie diente vor allem Fans der kalifornischen Band Grateful Dead (die alternative digitale Community-Plattform wurde hauptsächlich von der Band finanziert), sich über die Musik ihrer Idole auszutauschen. Unter den Mitgliedern waren auch ein paar bekannte Leute, die dazu beitrugen, dass Nerds ein Jahrzehnt später eine regelrechte Konjunktur erlebten: darunter der Autor Howard Rheingold, der in zahlreichen populären Büchern von frühen virtuellen Gemeinschaften schwärmte, und der Bürgerrechtler John Perry Barlow, der den seinerzeit einflussreichsten Artikel über den Cyberspace (1996) schrieb, in dem er sich gegen jegliche Zensur und für die Freiheit und Neutralität des Internets aussprach, das vor der Einflussnahme durch Regierungen zu schützen sei – die berühmte «Unabhängigkeitserklärung des Cyberspace». Auch darin wurde die Idee eines leichten Lebens im Netz in neuartigen individuellen Gemeinschaften, frei von der Kontrolle der «Regierungen der Industriellen Welt», unabhängig von den «müden Riesen aus

Fleisch und Stahl», für nerdige Computernutzer proklamiert – erwachsen aus dem Geist der kalifornische Alternativszene.[18]

Wurden Computer in den 1960er Jahren als «trostlose Werkzeuge des Kalten Krieges» noch mit mechanischer Konformität, starrer Bürokratie und der Gefahr eines «militärisch-industriellen Komplexes» assoziiert, änderte sich dieses Bild, als computertechnische Utopien eine neue Konjunktur erlebten.[19] Louis Rossetto und Jane Metcalfe gründeten im März 1993 das Magazin «Wired», das selbsternannte Sprachrohr für die «digitale Generation»,[20] das sich nicht als Computermagazin verstand, sondern allgemeiner die durch die Digitalisierung ausgelösten kulturellen Entwicklungen und Umwälzungen in den Blick nehmen wollte. Es sollte nicht um die Werkzeuge gehen, sondern um den richtigen Umgang damit – und zwar zum Wohle der Gesellschaft. Rossettos Manifest, das in der ersten Ausgabe erschien, ist Ausdruck ungebrochener Technikbegeisterung und eines fast schon religiösen Glaubens an eine rosige digitale Zukunft. Und auch in populären Sachbüchern wie «Being Digital» (1995) von Nicholas Negroponte wurde «ein magisches, hauchdünnes, flexibles, wasserdichtes, drahtloses, leichtes, helles Display»[21] gepriesen, auf dem man tun und lassen könne, was man wolle. Negroponte stimmte geradezu einen Lobgesang auf «eine Welt der Kommunikation» an, «in der mithilfe der Technik jeder mit jedem kommunizieren kann, über jedes Thema, in Bild und Ton und womöglich mehr.»[22] All diese Texte aus dem Umfeld der kalifornischen Computerszene zeugten nicht nur von der Zuversicht, dass das Cyberspace ein autonomer Raum innerhalb bestehender Herrschaftsordnungen sein würde, sondern verstiegen sich sogar zu der Prognose, dass sich im Netz bestehende hierarchische Ordnungen ganz auflösen und hier wie nirgends sonst Demokratie und Gleichheit gefördert würden. Es handelte sich letztlich um die Glaubensbekenntnisse einer Gemeinschaft, die das Netz vielleicht etwas voreilig in den Händen der Unterdrückten, nicht der Unterdrücker, wähnte.

In diesem Zusammenhang wurde die Gleichzeitigkeit von Hippie- und Nerdkultur im Kalifornien der 1970er Jahren vielleicht nicht völlig neu, aber doch deutlich intensiver beleuchtet und in einen stärkeren kausalen Zusammenhang gebracht. Es war nun dem «Vorbild der Gemeinschaftsideale der Hippies» zu verdanken, dass Computer als Werkzeuge der persönlichen Befreiung galten, die den Aufbau virtueller und entschieden alternativer Gemeinschaften ermöglichten.[23] Der journalistisch befeuerte digitale Utopismus durchdrang neben der technischen Community auch Politik, Wirtschaft und Kultur. Dadurch wurden das frühe Internet, seine Kommunikations- und Geschäftsmodelle entscheidend geprägt. Die Vorstellung von einem Computer für alle bzw. von der Neutralität des Internets und der aufkommende Technikliberalismus mündeten schließlich in die Gründerzeitstimmung der New Economy: Unzählige Unternehmen entstanden, die eine eigene Firmenphilosophie verfolgten und mit einem eigenen Arbeitsethos ausgestattet waren.

In diesem Umfeld entstand ein spezifischer Silicon-Valley-Nerd. Seit Mitte der 1990er Jahre spricht man in diesem Zusammenhang auch von den Computer-Nerds der «zweiten Generation» – mit realen oder fiktiven Rolemodels wie Mark Zuckerberg, Larry Page, Elon Musk oder den Hauptfiguren aus Douglas Couplands Roman «Microsklaven» (1996).[24] Die einstige Computer-Hobby-Szene der Vorgängergeneration um Gates, Jobs und Wozniak war mittlerweile längst ein milliardenschwerer Markt, oder etwas plastischer ausgedrückt: aus der klapprigen maroden Garage war ein riesiger hochmoderner Campus im Silicon Valley geworden. In der neuen Computer-Nerd-Generation kamen auch neue Diskurse auf. Ganz oben auf der Agenda stand die Verbindung von Leben und Arbeit in einer digitalen Zukunft.

In Douglas Couplands «Microsklaven» wurden diese Themen relativ früh exemplarisch an einer Gruppe von Microsoft-Mitarbeitern vorgeführt, die dem neuen Nerd-Typus entsprachen. Der Erzähler ist der 26-jährige Daniel Underwood, der als Tester auf dem sogenannten «Campus» von Microsoft arbeitet. Sich selbst und seine Kollegen – die «Microsoft-Leute» – beschreibt er als «hypersensible Geeks», deren «Detailbesessenheit» sie zu guten Programmierern macht, als «Nerds», die «kriegen, was sie wollen, wann sie es wollen, und wenn sie es nicht sofort [...] haben [...], drehen sie durch. Nerds sind immer auf bestimmte Dinge fixiert; daran liegt es, glaube ich.»[25]

Diese neue Silicon-Valley-Nerd-Generation ist längst nicht mehr «accidential», also aus Versehen erfolgreich geworden. Genauso wenig spielen bei ihr noch hippieske Gesellschaftsideale von Freiheit und Gleichheit eine größere Rolle: «Ihr Vorbild ist Bill Gates, ihr Wertesystem die tägliche Win-Quote der Microsoft-Aktien», heißt es bei Coupland.[26] Der Silicon-Valley-Nerd hat «kein moralisches Problem damit, reich zu werden – im Gegenteil.»[27] Er hat seine vermeintlichen Macken zur Schlüsselqualifikation umdefiniert und repräsentiert als «cooler Kapitalist» sogar einen neuen, zeitgemäßen, hippen Lifestyle.[28]

Das Campus-Gelände charakterisiert Underwood in seinem Roman als «ein Nerd-Paradies aus 22 Gebäuden, eingeschlossen von 30 Meter hohen Nutzholzbepflanzungen, in den Straßen eine Stille wie in der Gebärmutter»; hier nähmen «die sehnlichsten Träume unserer Kultur Gestalt an».[29] Ein Garten Eden für Nerds – bis heute wird das Silicon Valley in solchen Kategorien dargestellt. Wer will in Anbetracht der luxuriösen Bedingungen auf dem Hightech-Campus überhaupt noch von Arbeit sprechen? Handelt es sich nicht vielmehr um die höchste Form der Selbstverwirklichung, eine ideale Symbiose aus Arbeit und Leben? Bei Couplands Romanfigur Daniel hört sich das jedoch nicht mehr so romantisch an: «Arbeiten, schlafen, arbeiten, schlafen, arbeiten, schlafen. Ich kenne ein paar Microsoft-Angestellte, die versuchen, so zu tun, als hätten sie was vom Leben. [...] Ich treibe nicht mal mehr Sport, und mein Verhältnis zu meinem Körper ist ganz schön gestört.»

Daniel wohnt in einem «Gruppenhaus». Zusammen mit seinen Mitbewohnern führt er ein Leben in stressiger Langeweile. Sie sitzen täglich 16 Stunden vor dem Computerbildschirm, essen Junkfood und warten darauf, dass der Kurs ihrer Microsoft-Aktien steigt. Vor allem denken sie aber an Bill Gates, den ultimativen Anführer, der auf die Mitarbeiter eine unheimliche Anziehungskraft ausübt: «Bill ist eine moralische Kraft, eine Spektralkraft, eine Kraft, die modelliert, eine Kraft, die formt. Eine Kraft mit sehr dicken Brillengläsern.» Bill ist der Nerd-Gott, spirituelles Oberhaupt zahlreicher Jünger der zweiten Nerd-Generation. Allerdings gründet sich diese spirituelle Anziehungskraft nicht auf irgendwelche technischen Utopien: «Wir haben nie gesagt: ‹Wir tun dies zum Wohle der Gesellschaft.› Wir haben immer nur unseren intellektuellen Stolz damit befriedigt, daß wir ein gutes Produkt herausbringen – und damit Geld verdienen. Wenn man kein Geld damit verdienen würde, einen Computer auf jeden Schreibtisch und in jeden Haushalt zu stellen, würden wir es nicht tun.»[30] In einer Reihe weiterer Beschreibungen decken sich die Nerds in Couplands Roman mit Charakterisierungen von Yuppies, wenn es etwa heißt: «Der Ferrari ist hier eine Art Initiationsritus für Neureiche. Man kauft ihn sich mit 26, dann hat man's hinter sich, kauft sich stattdessen einen grauen Lexus oder Infiniti, und dann fährt man für den Rest seines Lebens graue Limousinen.»[31]

Den Silicon-Valley-Nerds erscheint es geradezu natürlich, hypersensible, detailversessene und kontaktgestörte Workaholics zu sein. Mehr noch, sie finden es cool – wobei zwei Kriterien der Gradmesser dieser Coolness sind: Reichtum und das Ausmaß an «nerdigen» Spleens. Sinnstiftung durch gesellschaftliches oder politisches Engagement lehnen sie hingegen als «Hippie-Quatsch»[32] ab; die Silicon-Valley-Nerds von Coupland repräsentieren den «neuen Typ des apolitischen Bürgers».[33]

In der zweiten Hälfte nimmt der Roman eine überraschende Wendung. Daniel, der Inbegriff des Workaholic-Nerds, verliebt sich und entdeckt nach der Rückkehr in seine Heimat, wo er in ein Start-Up-Unternehmen eines Freundes wechselt, seinen «wahren Charakter». Er versöhnt sich sogar mit der ehedem entfremdeten Familie. Auch Nerds haben Gefühle, so Couplands wenig subtile Botschaft.

Seine Ähnlichkeit mit dem Yuppie, der am Ende auch noch zu Emotionen fähig ist, ließ den Nerd jedoch immer unschärfer werden.

Noch deutlicher als bei Coupland wird diese Entwicklung in einer jüngeren Darstellung der Silicon-Valley-Kultur in Dave Eggers Roman «The Circle» (2013), der in einer Rezension sogar als «Philosophie und Anthropologie der Nerds» bezeichnet wurde.[34] Auch hier wird eine Hightech-Campusanlage zum Schauplatz eines neuen nerdigen Lifestyles. Der «Circle», dieser vermeintliche Garten Eden für Arbeitnehmer, wurde in der gleichnamigen Verfilmung von James Ponsoldt (2017) einige Jahre später visuell ausgestaltet. In einigen Anfangsszenen wird das Leben der Hauptprotagonistin Mae Holland (Emma Watson) charakterisiert, bevor sie bei der hippsten Firma der Welt, beim «Circle», angeheuert wird: Ihre Arbeitstage verbringt sie als Angestellte eines durchschnittlichen Kundendienstes zunächst in einem ungemütlichen, grauen Großraumbüro, muss sich unterwürfig und devot geben, verliert dadurch aber auch jede Motivation; die Arbeit selbst ist überwiegend langweilig und zu allem Überfluss auch noch schlecht bezahlt – Mae verdient nicht einmal genug, um ihren schwerkranken Vater finanziell zu unterstützen. Durch eine Freundin ergattert sie schließlich einen Job beim «Circle», einem – so scheint es – freundlichen Internetkonzern mit Sitz in Kalifornien. Bei ihrer ersten Führung über den «Campus» werden die weit verbreiteten Stereotype über die Firmen aus der Technologiebranche in der Bay Area aufgegriffen. Gläsern-transparente futuristische Gebäudekomplexe tragen die Firmenphilosophie visuell nach außen. Sie sind mit Technologien ausgestattet, die nirgends sonst in einem solchen Ausmaß und einer solchen Dichte zum Einsatz kommen. Im grünen Tal gibt es eigene Hubschrauberlandeplätze, Krankenstationen, Fitness-Anlagen, Friseure, Tagesstätten, eigene Bioanbauflächen, diverse Pool-Anlagen, Nachtclubs, Tier-Hotels, Trampolins, Kletterwände, Volley- oder Tetherballplätze und Hunde-Yoga-Stationen. Die Vögel zwitschern immer laut. Es gibt Spitzenrestaurants, in denen Sterneköche kostenlose Mahlzeiten für die Mitarbeiter kreieren, berühmte Popstars geben Gratis-Konzerte, und fast jeden Abend werden coole Partys gefeiert.[35]

In diesen Anfangsszenen wird die technoliberale Grundstimmung heraufbeschworen: Im Silicon Valley ist Arbeit nicht lästig, sondern komfortabel, sie ist nicht stumpfsinnig, sondern macht Spaß, ja, sie ist eigentlich gar keine Arbeit – sondern Freizeit. «If Work is to become Play then Tools must become Toys», lautete bereits 1975 das Motto der People's Computer Company, einer Organisation mit dem Motto «Alle Computermacht dem Volke», aus der später der berühmte «Homebrew Computer Club» hervorging.[36] Coupland bescheibt das typische Arbeitsethos im Silicon Valley noch relativ nüchtern. Bei Eggers wird es zunächst mit großem Pathos heraufbeschworen, dann aber in einer düster-kritischen Dystopie aufgelöst: Mae wird von einer anfänglichen Skeptikerin schließlich zur glühenden Jüngerin des «Circle», zu einer Vorzeigemitarbeiterin, die sich der Ideologie totaler Transparenz verschreibt und freiwillig rund um die Uhr eine vom Unternehmen entwickelte «SeeChange»-Kamera trägt. Die Grenze zwischen Arbeit und Freizeit, zwischen Öffentlichkeit und Privatheit, hat sich nun aufgelöst.

Verkörpert wird diese Entwicklung in erster Linie von den CEOs des «Circle»; sie werden die «Drei Weisen» genannt. Einer von ihnen ist Ty Gospodinov, «der visionäre Wunderknabe», er trägt «eine unscheinbare Brille und ein sehr weites Kapuzenshirt» und hat «dunkle[s] zerzauste[s] Haar.» Man sagt ihm «eine leichte Form des Asperger-Syndroms»[37] nach. Ty habe von sich selbst gewusst, dass er «bestenfalls sozial unbeholfen, schlechtestenfalls eine absolute zwischenmenschliche Katastrophe war». Ty entspricht folglich am ehesten der Figur des Computer-Nerds. Eamon Baily ist hingegen «das öffentliche Gesicht des Unternehmens, die Persönlichkeit, die jeder mit dem Circle verband», und erinnert an Steve Jobs. Und Tom Stanton, der «weltgewandte Boss und selbst ernannte ‹Capitalist Prime›», ist in seiner amoralischen Haltung kaum zu übertreffen (er «grinste wie der Wolf, der Rotkäppchens Großmutter gefressen hat»). In gewisser Weise bilden die drei Unternehmensgründer eine Art Nerd-Triptychon, auf dem unterschiedliche Entwicklungsphasen der Nerdfigur zur Anschauung geraten: Ty ist der zurückgezogene Computer-Bastler, für den Geld und Erfolg keine Rolle spielen; Eamon ist der technikliberale Utopist, der immerhin die Überzeugung verbreitet, dass das Netz die Gesellschaft freier und gerechter macht; für Tom sind Ideale demgegenüber höchstens ein Mittel zum Zweck (Reichtum). Er verkörpert den vom Kapitalismus eingeholten Nerd, der kaum mehr als solcher bezeichnet werden kann: «Er wirkte eher wie ein Wall-Street-Händler der Achtzigerjahre [...] Er war der Anachronismus im Circle, der protzige Boss».[38] Tom, so wird mit der Figur allerdings spekuliert, könnte nicht nur eine Erinnerung an die jüngere Vergangenheit, sondern möglicherweise auch ein Ausblick auf die Zukunft des Nerds sein.

Was Bill Gates für Couplands Protagonisten war, sind Ty, Eamon und Tom für die Mitarbeiter des «Circle»: Gottheiten für eine digitale Elite, die anbetungswürdig sind, weil sie für den «Glauben» an eine bessere Zukunft durch digitale Technologien stehen. Dass es sich bei diesem Glauben um eine kritikwürdige Ideologie handelt, wird besonders an Ty deutlich, der mittlerweile aus dem Untergrund gegen die Firmenpolitik arbeitet, die er für gefährlich hält.

Anhand dieses Nerd-Triptychons gelingt es Eggers, das technoliberale Ideenspektrum zu erfassen und gleichsam einer konkreten Kritik zu unterziehen. Im Prinzip wird der Technoliberalismus schon seit seiner Verbreitung in den 1990er Jahren von Kritik begleitet. Richard Barbrook und Andy Cameron gaben ihm 1995 den bis heute gängigen Titel «Kalifornische Ideologie», um auf die «Verschmelzung der kulturellen Boheme aus San Francisco» mit den «High-Tech-Industrien des Silicon Valley» anzuspielen.[39] Die Kalifornische Ideologie habe, so die beiden Autoren, aus dem «frei schwebenden Geist der Hippies» einen «unternehmerischen Antrieb der Yuppies» werden lassen.[40]

Wie dieser «freischwebende Geist» mittlerweile zum bloßen Lippenbekenntnis geworden ist, lässt sich an unzähligen Beispielen aus der Produktwerbung seit den 1980er Jahren nachvollziehen. Der Autor James Rushing Daniel schreibt abwertend vom «Tech Talk», der die neuen Technologien und Gadgets zu Werkzeugen der Weltverbesserung verkläre.[41] «Wollen Sie den Rest Ihres Lebens Zuckerwasser verkaufen, oder wollen Sie eine Chance, die Welt zu verändern?», soll Steve Jobs bekanntlich den damaligen Pepsi-Geschäftsführer John Sculley gefragt haben, als er ihn für Apple gewinnen wollte.[42] Und als Bill und Melinda Gates eine Rede für den Abschlussjahrgang der Stanford Universität im Jahr 2014 hielten, bekräftigten sie ebenfalls, man solle nicht nur einen Platz an der Spitze einnehmen – sondern anschließend unbedingt auch die Welt verändern.[43] Dabei trugen die beiden eigens gebastelte Nerd-Brillen. Und auch in der HBO-Comedyserie «Silicon Valley» (2014–2019) von Mike Judge beendet fast jeder Start-up-Unternehmer seinen Vortrag mit den Worten: «... und das wird die Welt zu einem besseren Ort machen». Der Nerd, so das Mantra, ist ein Weltverbesserer.

Bei den Mitarbeitern des «Circles» findet die Forderung nach totaler Transparenz, nach der Preisgabe jeglicher Anonymität im Netz, vor diesem Hintergrund sogar Zuspruch. Schließlich erscheinen die drei vorgetragenen Leitsätze des fiktiven Unternehmens – «Geheimnisse sind Lügen», «Teilen ist Heilen», «Privatsphäre ist Diebstahl» – erst einmal plausibel. Die Hauptfigur Mae nimmt die Kehrseite dieser tech-utopischen Litanei schließlich gar nicht mehr wahr: den völligen Verlust von Privatsphäre und das Leben unter permanenter Kontrolle, die Abhängigkeit von Kunden/Zuschauer-Ratings sowie die Entstehung einer neuen Klassengesellschaft.

«Der Traum [...] war es, eine Welt zu schaffen, die das Gegenstück zur industriellen, bürokratischen Welt der fünfziger und sechziger Jahre ist. Leben und Arbeit waren damals getrennt, man ging einer Arbeit nach, mit der man sich in aller Regel nicht identifizieren konnte. Man verlieh seinen Körper an eine Firma und fühlte sich fremdbestimmt, wie eine Maschine. Im Kommunenleben sollten Körper und

Geist, Leben und Arbeit, Familienleben und Produktionsstätte eine Einheit bilden. Der Kapitalismus, in dem wir heute leben und nicht mehr formell gekleidet zur Arbeit gehen, in dem die Grenzen zwischen Freizeit und Arbeit immer fließender werden, ist ein Erbe dieser Kommunenträume. Das ist einerseits sehr befreiend, aber andererseits sperrt es uns auch ein, weil die Arbeit nie endet.»[44] Der von Turner geschilderte dialektische Umschwung erzeugte neue Debatten, die rund um die Figur des Silicon-Valley-Nerds ausgefochten wurden. Nichtsdestotrotz hält der Technikoptimismus im Großen und Ganzen bis heute an, und jede Kritik gerät schnell unter Konservatismusverdacht.[45]

Anders verhält es sich mit der Kritik an großen Computerkonzernen und ihren Managern bzw. Gründern, zu denen die Nerds irgendwann geworden waren. Monopolkritik hat in Amerika eine gewisse Tradition, auch wenn sie nicht immer zwangsläufig gegen die Technik war. Man denke nur an die durch Dwight D. Eisenhower bei seiner Abschiedsrede im Januar 1961 populär gewordene Formel vom «Militärisch-Industriellen Komplex», die vor einer zu starken Verknüpfung staatlicher und privatwirtschaftlicher Bereiche im Schatten des Kalten Krieges warnte.[46] Auch in der kalifornischen Subkultur um Stewart Brand wurde sie zu einem wichtigen Schlagwort, um gegen den alten, gierigen Wall-Street-Kapitalismus aufzubegehren. Durch ihren enormen Erfolg waren die jüngeren Computer- und Internetkonzerne wie Microsoft oder Apple bald selbst nicht mehr vor einer solchen Kritik gefeit, mochten sie ursprünglich auch noch so sehr aus dem Geist alternativer Hippie-Kulturen erwachsen sein.

Folglich geriet auch der hyperkapitalistische Computer-Nerd immer stärker ins Visier. Man denke nur an eine Symbolfigur wie den Facebook-Gründer Mark Zuckerberg.

«Punk, Genie, Verräter, Milliardär» stand auf dem Film-plakat von David Finchers «The Social Network» (2010), ei-nem Biopic über Zuckerberg. In dem Film wird Zuckerberg (Jesse Eisenberg) zwar als Nerd eingeführt, dann aber als skrupelloser und größenwahnsinniger Drecksack entlarvt. Eingangs trennt sich seine Freundin Erica Albright (Ro/oncy Mara) mit folgenden Worten von ihm: «Du wirst dein Leben lang denken, die Mädchen mögen dich nicht, weil du ein Nerd bist. Doch das ist nicht wahr: Sie mögen dich nicht, weil du ein Arschloch bist!» Neben ihrer Geldgier scheinen sich die Angehörigen der zweiten Generation der Computer-Nerds also auch über ein übertriebenes Maß an Selbstbezo-genheit auszuzeichnen. Und sie wissen ihre Privilegien aus-zunutzen. Schon Barbrook und Cameron haben sich in «Die Kalifornische Ideologie» darüber empört, dass die utopi-schen Visionen des Silicon Valley letztlich von Anbeginn auf der gezielten Ausblendung einer Realität beruhen, die für den anderen Teil der Westküste konstitutiv ist: Rassismus, Armut und Umweltzerstörung.[47] Sie kratzt am positiven Image der nerdigen Plattformunternehmer.

DER PRIVILEGIERTE NERD

MÄNNLICH, WEISS, HETEROSEXUELL

Ein aufgeklappter Laptop thront auf einem hohen Stapel leerer weißer Pizza-Kartons. Eingebettet in ein Grafikdesign aus den 1990er Jahren läuft eine Diashow ab, die der Reihe nach Porträts von Gründern der weltweit erfolgreichsten Computerunternehmen zeigt. Wir sehen Bill Gates von Microsoft, Steve Jobs von Apple, Larry Page und Sergey Brin von Google, Jeff Bezos von Amazon, Mark Zuckerberg von Facebook, Nick Dorsey von Twitter, Kim Dotcom von Megaupload, Niklas Zennström und Janus Friis von Skype, Jonah Peretti von Buzzfeed, David Karp und Marco Arment von Tumblr, Jakob Lodwick von Vimeo, ich könnte endlos weiter aufzählen. Durch die grafischen Übergänge werden die triumphierend grinsenden Gesichter von «shark mark», «skype dude» oder «new media guy», wie die Bilder teilweise untertitelt sind, psychedelisch verzerrt. Dabei wird die Ästhetik der Post-Internet-Art übernommen. In trashigen Retro-Typografien wie Comic Sans werden Werbeslogans wie «Hot Creations» und «The Best Selection» eingeblendet, begleitet von dem Song «Boys of Paradise» von Unicorn Kid, das selbst wiederum als *cheesy* charakterisiert werden muss: als trashig, süß, nostalgisch. Zwischenzeitlich fliegen auch mal Geldscheine über den Bildschirm.

Die Videoinstallation der kanadischen Medienkünstlerin

und Programmiererin Jennifer Chan mit dem Titel «A Total Jizzfest»[1] von 2013 führt teils ironisch-amüsiert und teils böse-anklagend direkt vor Augen: Die heutige Medienwelt wird beherrscht von männlichen Protagonisten. Als «Jizzfest» bezeichnet man ein Gruppenmasturbationsspiel – zum Kräftemessen. Frauen sind davon logischerweise ausgeschlossen. Die Rache der Nerds, das wird in dem Video deutlich, ist nicht nur eine Rache an den ehemaligen (männlichen) Rivalen, sondern auch an den Frauen, von denen die Nerds einst genauso gepeinigt wurden, weil sie sich ihnen verwehrt haben. Jetzt sehen wir in Chans Video Milliardäre, die von Frauen umgarnt werden.

Bis heute ist die Frauenquote in technischen Berufen und besonders auch in der Informatikbranche sehr gering – und zwar nicht zuletzt deshalb, weil Frauen in den von Männern dominierten Arbeitsfeldern mit einer Reihe von geschlechtsspezifischen Problemen konfrontiert sind. Ihnen wird weniger zugetraut und sie müssen gegenüber den männlichen Kollegen einen überdurchschnittlichen Einsatz zeigen, um die gleiche Anerkennung und Akzeptanz zu erlangen. Das ist auch deshalb erstaunlich, da es eigentlich sehr viele Frauen gegeben hat, die eine bedeutende Rolle für die Entwicklung der Informatik spielten. Man denke nur an Ada Lovelace, die in jungen Jahren für die nie gebaute Analytical Engine (die mancherorts als erster Computer gilt) ihres Vaters Charles Babbage im Jahr 1843 eine Berechnungsanweisung entwarf, weshalb sie nachträglich als erste Programmiererin bezeichnet wird und zu einer weiblichen Ikone der Informatik wurde.[2] «Computer trugen Kleider», wie die ehemalige NASA-Mathematikerin Katherine Johnson es formuliert hat. Das war wörtlich gemeint, denn der englische Begriff «Computer» war ursprünglich eine Berufsbezeichnung für Personen, und zwar insbesondere Frauen, die Berechnungen ausführten.[3] Im 19. Jahrhundert wurde Rechnen sogar als eine weibliche Tätigkeit angesehen,[4] und noch während des Zweiten Weltkriegs galt Softwareentwicklung als Frauenberuf, da überwiegend Frauen als Programmiererinnen tätig waren. Schließlich war es die Mathematikerin und Physikerin Grace Hopper, die 1952 als Kapitänin bei der U. S. Navy den Compiler (A-0) für «UNIVAC I» entwickelte – den ersten in den USA hergestellten kommerziellen Computer, der große Bekanntheit erlangte, als eines seiner Exemplare vom Fernsehkonzern CBS zur Vorhersage der Präsidentschaftswahlergebnisse eingesetzt wurde und trotz einer sehr geringen Anzahl an Stichproben (sieben Prozent) das korrekte Ergebnis berechnete: dass Eisenhower mit großer Mehrheit gewinnen würde.

Die Liste einflussreicher Frauen im IT-Bereich lässt sich mühelos fortsetzen. IBM warb 1950 sogar mit einer Broschüre explizit Frauen an. Darauf abgebildet: ein Strauß violetter Blümchen, die um den Computer herumflattern, adressiert an «My Fair Ladies».[5] Von den 1950er bis 1980er Jahren ist die Frauenquote im IT-Bereich kontinuierlich angestiegen. Noch Mitte der 1980er Jahre wurden 40 Prozent aller IT-Jobs von Frauen ausgeführt. Danach sank die Quote. 1999 waren es nur noch 28 Prozent,[6] in den frühen 2010er Jahren lag die Quote bei 26 Prozent.[7] Um die Jahrtausendwende meldeten sich immer mehr Frauen aus der IT-Branche selbst zu Wort, nachdem bereits einige kulturwissenschaftliche Arbeiten zur Männlichkeit der Nerdfigur entstanden. Sie machten die Entstehung und Ausprägung einer spezifischen Nerd- oder Geek-Kultur für die Machtasymmetrie zwischen den Geschlechtern in den entsprechenden Berufen verantwortlich.

«Valley of the Boys» nannte Monika Khushf, selbst Programmiererin im Silicon Valley, ihre 1999 abgedrehte Dokumentation zu der Frage, warum Computeringenieure überwiegend männlich, ja Computer vorwiegend eine «Männersache» seien. Sie veranschaulicht die «geek culture» in filmischen Szenen, in denen sich ihre männlichen Kollegen mit Spielzeugpistolen über die Gänge jagen, endlos miteinander Tischfußball spielen, Videospiele zocken oder aufwendige Stadtmodelle aus Lego-Blöcken bauen.[8] Tätigkeiten, die neben dem Konsum von Junkfood und Coca-Cola als Bestandteil eines Lifestyles nicht zuletzt auch durch die Geschichten von Gates, Jobs und Co. kultiviert wurden. Hier macht sich erneut das Wechselspiel von Personen und Sozialfiguren bemerkbar, nach dem Menschen eine Figur als Narrativ für sich verwenden, es ergänzen, pointieren und damit neue oder zumindest stärkere Narrative in die Welt setzen, die dann wieder neu adaptiert werden können – allerdings nur noch von exklusiven Gruppen. So fühlt sich eine Kollegin, die Khushf interviewt, mit dem Nerd-Lifestyle sichtlich unwohl, da es ihr als Frau nicht gelingt, Teil davon zu sein. Während ihre männlichen Kollegen auch mit 30 oder 40 Jahren noch die nerdig-spielerischen, jungen Erwachsenen sein können, ist für sie im gleichen Alter eine andere Rolle vorgesehen: «Manchmal habe ich das Gefühl, dass ich die Mutter bin, dass ich keinen Spaß mache. Sie haben alle eine tolle Zeit [...] und ich sitze da und sage ‹Oh, bitte!›»[9] Eine andere Kollegin bestätigt, dass sich Frauen oft ausgeschlossen fühlen, wenn derartige Spielereien die einzigen verfügbaren Mittel der Bildung sozialer Netzwerke und geschäftlicher Beziehungen sind.[10]

Die Schwierigkeit für Frauen, eine Nerdfigur zu verkörpern, besteht also darin, dass Nerds gemeinhin Popkulturenthusiasten sind – wohingegen Frauen, wenn sie denn gerade nicht die traditionelle Rolle der Mutter einnehmen, das Prinzip des Populären selbst darstellen. Oder wie Thomas Hecken es formuliert hat: «Pop ist offensichtlich ein Mädchen.»[11] Im Gegensatz zu Männern oder Jungen werden sie – genauso wie die populäre Kultur – «für leicht verführbar [und] oberflächlich» gehalten. Als Produkte des Pop sind Frauen beziehungsweise Girls (wenn sie keine Mütter sind) demnach das Spielzeug für den popbegeisterten Nerd. So beginnt auch «Brotopia. Breaking Up the Boys' Club of Silicon Valley» von der Journalistin Emily Chang aus dem Jahr 2018 mit der Geschichte von Lena Söderberg, der Person hinter «Lena», dem meistverbreiteten Testbild in der Bildverarbeitung, das zu einer Kultfigur in Informatikerkreisen avancierte. Für Chang war dieses Testbild der erste Schritt in eine von Männern dominierte Computerbranche und der symbolische Ausschluss von Frauen aus dem Silicon Valley.[12] Denn bei «Lena» handelt es sich nicht um irgendein beliebiges Foto – vielmehr stammt das Bild aus der US-amerikanischen November-Ausgabe des Playboy von 1972. Chang, die seit Jahren für Bloomberg TV investigativ aus dem Silicon Valley berichtet, und zwar vor allem über den dort vorherrschenden Sexismus, hat mit einer ganzen Reihe von Frauen in der IT-Branche über «Lena» gesprochen. Das Bild wird bis heute an Universitäten in unzähligen Lehrbüchern oder Folienvorträgen eingesetzt, um die Funktionsweise verschiedener Algorithmen zu demonstrieren. Noch heute bringt es die ohnehin wenigen Frauen in Computer-Kursen in Verlegenheit, sexualisiert das weibliche Geschlecht in einer von Männern dominierten Gruppe und erinnert so stets aufs Neue an die Objektifizierung der Frau.

In ihrem Buch zeigt Chang an vielen Beispielen, wie mit dem Silicon Valley als Ort einer eigenen Nerd-Kultur die klassischen Geschlechterrollen in die Technik- und Computerbereiche transportiert wurden. Sie berichtet zum Beispiel, wie auf exklusive Events zwar oft mehr Frauen eingeladen werden – meistens aber nur die weniger einflussreichen, wohingegen unter Männern nur die «Big Shots der Tech Branche» anwesend sind. Dadurch würden Frauen aber insgesamt den Respekt ihrer Kollegen und Geschäftspartner verlieren. Das Silicon Valley, den Eindruck hinterlässt «Brotopia», ähnelt einer großen Studentenverbindung, ist ein riesiges männerdominiertes Netzwerk, in dem sich die Jungs gegenseitig kräftig unterstützen, um ihren Erfolg aufrechtzuerhalten. Chang illustriert das etwa anhand der sogenannten «PayPal-Mafia» – einer ehemaligen Gruppe von Mitarbeitern und Gründern von PayPal, die mittlerweile selbst erfolgreiche Geschäftsmänner im Silicon Valley sind, darunter auch Tesla-Chef Elon Musk. Und auch Chang macht den Siegeszug des männlichen Nerds für den Ausschluss der Frauen aus der Technologiebranche verantwortlich, da diese Figur ihnen keine Möglichkeit zur Selbstverwirklichung bot.[13]

Hier zeigen sich nun deutlich die gesellschaftlichen Folgen einer Figur, die bis heute überwiegend männlich konnotiert ist. Dass Frauen hier höchstens eine Ausnahme bilden können, kommt bereits in der Bezeichnung «weiblicher Nerd» oder «Nerdette» zum Vorschein: Diese Formulierung definiert den vermeintlichen Normalzustand des Nerds als explizit nicht-weiblich. Der weibliche Nerd wird also sprachlich als eine Ausnahme, nur als ein Sonderfall des Nerds identifiziert und steht damit ganz in der Tradition des patriarchalen Geschlechtsverhältnisses, in dem die Frau dem (vollwertigen) Mann gegenüber als minderwertig angesehen wird.

Der Nerd ist also gemeinhin ein Mann. Der Blick in die bisherige Geschichte der Figur hat aber gezeigt, dass er keinesfalls «typisch männliche» Eigenschaften verkörpert. Obwohl der Nerd als «schlaksige[r], unbeholfene[r], fast kindliche[r] Typ»[14] einerseits eine Feminisierung des klassischen Männerbildes darstellt – man denke an seine mangelnde Sportlichkeit, geringe Körpergröße und kraftlose Statur oder die fehlenden sexuellen Beziehungen zu Frauen –, so ist er doch in vielerlei Hinsicht innerhalb der binären Geschlechtsstereotype «hypermaskulin» oder sogar antifeminin gestaltet.[15] Er interessiert sich explizit nicht für Mode, sondern greift zu einfachen und funktionalen Kleidungsstücken, besitzt einen überdurchschnittlichen Intellekt und hat kein emotionales Einfühlungsvermögen – womit er wiederum die lange vorherrschende Annahme von der angeblichen Antisozialität des Männergehirns gegenüber der gesteigerten Empathiefähigkeit des Frauengehirns bestätigt.[16]

Noch bis ins Amerika des späten 20. Jahrhunderts galt: Ein «echter Mann» hat Muskeln und ist voll von Testosteron; männlich assoziierte Technologien implizieren entweder körperliche Arbeit (zum Beispiel beim Umgang mit Rasenmähern und Bohrmaschinen) oder die kraftvolle Unterwerfung bzw. gewaltsame Umgestaltung der Natur (durch Lastwagen und Traktoren) oder gar körperliche Gewalt (mithilfe von Panzern und Geschützen).[17] Männlich assoziierte Technologien werden also immer in Verbindung mit ihren direkten physischen Auswirkungen betrachtet. Demgegenüber verkörpert der Nerd die abstrakteren Technologien der Wissenschaft, die nicht annähernd so testosterongetränkt zu sein scheinen und deshalb einen Gegenpol zur normativen männlichen Identität bilden. Sie stehen damit gleichermaßen für zwei verschiedene technikphilosophische Grundannahmen. Im Sportler bildet sich die Technik als eine Veräußerung und Erweiterung des menschlichen Körpers ab – er ist ein «Prothesengott».[18] Er bedient sich technischer Artefakte, um seiner natürlichen Beschaffenheit Ausdruck zu verleihen. Im Nerd bildet sich hingegen die Technik als ein Werkzeug zum Ausgleich von Defiziten ab – er ist deshalb, mit Arnold Gehlen gesprochen, ein «Mängelwesen».[19] Liegt beim Prothesengott der Schwerpunkt auf der biologischen Beschaffenheit des Menschen, worin auch deutlich wird, welche Nähe dieses Konzept von Männlichkeit zu Misogynie und Rassismus aufweist, ist das Mängelwesen Nerd durch seine «zweite Natur» bestimmt, seine Fähigkeit, seine Mängel durch kulturelle Leistungen auszugleichen.

Lori Kendall hat 1999 in ihrem Essay «Nerd Nation: Images Of Nerds In US Popular Culture» gezeigt, dass die Männlichkeit des Nerds zwar zunächst ambivalent erscheint, aber dennoch beide Seiten seiner geschlechtlichen Identität – sowohl die männlichen als auch die weiblichen Aspekte – fester Bestandteil der «hegemonialen Männlichkeit» sind, wie sie von Raewyn Connells Mitte der 1990er Jahre definiert wurde.[20] Das heißt: Die Nerdfigur ist Bestandteil einer gesellschaftlichen Praxis, die die dominante soziale Position von Männern und die damit verbundene untergeordnete Position von Frauen erzeugt und erhält.[21] Das geschieht, indem der Nerd einerseits einigen klassischen Männlichkeitsidealen entspricht, während andererseits seine feminine Seite als Abweichung davon präsentiert wird – was die hegemoniale Männlichkeit unter veränderten Vorzeichen wiederum nur bestätigt. Nur wenige Männer vereinigen alle Aspekte hegemonialer Männlichkeit in sich oder entsprechen dem klassischen Männerstereotyp. Bereits Connell hat gezeigt, dass die Beziehungen zwischen den verschiedenen Formen von Männlichkeit ebenfalls zur Hegemonie beitragen: und zwar durch hierarchisierende Beziehungen der Allianz, der Dominanz und der Unterordnung.[22] Die Abwertung schwächerer oder homosexueller Männer bestätigt die Stärke und Macht der «echten Männer». Die Darstellung des Nerds bekräftigt also insofern die hegemoniale Männlichkeit, als dass zum einen Eigenschaften wie fehlende Attraktivität, körperliche Schwäche und sexuelle Inaktivität als Defizite gegenüber einer Norm dargestellt werden, während gleichzeitig Nerds gezeigt werden, die ebendiese Norm für sich selbst anstreben.

Dieser Mechanismus kann gut anhand von «Revenge of the Nerds» veranschaulicht werden. Von der ersten Filmminute an gieren Gilbert und Lewis nach jenen Frauen, die sie auf dem zukünftigen Universitätscampus erwarten werden – sie sind also explizit heterosexuell und besitzen die gleichen «Triebe» wie vermeintlich «normale» Männer. Frauen betrachten sie vor allem als Sexobjekte und wollen sie kontrollieren, wenn sie zum Beispiel mithilfe einer versteckten und ferngesteuerten Kamera die Studentinnen einer Verbindung in ihren intimsten Momenten beobachten. Lori Kendall zeigt ebenfalls an «Revenge of the Nerds», wie Nerdigkeit stets als Kompensation hegemonialer Männlichkeit inszeniert wird – nicht zuletzt, um dadurch aber selbst wiederum Teil der hegemonialen Gruppe zu werden. So nutzen die Nerds im Film neue Technologien, um ihre fehlende körperliche Stärke auszugleichen, etwa wenn für einen Sportwettbewerb der Speer manipuliert wird, um den «schlaffen Wurf» zu kompensieren. An einer anderen Stelle trickst Lewis die von ihm (sexuell) begehrte Studentin Betty (Julia Montgomery) aus, die eigentlich die Freundin des Quarterbacks Stan (Ted McGinley) ist, damit sie mit ihm schläft. Dies gelingt ihm, indem er sich auf einem Karneval mit der Maske ihres Freundes ausstattet. Betty verkündet nach dem Sex überrascht-ekstatisch: «Du hast ja Dinge mit mir gemacht, die Du bisher noch nie getan hast!» Als Lewis im Nachhinein seine wahre Identität enthüllt, stößt das Betty zwar zunächst ab, doch dann erinnert sie sich an das sexuelle Vergnügen und fragt: «Sind alle Nerds so gut wie Du?» Lewis bejaht diese Frage und erklärt, dass «alle Sportler an Sport denken; wir denken nur an Sex». Der Mangel an sportlichen Fähigkeiten wird also durch Virtuosität in einem anderen Bereich ersetzt. Betty gibt Stan dann für Lewis den Laufpass, macht damit aber nichts geringeres, so Kendall, als die Gemeinsamkeiten zwischen Sportlern und Nerds zu zementieren: nämlich dass beide männlich, heterosexuell und weiß sind.[23] Und auch in der Gewaltbereitschaft der Nerds gegenüber den Sportlern, wenn diese zum Beispiel den Hodenschutz der Football-Spieler mit «Liquid Heat» beträufeln oder im direkten Kampf den Schmerz ertragen mit der Begründung, «ein richtiger Mann zu sein», sieht Kendall die Bestrebung, Teil einer gemeinsamen Bruderschaft zu werden.[24] Schließlich erkennt U. N. Jefferson (Bernie Casey), Präsident der einzigen schwarzen Bruderschaft des Films «Lambda Lambda Lambda», in einer kleinen, aber aussagekräftigen Selbstkorrektur ausdrücklich den beabsichtigten Statuswechsel von Nerds zu Männern an, wenn er sagt: «Ich bin froh, dass ihr Nerds [...] äh Jungs endlich zurückgeschlagen habt.»[25] Das Motiv der Rache des Nerds umfasst letztlich die Bestrebung, den Zustand der Ungleichheit gegenüber dem vorherrschenden Männerbild zu beseitigen: einerseits durch die Anerkennung der Normalität mittels offenkundiger Kompensation (Nerds sind intellektuell überlegen, in anderen Fällen finanziell erfolgreich statt körperlich anziehend), andererseits durch das Vergnügen am (mal mehr, mal weniger gewaltsamen) Racheakt.

Während im Nerd also Männlichkeit ambivalent dargestellt wird, bestätigt sich der Ausschluss von Frauen dadurch nur. Auch in Cringeleys Dokumentarfilm «Triumph of the Nerds» wird ausdrücklich ein Unterschied zwischen Nerds und Frauen gemacht. Auf einem Elektromarkt in Kalifornien werden verschiedene Jungen interviewt, die fröhlich erzählen, dass sie die Bezeichnung «Nerd» keinesfalls stört, da sie ja wüssten, dass diese später die erfolgreicheren Menschen seien. Dann schwenkt die Kamera zu einer jungen Frau, die sich am Rand der Messe ausruht. Der vielleicht ironisch gemeinte, deswegen aber keinesfalls weniger zynische O-Ton dazu lautet: «Es ist kein Zufall, dass die einzige Frau hier gelangweilt aussieht, denn das hier ist eine Jungensache. Elektronik ist die Leidenschaft eines bestimmten Jungentyps. Wir nennen sie Ingenieure, Programmierer, Hacker und

Techniker, aber vor allem nennen wir sie Nerds.» Im Nerd, der durch seine Rache zu einem Akteur männlicher Vorherrschaft wurde, durch die Computerindustrie und die Etablierung des Internets an Macht und Einfluss in technischer, wirtschaftlicher und kultureller Hinsicht gewann, kommen erneut Männlichkeit und Macht zusammen – und wieder werden Frauen (und Transgender-Personen sowieso) davon ausgeschlossen.

Diese konsequente Exklusion geht zwangsläufig mit dem Erfolgsnarrativ der Nerdfigur einher. In dem Moment, in dem der Nerd durch seinen (insbesondere finanziellen) Erfolg wieder zum Mann wird, erscheint es im Umkehrschluss schwieriger, dass die Figur durch Frauen verkörpert wird. Und wenn sich dann eine Frau als Nerd inszeniert, so ist dies nolens volens auch eine emanzipatorische Geste.

Für Frauen kann die Nerdfigur zwar identifikationsstiftend sein, wie jede andere Figur auch; allerdings wird ihr Nerd-Status dann von männlichen Nerds und auch insgesamt gesellschaftlich meistens nicht anerkannt. Sich mit dem Nerd zu identifizieren, kann daher für Frauen und auch Transgender umso mehr ein feministisches Projekt sein oder wenigstens dazu dienen, tradierte Geschlechtsstereotype infrage zu stellen.

Am 23. Juni 2013 veröffentlichten die beiden Schwestern Angela und Aubrey Webber, die gemeinsam als die Band «The Doubleclicks» auftreten, ihr Musikvideo «Nothing to Prove» auf YouTube. In kürzester Zeit erreichte es über 1 Million Klicks und wurde unzählige Male geteilt. Es handelt sich bei dem Clip um eine in den Sozialen Medien gebräuchliche Form von Videoprotest.[26] Das Video ist ein Zusammenschnitt von kurzen Sequenzen, in denen Frauen selbstbeschriebene Schilder in die Kamera halten, mit denen sie auf unterschiedliche Weise verdeutlichen, warum sie nicht erst beweisen müssten, dass sie «echte» Nerds seien: Eine junge Frau mit Brille posiert vor ihrem Bücherregal und hält ein Blatt in die Kamera, auf dem steht: «Ich lernte lesen mit Comic-Büchern». Schnitt. Eine andere Frau wird eingeblendet, sie steht auf dem Gelände des CERN – der Europäischen Organisation für Kernforschung bei Meyrin im Kanton Genf in der Schweiz –, auf ihrem Schild steht: «Ich schreibe Codes für Teilchenbeschleuniger». Schnitt. «Ich LIEBE Video-Spiele, aber die Jungs sagen mir, ich sei keine ‹echte› Gamerin» heißt es auf dem Schild der nächsten jungen Frau. So geht es immer weiter: «Ich bin Wissenschaftlerin, KEINE Sekretärin.» – «Ich muss einen genderneutralen Benutzernamen verwenden, um überhaupt respektiert zu werden.» – «Mir wurde gesagt, ich würde mich recht schlau anhören – für ein Mädchen in einem rosafarbenen Rock.» – «Die Leute sagen, ich spiele Videogames nur wegen meines Freundes, dabei habe ich lange vor ihm damit angefangen.» Fast 250 Frauen seien der Einladung von «The Doubleclicks» gefolgt, ihren Erfahrungen als sogenannten «Geek Girls» mit kurzen Statements Ausdruck zu verleihen. Sie alle beschreiben eine gemeinsame Alltagserfahrung, nämlich permanent mit dem Vorwurf konfrontiert zu werden, nur ein «Fake» zu sein. Man könne keine «echte» Wissenschaftlerin, Gamerin, ja kein «richtiger» Nerd sein – als Frau. Das Video visualisiert, was Sherry Turkle schon in den 1980er Jahren festgestellt hat: dass der Computer und mit ihm sein meist männlicher Nutzer, der Nerd, zu einem kulturellen Symbol verschmolzen sind, das dem klassischen Bild der mitfühlenden, sozialen (und weniger intelligenten) Frau kontrastierend gegenübergestellt wird.[27]

Früher Vorläufer eines solchen Protests ist die von Amelia Wilson 1996 gegründete Webseite «NrrdGrrls», zu der sie laut eigenen Angaben motiviert wurde, als ein männlicher Kollege sich darüber lustig machte, dass sie zu einem Treffen weiblicher Internetnutzerinnen ging. «Was macht ihr denn da? Herumsitzen und euch mit Lippenstift ‹Nerd› auf die Stirn schreiben?», soll er sie hämisch gefragt haben. Ihre Antwort stellte sie in Form eines Manifests auf NrrdGrrls. com online. Darin thematisiert sie die Ohnmacht angesichts der bestehenden Rollenbilder und der Unmöglichkeit, diese zu erfüllen: «Warum fühle ich mich nie hübsch genug oder sexy genug? Warum sind Standards für Frauen so verdammt unerreichbar? Und warum darfst Du», wendet sie sich nun fiktiv an den Kollegen, «von Dir sagen ‹Ich bin ein Nerd, ich bin ein Spinner›? – Ich gebe auf und mache es auf meine Weise.»[28] Die Figur des weiblichen Nerd berührt dementsprechend zentrale Diskurse des Feminismus: die Kritik an der fehlenden Sichtbarkeit von Frauen (nicht nur) in dominierenden Bereichen wie Wissenschaft und Technik sowie an etablierten Frauenbildern und Schönheitsidealen – und nicht zuletzt die Frage nach der Möglichkeit einer Überwindung von geschlechtsspezifischen Schranken insgesamt.

Seit den 1990er Jahren tauchen mit «NrrdGrrls» und anderen Initiativen zunehmend auch weibliche Selbstentwürfe als Nerd auf, insbesondere in der im Entstehen befindlichen Netzöffentlichkeit. Auf Blogs schreiben Frauen zu Themen aus den Bereichen Technik, «Star Wars», Heavy Metal oder Rollenspiele und bringen sich in Hacker-Kontexte wie den Chaos Computer Club ein. Dabei unterscheiden sie sich kaum oder gar nicht von den männlichen Beschreibungen.[29] Auch in Filmen und Serien werden zunehmend Frauen gezeigt, die Beschäftigungen nachgehen, wie sie bislang überwiegend der männlichen Nerdfigur zugeordnet wurden.

Aber erinnern wir uns zunächst an die erste populäre weibliche Nerdfigur, an «Four-Eyes»-Lisa aus dem von Anne Beatts geschriebenen Saturday-Night-Live-Sketchformat «The Nerds» von 1978 zurück. Mit ihren großen Brillengläsern und ihrem Faible für Schach, besonders aber wegen ihrer Art, sich zu bewegen und zu sprechen, entsprach sie ganz und gar dem Nerd der 1970er und 1980er Jahre. Lisa ist ungelenk, ihr Körper driftet unkontrolliert in die verschiedensten Richtungen. Obwohl sie als klug markiert wird – sie ist von Büchern umgeben, außerdem ausgesprochen schlagfertig –, wirkt ihr Blick geradezu blöde und stumpf, ja sogar ein wenig behindert, wie ehedem auch bei Professor Kelp. Und wie bei der Darstellung von Kelp schwingt auch beim ersten weiblichen Nerd unterschwellig ein anti-intellektueller Gestus mit. Die gleiche Ambivalenz in der Figurengestaltung überwiegt insgesamt auch noch in den 1980er Jahren, wie etwa bei der Gestaltung des Gesichtsausdrucks und Lachens der beiden Hauptfiguren von «Revenge of the Nerds» deutlich wird. Die Talente der Figuren werden von ihrem asozialen und unverständlichen Verhalten überschattet. Beim Betrachter erzeugen diese Inszenierungsformen deshalb keine Faszination für die Besonderheit oder Intelligenz, sondern nur eine gewisse Abneigung. Wenngleich nerdige Personen damit eine breitere Sichtbarkeit und Akzeptanz erfuhren, so war es doch nicht erstrebenswert, so zu sein wie sie. Und auch wenn nun Nerds als Hauptfiguren zum Einsatz kamen, war doch stets klar, dass soziale Intelligenz mehr wert ist als die reine, instrumentelle Rationalität. In solchen Szenen sollte außerdem deutlich werden, dass das Fehlen sozialer Fähigkeiten «unnormal» ist, wohingegen fehlendes Denkvermögen bei sozialem Gespür nicht als Abweichung oder Handicap wahrgenommen wurde (eine Annahme, die auch noch in den Teen Movies der 1980er Jahre zur Geltung kommt). Diese überwiegend negative Beschreibung der Nerdfigur machte sie für ein feministisches Statement zunächst uninteressant. Man hätte sich damit als Frau lediglich in eine andere negativ besetzte Rolle begeben, die im Lichte verbreiteter anti-intellektueller Ressentiments ebenso wenig attraktiv war wie die der biederen Hausfrau.

Während das Pendant zum Nerd der bereits ausführlich diskutierte Sportler ist, handelt es sich beim Pendant zum weiblichen Nerd um das von Richard Dyer 1979 herausgearbeitete Stereotyp der «Dumb Blonde» – also der dümmlichen Blondine.[30] Eine Figur, die mit den großen Filmstars Hollywoods, mit «America's Sweetheart» Mary Pickford, mit Mae Murray und Blanche Sweet, Jean Harlow, Marilyn Monroe oder Carol Channing zu einer beinahe unerschütterlichen Popularität gelangte. Marilyn Monroe ist besonders hervorzuheben, da sie ausschließlich einfältige Frauen spielte, die oft nicht einmal selbst bemerken, wie ungebildet sie sind und dass sie ihre Jobs nur wegen ihres Aussehens behalten (wie zum Beispiel in «Monkey Business»).[31] Channing gab in einem Interview sogar unumwunden zu: «Ich musste nicht unbedingt klug sein [...] Ich musste einfach nur blond sein!»[32] Auch über die frühen Hollywood-Ikonen hinaus blieb das Stereotyp in den folgenden Jahrzehnten enorm wirkungsvoll, man denke etwa an die erfolgreiche Filmkomödie «Legally Blonde» von 2001, in der die Hauptfigur Elle (Reese Witherspoon) aufgrund ihrer blonden Haare für dumm gehalten wird, obwohl sie es gar nicht ist.

Weibliche Nerds sind hingegen oft brünett. Das passt wiederum zu der Diagnose des Soziologen Anthony Synnott, der 1987 in einem Essay über die «Soziologie der Haare» feststellte, dass (helles) blondes Haar in der westlichen Gesellschaft als eine «essentiell weibliche Farbe» angesehen wird, wohingegen (dunkles) braunes Haar als «primär männliche Farbe» gilt.[33] Hierin bestätigt sich nochmals, dass man der weiblichen Nerdfigur ihren Status als Frau teilweise aberkennt: Dass sie meistens brünett ist, macht sie ein bisschen weniger weiblich.

Aber noch eine weitere Eigenschaft ihrer dümmlich-blonden Gegenfigur ist beim weiblichen Nerd nicht aufzufinden: Sie ist weder selbst Verführerin, noch wird sie von anderen als sexuell anziehend empfunden. Weibliche Nerds entsprechen im Gegensatz zu den Dumb Blondes nicht dem vorherrschenden Schönheitsideal: Deren helle Haut, das glatte, blonde und wallende Haar werden als Zeichen einer geradezu «übermächtigen Schönheit» angesehen.[34]

Frühe Darstellungsweisen thematisieren weniger die Intelligenz der entsprechenden Frau, vielmehr dient diese lediglich dazu, sie als männlich, hässlich und sexuell nicht anziehend auszuweisen. Das gilt nicht nur für unsere erste weibliche Nerdfigur Lisa Loopner, sondern auch für die wenige Jahre später ins Fernsehlicht tretende Patty Greene (Sarah Jessica Parker) und ihre Freundin Lauren Hutchinson (Amy Linker). Sie sind die beiden Hauptprotagonistinnen der ebenfalls von Anne Beatts produzierten, in Deutschland zwar weitgehend unbekannten, von der US-amerikanischen Kritik allerdings für ihren realistischen Blick auf das Leben der Teenager gefeierten Sitcom «Square Pegs», die 1982 bis 1983 ausgestrahlt wurde.

Die Titelgebung bezieht sich nicht auf die für Spießer verwendete Bezeichnung «Square». Im Gegenteil: «Square Peg» nennt man eine Person, die ungewöhnlich ist, individualistisch, die einfach zu keiner gesellschaftlichen Gruppe passt. Dabei handelt es sich um die Abkürzung der Redensart «Square peg in a round hole»: Jemand sei «ein quadratischer Pflock in einem runden Loch», sprich: er oder sie passt nicht hinein, gehört nicht dazu. Die Redensart wird aber durchaus auch zur Selbsteinschätzung verwendet, dann fühlt man sich fehl am Platz, ist ein Außenseiter. Patty und Lauren sind also zwei Außenseiter-Nerds. Das erschließt sich nicht nur aus dem Titel, sondern auch aus der Optik: Patty ist klein, zierlich und trägt eine überdimensionierte Brille, Lauren hat eine

**Square Pegs,
1982–1983**

auffällige Zahnspange und kämpft mit ihrem Gewicht. Natürlich sind beide ausgesprochen unmodisch. Während Patty farblose Pullunder über farblosen Hemden bevorzugt, trägt Lauren gern auch mal eine etwas zu grelle, übergroße Latzhose. Doch darüber hinaus ist insbesondere Patty ausgesprochen kultiviert, intelligent und sehr reflektiert.

Anders als Lisa und Todd, die zwar ebenfalls zwei Außenseiter-Nerds sind, sich damit aber nicht nur abfanden, sondern sich in ihren Rollen sehr gut aufgehoben fühlten und diese sogar übererfüllten – was natürlich auch vom Sketchformat verlangt wird –, leiden Patty und Lauren darunter, Nerds zu sein und nicht dazuzugehören. Patty hasst ihre Brille, aber ihr Vater lässt sie keine Kontaktlinsen tragen – weil ihre Augen, wie er sagt, «noch wachsen». Mehr noch als Patty möchte Lauren von den beliebten Schülern akzeptiert werden, Teil ihrer Gruppe sein. Die Serie dreht sich darum, dass Lauren versucht, sich selbst und Patty irgendwie zu mehr Popularität zu verhelfen.

Wie Lisa Loopner haben sich auch Patty und Lauren nicht ausgesucht, Nerds zu sein. Die Nerdrolle dient ihnen (und auch der Produzentin Beatts) nicht dazu, vorhandene Geschlechterbilder zu hinterfragen. Was aber durchaus gelingt – wenn auch unabhängig vom Geschlecht: Hier wird in einer frühen Teenager-Sitcom und einige Jahre vor «Breakfast Club» auf einfühlsame Weise thematisiert, dass Rollenbilder für Jugendliche insgesamt mit Problemen verbunden sind, die Nerdrolle aber ganz besonders.

Die feminine Nerdfigur wurde in den 1980er Jahren dazu genutzt, Frauen und Mädchen als weniger weiblich und weniger schön zu markieren und dadurch als Ausnahmen einer bevorzugten Norm abzuwerten – oder eben diese Abwertung zu thematisieren. Umgekehrt haben Frauen sich die Nerdfigur nicht selbst anverwandelt, wohl weil die Figur zu diesem Zeitpunkt schlicht noch nicht attraktiv genug war. Dies änderte sich aber mit den bahnbrechenden Erfolgen der Computerindustrie und dem Einzug des Technikmotivs in die Nerdfigur: Plötzlich konnte mit der Inszenierung als Nerd auch eine Aufwertung einhergehen – und auch nerdige Frauen wurden zunehmend positiv wahrgenommen, was wohl zudem an einer wachsenden Sensibilität für feministische Themen gelegen haben dürfte.

Diese Verschiebung ist sehr gut an der Zeichentrickfigur Daria sichtbar, die zunächst nur als weibliche Nebenfigur in der US-amerikanischen Serie «Beavis and Butt-Head» auftrat, die von 1993 bis 1997 von dem Musiksender MTV ausgestrahlt wurde. Im Mittelpunkt der Serie standen Beavis und Butt-Head, was mit «Vollidiot und Arschgesicht» übersetzt werden kann, zwei männliche Teenager also, die allen voran als «dumm» charakterisiert werden. Sie sind schlecht in der Schule, können kaum lesen, haben keinerlei Fähigkeiten, sich auszudrücken, laufen ständig planlos in der Gegend herum und beschimpfen dabei sich selbst und die anderen. Den größten Teil ihres Lebens verbringen sie damit, vor ihrem Fernseher zu sitzen, Musikvideos anzuschauen und diese bei einer Portion Nachos zu kommentieren. Mit dem «kehlige[n] Röcheln, verblichene[n] Band-Shirts [und] angestrengte[n] Schwitzgesichter[n]» können sie zweifelsfrei als «strunzdumme Kotzbrocken» und «beispiellose Loser» angesehen werden.[35] Beavis und Butt-Head dienten MTV einer ironischen und offensichtlich sozialkritischen Auseinandersetzung mit ihren eigenen Zuschauern: gelangweilten Wohlstandsteenagern, sogenannten Schlüsselkindern (seit 1944 in den USA als «Latchkey Kids» bekannt[36]), die sich nach der Schule allein die Zeit vertrieben, weil ihre Eltern berufstätig waren. Die Sendung wurde zu Recht als «Sternstündchen des Vulgär-Nihilismus» beschrieben, denkt man an Szenen wie jene, in der Beavis und Butt-Head auf dem Dach ihrer Highschool stehen und lethargisch ihren eigenen Spuckefäden hinterherschauen.[37] Dabei wurden die beiden Protagonisten vor allem dafür gerühmt, dass sie «im Zeitalter von Political Correctness nicht politisch korrekt waren», wie es David Kronke in der Los Angeles Times zum Serienstart formulierte.[38]

Seit dem 1990 veröffentlichten Artikel «The Rising Hegemony of the Politically Correct»[39] von Richard Bernstein in der New York Times wurde immer massiver diskutiert,[40] ob es eine «Vorherrschaft des politisch Korrekten gebe», vor allem aber, inwiefern diese als Vorwurf vorgetragene Diagnose die «Bildungsinhalte der amerikanischen Reformbewegun-

gen seit den sechziger Jahren [...] negativ klassifiziert.»[41]
Tatsächlich war bereits die Überschrift Bernsteins eine War-
nung, die im Artikel dann weiter ausgeführt/konkretisiert
wurde: Insbesondere die Universitäten des Landes seien von
«einer wachsenden Intoleranz, einem Ausschluss von Debatten, einem Anpassungsdruck» bedroht.[42] Er berichtet von einem Aufenthalt an der Berkeley-Universität, wo er eine «inoffizielle Ideologie» bemerkte, in deren Sinne es eine ganze
«Reihe von Meinungen über Rasse, Ökologie, Feminismus,
Kultur und Außenpolitik» gebe, die als «‹richtige› Einstellung zu den Problemen der Welt definiert» würden. Schließlich machte er sich mit einem Studenten der Vergleichenden
Literaturwissenschaft gemein, der in einer Rede kundtat,
dass «ein politisch korrekter Diskurs eine Art Fundamentalismus» sei, der «vorgefertigte Meinungen» hervorrufe, zu
dessen Merkmalen «Hartnäckigkeit, Scheinheiligkeit, Ge-
reiztheit» und «ein Mangel an Humor» gehörten.[43] Bernsteins Artikel löste eine Kettenreaktion aus. Eine Main-
stream-Publikation nach der anderen begann, «political
correctness» als neuen Trend anzuprangern – heute ist
eine solche Einschätzung nur noch in sehr konservativen
Medien aufzufinden. Im Dezember des gleichen Jahres ti-
telte das Nachrichtenmagazin «Newsweek»: «THOUGHT
POLICE» – eine Anspielung auf George Orwells Klassiker
«1984», in dem eine allgegenwärtige «Gedankenpolizei»
permanent die Bevölkerung überwacht. Im Untertitel heißt
es: «Es gibt eine ‹politisch korrekte› Art und Weise, über
Rasse, Geschlecht und Ideen zu sprechen. Ist dies die Neue
Aufklärung – oder der Neue McCarthyismus?»[44] Eine ähnli-
che Geschichte zierte die Titelseite des «New York Magazine» im Januar 1991. Im Artikel wurde verkündet, dass
«die neuen Faschisten» nun die Universitäten übernehmen
würden.[45] Was man auch tue oder sage, so die Klage, man
werde sofort als «Rassist» beschimpft, denunziert, gehasst.

Es setze sich ein neuer Fundamentalismus durch, schimpft John Tayler, der Autor des Artikels, «ein Faschismus der Linken». Empört stellt er fest: «Selbst Da Vinci wird nun nur noch als weißes männliches ‹Arsch***› gedacht.» Und dass nun die großen Persönlichkeiten aus dem eurozentrischen Kanon, ja dass selbst Aristoteles, Jefferson und Freud in Verruf geraten, erinnert den Autor an die Bücherverbrennung durch die Nazis in den 1930er Jahren. Außerdem sei es wahrlich eine Ironie des Schicksals, dass gerade die Generation, die besonders für Meinungsfreiheit einstehen wolle, nun versuche, das Verhalten und die Sprache der Menschen einzuschränken und zu kontrollieren.

In den frühen 1990er Jahren nahmen die noch heute viel diskutierten Debatten um den Begriff der «political correctness» also ihren Anfang. Und schon in diesen frühen Artikeln ist eine unausgesprochene, aber traditionsgemäß geschlechtliche Zuordnung zu vernehmen, nämlich dass «Schuld» und «Täter» männlich, «Unschuld» und «Opfer» hingegen weiblich kodiert sind. Ganz in diesem Sinne ist auf dem Cover der besagten Ausgabe des «New York Magazine» eine junge Frau zu sehen, ihre Haut ist rosig-zart, ihre Augen sind blassblau, ihre Haare natürlich-blond. Sie blickt dem Betrachter direkt in die Augen – allerdings nicht streng-fordernd, sondern zuversichtlich-lieb. In großen schwarzen Buchstaben steht direkt über ihr Gesicht gedruckt: «Bin ich schuldig an Rassismus, Sexismus, Klassismus? Bin ich schuldig an Altersdiskriminierung, Behindertenfeindlichkeit, den Stereotypen auf Grund des Aussehens? Bin ich logozentrisch? Sage ich ‹Indianer› anstatt ‹amerikanischer Ureinwohner›?» Hinter diesen fett gedruckten Zeilen soll die junge Frau zweifellos Unschuld verkörpern. Die Fragen richtet sie dabei keinesfalls an sich selbst, sondern als eine Art schlechtes Gewissen an die Leser: Sind Sie «politically correct»? Im Artikel sind es dann Männer, die mit ihren Täter- bzw. Schuldzuweisungen kämpfen – und versuchen, den Spieß umzudrehen und sich stattdessen selbst als Opfer zu inszenieren. Ein Professor der Harvard Universität, und dann natürlich noch die großen Denker der Weltgeschichte, wie Aristoteles – sie alle würden zu Unrecht der Misogynie oder des Rassismus bezichtigt. Tayler macht sodann auch den Feminismus für diese Entwicklung verantwortlich: «Die Feministinnen haben sich mit revolutionärer Rhetorik auf den Weg gemacht, dieses System [den Phallozentrismus] zu stürzen.» Die Männer als Verkörperungen der Schuld, die Frauen als Verkörperung der Unschuld: Dagegen versucht sich der Journalist einerseits zu wehren, andererseits bestätigt er das Klischee. In jedem Fall wird diese geschlechtliche Zuordnung allein dadurch bewiesen, dass man sich an ihr abarbeitet – ob nun versucht wird, den Männern ihre Schuld abzusprechen, oder absichtlich eine Frau (Camille Paglia) eingeladen wird, um ‹political correctness› als den «Faschismus der Linken» zu kritisieren.[46]

Aber zurück zu Daria in «Beavis und Butt-Head». Ist Daria eine von den Gegnern der political correctness verachtete Feministin? Wie politically correct die weibliche Nerdfigur ist, die einzige relevante Frauenfigur in der Serie, kann nur erahnt werden, weil ihre Auftritte dazu viel zu kurz und selten waren. Jedenfalls wurde sie aufgrund ihrer klugen Kommentare von Beavis und Butt-Head als «Diarrhea» (Durchfall) beleidigt und ist insgesamt in jeder Hinsicht das Gegenteil der beiden Hauptprotagonisten: eine kluge Musterschülerin, die immer in der ersten Reihe sitzt. Insgesamt ist die Serie als ein Comedy-Format einzuordnen, das nach allen Seiten austeilt: sowohl in Richtung der wenn auch nicht explizit, so doch implizit feministischen intellektuellen Frau, die über allen anderen steht und sie von oben herab betrachtet, als auch gegen den «einfachen», dümmlichen, absichtlich völlig un-

Daria, 1997–2002

politischen Mann, der es nicht leiden kann, wenn jemand von oben auf ihn herabschaut.

1997 bekommt Daria eine eigene und gleichnamige Spin-Off-Serie. Im Intro wird sie in kurzen Alltagsszenen geradezu als Prototyp des weiblichen Nerds eingeführt: Während das übrige Publikum im Kino mit den Leinwandfiguren emphatisch mitempfindet und ausgelassen lacht, bleibt Daria unbeeindruckt. Beim Volleyball fliegen die Teammitglieder engagiert über das Feld, Daria bewegt sich desinteressiert in Zeitlupe. Im Schulflur wird ein blondes Cheerleader-Mädchen von einem Football-Spieler vor ihrem Spind angemacht, Daria steht erst teilnahmslos daneben, erschreckt die beiden dann mit einer Trillerpfeife und öffnet den mit Büchern vollgestopften Schrank. Bei einer Trauung verfolgen die Gäste gerührt das Geschehen, Daria liest die Tageszeitung.

Die erste Folge der Serie beginnt mit ihrer Ankunft an einer neuen Schule. Daria ist unnahbar, trocken, sarkastisch bis zynisch – im Gegensatz zu ihrer Schwester, die als gutaussehendes, blondes, freundliches (aber Daria intellektuell unterlegenes) Mädchen von den anderen sofort für «cool» befunden wird. Ganz anders bei Daria: Ihre Art, auf Wissen zuzugreifen, finden selbst ihre Lehrer «verdächtig». Und tatsächlich erinnert sie ein wenig an Dexter, in dem sich der Computer eingenistet hat, wenn sie Fragen geradezu mechanisch beantwortet, als würde sie schlichtweg einzelne Informationen ausgeben, ohne Fehler, ohne rhetorischen Schmuck und ohne dabei auch nur eine Miene zu verziehen. Lediglich einen Test der Schulpsychologin kann sie nicht bestehen und passt damit erneut gut in das Bild einer Nerdfigur.

Bei ihrer Bewertung hat sich im Vergleich zu früheren Nerdfiguren nun aber einiges geändert. Zwar ist Darias gutaussehende Schwester bei den Mitschülern begehrt, tatsächlich wird sie den Zuschauern aber als langweilig und beschränkt vorgeführt. Darias Antworten auf den Psychologie-Test werden von der Lehrerin als eine Persönlichkeitsstörung eingestuft, tatsächlich sind sie aber ausgesprochen kreativ und witzig. Man wundert sich als Zuschauer regelrecht über das Verhalten der anderen – und erhebt sich gemeinsam mit Daria über das Geschehen. Als ihre Mutter sie zur Rede stellt und nachfragt, warum die Schulpsychologin sie in die Klasse für Schüler mit geringem Selbstwertgefühl gesteckt hat, sagt Daria: «Ich habe kein geringes Selbstwertgefühl. Ich habe eine geringe Wertschätzung für alle anderen.»

Die Identifikation mit der Nerdfigur ist hier plötzlich ein Selbstläufer, man findet Daria cool. Dass es sich dabei keinesfalls um eine rückblickende Idealisierung einer Serienfigur aus den 1990er Jahren handelt, zeigt sich gut in zeitgenössischen Reaktionen. Daria ist keine Anti-Heldin mehr, sondern eine Heldin, ja, ein «MTV Star», worin die Journalistin Andrea Higbie einmal mehr die «Rache der Nerds» erkennt, wie es gleich in der Überschrift ihrer Rezension der Serie in der New York Times heißt.[47] Sie beschreibt ihre Fernseherfahrung: «Bei ‹Daria› sind alle, die beliebt sind oder gut aussehen, spektakulär dumm, während Daria [...] clever ist.»[48] Dass ihr elfjähriger Sohn Daria nicht nur mag, sondern sie sogar ziemlich lustig findet, überrascht die Autorin ein wenig. Weil eine positiv dargestellte «Anti-Barbie» in Highschool-Filmen in den 1990er Jahren wohl bei weitem noch nicht so üblich war wie heute. Vielmehr war die Musik-, Film- und Fernsehwelt der «Happy Nineties» beherrscht von schlanken, weißen, blonden Mädchen im Girl-Look – auch wenn dieser zum Teil postfeministisch war, sprich: sich die Protagonistinnen bewusst für die – zuvor als solche dekonstruierte – weibliche Identität entschieden, was durch Slogans wie «Girl-Power» markiert werden sollte. Zu denken wäre hierbei an Cher Horowitz (Alicia Silverstone) aus der Teenager-Komödie «Clueless» von 1995. Angesichts dieser breit etablierten Girl-Kultur überrascht es daher auch nicht, dass der TV-Kritiker John J. O'Connor ebenfalls in der New York Times schwärmte, Daria sei die prächtigste Außenseiterin, die er jemals zu Gesicht bekommen habe: «Ich glaube, ich bin verliebt.»[49] Er lobte den «unverzichtbaren Frischluftschub», den die Figur in die Popkultur gebracht habe[50] – und hat damit noch aus heutiger Perspektive völlig Recht.

Ausgehend von Daria nimmt die weibliche Nerdfigur zwei Abzweigungen: In der ersten Variante löst sie sich vom optischen Stereotyp, behält aber einige wesentliche Eigenschaften bei – zum Beispiel das Faible für Computer, die Intelligenz oder den Außenseiterstatus. Zwei prägnante Beispiele hierfür sind Clarissa Darling (Melissa Joan Hart) aus der Comedyserie «Clarissa Explains It All» (1991–1994) und Willow Rosenberg aus der Serie «Buffy the Vampire Slayer» (1997–2003).

Die Sitcom «Clarissa Explains It All» präsentierte öffentlichkeitswirksam im Teen-Format ein Mädchen mit besonderer
Affinität für Computer: Clarissas Haupt- und Lieblings-
beschäftigung ist es, Computerspiele zu entwerfen. Darüber
hinaus ist sie – insbesondere im Kontrast zu sonstigen weiblichen Hauptdarstellerinnen – überaus individualistisch, besitzt einen ausgefallenen und ungewöhnlichen Kleidungsstil,
hält sich als Haustier einen Mini-Alligator und sammelt Rad-
kappen von Autos. Clarissa ist zwar keine typische Nerdfigur, aber doch mit einigen Eigenschaften ausgestattet, die
als «nerdig» durchgehen. So besteht jede Folge der Sitcom
aus einem Rache-Akt gegen ihren kleinen Bruder Ferguson,
der anders als Clarissa ein stiltypischer Streber ist (dem es
vor allem darum geht, bestehende Erwartungen überzuerfül-
len). Bei Clarissa dient die Referenz auf die Nerdfigur dazu,
das klassische Teen-Movie-Girl zu dekonstruieren und die
strengen Geschlechtszuschreibungen aufzulösen. Alligatoren
und Radkappensammlungen hatten so gar nichts Mädchen-
haftes. Clarissa hat Gaming und Kreativsein am Computer
für junge Frauen attraktiv gemacht und sich Attribute der
Männlichkeit souverän angeeignet, ohne dass es irgendwie
aufgesetzt oder künstlich gewirkt hätte. Zu Recht nannte
John J. O'Connor die Serie eine «kulturelle Revolution».[51]
Hier lässt sich durchaus von einer empowernden Protagonis-
tin sprechen. Sie stellt das System nicht gänzlich infrage –
wie Daria, bei der es nicht zuletzt um die völlige Entwertung
des Status quo geht –, sondern adressiert ganz gezielt (junge,
hippe) Frauen und dient ihnen als positives Vorbild, ja motiviert sie, es ihr gleichzutun.

Ein bisschen anders, aber nicht weniger bahnbrechend ist
Willow Rosenberg, die «schüchterne Computerhackerin»
aus «Buffy the Vampire Slayer», «eine ungeheuer belesene
und von den meisten Mitschülern als ‹seltsames Mädchen›
gemiedene Jüdin»[52] – wie sie Dietmar Dath in seinem eigens

der Serie gewidmeten Buch «Sie ist wach» (2003) liebevoll beschrieben hat. Willow ist Teil der sogenannten «Scooby Gang» um die Hauptfigur Buffy Summers und nimmt innerhalb der Gruppe als intelligente Nicht-Blondine dieselbe Position ein wie einst Velma bei Scooby Doo.

Die Serie beginnt damit, dass die 16-jährige Buffy mit ihrer Mutter Joyce in die scheinbar typische kalifornische Kleinstadt Sunnydale zieht. Was sie zu diesem Zeitpunkt nicht wissen: Das Städtchen ist über dem sogenannten Höllenschlund (Hellmouth) gelegen, der Brutstätte aller Mächte der Finsternis. Buffy, auf den ersten Blick ein «normales», «weißes» Upper-Middle-Class-Highschool-Mädchen, entpuppt sich auf den zweiten Blick als Vampirjägerin und zugleich als «die Auserwählte». Im Vorspann der Serie erfährt man: «Aus jeder Generation wird ein Mädchen auserwählt. Eine Jägerin, die sich allein dem Kampf gegen Dämonen und Vampire, gegen die Mächte der Finsternis stellen muss.» Das Hauptmotiv von «Buffy» ist die Sehnsucht, gesellschaftlichen Idealbildern zu entsprechen, daran aber zu scheitern. So möchte Buffy am liebsten ein «ganz normales» Mädchen sein, das ein «ganz normales» Leben führt, mit Schule, Sport, Freunden und Jungs. Ein alter (weißer und männlicher) Orden, der sogenannte «Rat der Wächter», erlegt ihr aber die Bürde des Auserwähltseins auf.

Willow steht als Nerdfigur in diesem Ensemble zunächst für die Normalität des Highschool-Alltags. Bei ihr geht es weder um Provokation noch um Empowerment, sondern vielmehr um die möglichst realistische Abbildung einer sehr individualistischen Frauenfigur. Das ihr anhängende Stereotyp «Nerd», um das sie auch selbst weiß, kann deshalb auch im Verlauf der Serie mühelos ausgetauscht werden, und zwar durch ein nicht minder feministisch motiviertes: das der mächtigen Hexe. Schließlich wird aus der anfänglich guten eine böse Hexe, die man in Anspielung auf die Star-Wars-

Filme «Darth Rosenberg» nennt, worin sich der Nerd und die Hexe sogar berühren.

Mit Clarissa oder Willow, die noch ergänzt werden können durch eine Reihe anderer kluger, individualistischer, nerdiger Frauen wie Lindsay Weir (Linda Cardellini) aus «Freaks and Geeks» (1999–2000) oder Rory Gilmore (Alexis Bledel) aus der Serie «Gilmore Girls» (2000–2007), nahm der weibliche Nerd einen Weg, der es Frauen ermöglichte, typische Rollenbilder zu verlassen, dennoch positiv wahrgenommen zu werden und damit auch als Vorbild zu fungieren.

Kann demnach die Verkörperung einer Nerdfigur durch weibliche Protagonistinnen emanzipatorisch sein? Bieten sie die Möglichkeit, dem sonst in Film und Fernsehen noch immer verbreiteten «männlichen Blick» auf die Frau zu entkommen? Kann mit dem Nerd der von Laura Mulvey 1975 identifizierte «Male Gaze» überwunden werden, der die Frau zum passiven Objekt, zum Bild macht, den Mann hingegen zum aktiven Subjekt, zum Betrachter des (Frauen-)Bildes?[53] In den beiden genannten Beispielen ist es gelungen. Das lag vor allem an den besonderen Figurenkonstellationen in den beiden Serien: So werden weder Clarissa noch Willow einer männlichen Figur unterstellt, indem sie diese, wie sonst in Teen Pics üblich, anhimmeln oder von ihnen begehrt werden. Clarissa hat zwar einen Freund, Sam (Sean O'Neal) – dieser ist aber nur ein Kumpel. Willow ist anfänglich in die patriarchale Kultur verstrickt, insofern sie nach dem «männlichen Blick» giert. Sie ist in ihren besten Freund Xander (Nicholas Brendon) verliebt und fühlt sich durch dessen anfängliche Ablehnung defizitär. Schließlich geht sie aber eine liebevoll-romantische lesbische Beziehung mit Tara (Amber Benson) ein, die es umgekehrt auch Willow erlaubt, als Frau autonom zu sein.

In der zweiten Variante entwickelte sich die weibliche Nerd-figur allerdings in eine weniger erfreuliche und beinahe anti-emanzipatorische Richtung. Solche weiblichen Nerds blieben lediglich dem optischen Stereotyp treu – nicht um klassische Frauenbilder zu überwinden, sondern um ihr Fehlen zu be-klagen. Hierfür wird die weibliche Nerdfigur in die Ge-schichte des hässlichen Entleins eingebettet – das sich am «Happy End» in eine Prinzessin verwandelt. Natürlich sind die Entlein beinahe immer brünett und die Prinzessinnen durchweg blond. So sehen wir beispielsweise in «She's All That» (1999) mit Laney Boggs (Rachael Leigh Cook) eine brünette Hauptprotagonistin mit Brille, die zwar einige As-pekte der Nerdfigur positiv interpretiert – etwa indem das Autistische als Leidenschaft (für Kunst) ausgelegt wird –, aber am Ende doch dem negativen Nerd-Bild verhaftet bleibt. Wie die männlichen Nerds als defizitär gegenüber den Sportlern dargestellt werden, deren Rache letztlich nur durch die Kompensation fehlender «männlicher» Eigenschaften möglich wird, so ist auch Laney Boggs als weibliche Nerd-figur ein ausgeprägtes Mängelwesen und wird erst nach ihrer Verwandlung zur Prinzessin von allen akzeptiert. Die Ent-wicklung vom super-schüchternen Kunst-Nerd zur nächsten Prom Queen ihrer Highschool unterscheidet sich aber von der Karriere männlicher Nerdfiguren: Letztere müssen zwar kompensieren und tricksen, bleiben aber am Ende immer sie selbst. Sie werden nicht zu gutaussehenden Quarterbacks. Und wenn sie sich doch verwandeln – wie Professor Kelp oder Steve Urkel –, dann sehnt man sich nach den alten Persönlichkeiten zurück, und es erfolgt auch immer eine Rückverwandlung. Bei weiblichen Nerds, die zur Prinzessin werden, wird suggeriert, die Schönheit der Frau sei das «Ei-gentliche», das nur durch Brille, schlechte Frisur und merk-würdige Interessen verdeckt ist und freigelegt werden muss. Zwar wird Laney Boggs nicht dazu verpflichtet, ihr Faible für Kunst abzulegen, aber sie wird am Ende zusätzlich dazu verdammt, schön zu sein – und verliert ihren Nerd-Status.

Die Rolle des Nerds für Frauen kann zwar durchaus emanzipatorisches Potential haben. Mindestens gelingt es, geschlechterspezifische Figuren als solche sichtbar zu machen und infrage zu stellen. Doch sie bergen gleichermaßen Gefahren. Entweder, weil die «Weiblichkeit» zugunsten der Annahme einer männlichen Identität verdrängt bzw. verleugnet wird – oder aber, weil die Nerdfigur aufgrund ihrer «Hässlichkeit» zu einer Abwertung der jeweiligen Frau führt, die den geschlechterspezifischen Anforderungen nach schön zu sein hat. In beiden Fällen erhält die Nerdfigur aber die Geschlechterpolarität aufrecht. Obwohl es mittlerweile viele Verkörperungen des Nerds durch Frauen gibt, hat das auf die allgemeine Wahrnehmung der Figur als männlich keinen größeren Einfluss genommen und auch nur geringfügige Veränderungen in Gang gesetzt: Vielmehr bestätigen die Abweichungen die Figur.

«BLERDS» UND «BLACK GIRL NERDS»

ANEIGNUNG ODER ANPASSUNG?

«Blerds» – so lautet die zusammengezogene Kurzform für «Black Nerds». Dabei deutet sich schon an, dass nicht nur weibliche Nerds, sondern auch Schwarze Nerds als Abweichung von der Sozialfigur gelten. Und sich auch selbst als eine solche Abweichung begreifen.

Wie das Geschlecht ist auch die Hautfarbe nicht nur ein körperliches Merkmal, sondern insbesondere ein kulturelles Konstrukt, das allerdings schwieriger zu überwinden ist. Zwar gibt es Fälle von «Racial Passing», in denen Personen, die aufgrund körperlicher Merkmale, besonders der Hautfarbe, einer bestimmten «race» zugeordnet wurden, in eine andere wechselten – meistens musste erzwungenermaßen die weiße Identität adaptiert werden. Historisch war das allerdings oft nur für People of Color mit relativ heller Hautfarbe möglich und mit der Notwendigkeit verbunden, kulturelle Wurzeln zu kappen.[1] Das gilt bis auf wenige Ausnahmen auch heute noch. Eine kulturelle Identität zu wechseln – was freilich nicht immer gewollt ist, sondern häufig auch eine Folgereaktion von Ausgrenzung und Diskriminierung darstellen kann –, ist wegen augenscheinlicher körperlicher Merkmale höchstens dadurch möglich, die mit dem Geschlecht oder der Hautfarbe verbundenen kulturellen Traditionen aufzugeben. Etwa wenn Frauen sich kultureller Codes bedienen, die bis dato für Männer vorgesehen waren, um mithilfe von deren Identität auch damit verbundene Privilegien zu erhalten. Das wurde vielfach durch verschiedene Feminismen kritisiert – und der damit verbundene Erfolg infrage gestellt. Differenzfeministen sahen darin eine Leugnung, Postfeministen die Aufrechterhaltung der Geschlechterpolarität. Gelöst wurde das Dilemma im Grunde, indem man in der feministischen Theorie begann, das Geschlecht als relevante Kategorie für obsolet zu erklären und die Polarität durch den Hinweis aufzulösen, dass es sowohl biologisch als auch (und vor allem) soziokulturell mehr als zwei Geschlechter gebe. Die Möglichkeiten individueller Identitätskonstruktion sind für People of Color bis heute begrenzter, auch wenn 2015 im Zusammenhang mit dem Fall von Rachel Dolezal, einer weißen Hochschullehrerin, die sich als Schwarze ausgab, in Amerika heftig diskutiert wurde, ob es analog zum «transgender» nicht auch ein «transracial» geben könne, da doch beides gleichermaßen soziokulturelle Konstrukte seien.[2] Doch im Präzedenzfall Dolezal wurde «transracial» als Cultural Appropriation gedeutet, sprich: «mit den Mitteln weißer dekonstruktivistischer Essentialismuskritik, [den] Schwarzen [gesagt], wie sie ihre Kultur zu definieren haben» – wie es Nils Markwardt treffend formulierte.[3]

In der entgegengesetzten Richtung ist die Aneignung weißer Kultur durch People of Color, um Benachteiligungen und Diskriminierungen zu entgehen, oftmals mit einer Leugnung ihrer eigenen verbunden. In der Geschichte der Populärkultur wurde dafür vielfach die Nerdfigur verwendet, da der weiße männliche Nerd nachgerade das soziokulturelle Gegenteil vom Schwarzen Mann ist.

Ron Eglash hat gezeigt, inwiefern die beiden Figuren zwei

konträre Rassismen verkörpern: Im Nerd lebe der Orientalismus und im Schwarzen der Primitivismus fort. Der primitivistische Rassismus sieht in Schwarzen Personen Menschen, die keine Kultur besitzen, sondern in besonderer Weise mit der Natur verbunden sind, weshalb sie durch unkontrollierte Emotionen und direktes Körperempfinden charakterisiert werden. Der orientalistische Rassismus beschränkt asiatische Menschen hingegen darauf, zu komplex und abstrakt, unnatürlich und frei von Emotionen zu sein und sich nur um Geld oder eine unergründliche spirituelle Transzendenz zu kümmern.[4] So existiert das rassistische Stereotyp von Schwarzen als Übersexuelle und Asiaten als Untersexuelle, wobei «Weißsein» als perfekte Balance zwischen diesen beiden Extremen dargestellt wird. Bis heute werden in amerikanischen Serien und Filmen asiatische Menschen als Nerds dargestellt und Afroamerikaner als «Anti-Nerd-Hipster». «Weißt du, was ein Nerd ist?», zitiert Eglash den Popmusiker Brian Eno: «Ein Nerd ist ein Mensch ohne genügend Afrika in sich.»[5] Oder wie es der YouTuber T1J in einem erfolgreichen Video über Black Nerds ausdrückt: «In der Populärkultur wird ‹uncool› oft definiert als Abwesenheit von ‹Blackness›.»[6]

In einer Reihe von Verkörperungen der Nerdfigur durch People of Color zeigt sich, dass es – mit Donna Haraway gesprochen – nicht ausreicht, «die semiotischen Werte einfach umzukehren.»[7] Trifft das auch auf Steve Urkel zu, den Schwarzen Nerd aus der Sitcom «Family Matters»? Sosehr Urkel dafür gelobt wurde, emanzipatorisch zu wirken und ein längst überfälliges Sinnbild dafür zu sein, dass auch Schwarze als Nerdfiguren naturwissenschaftliches Interesse und überdurchschnittliche Intelligenz besitzen können, wurde mit zunehmendem zeitlichem Abstand immer häufiger kritisiert, dass die Übererfüllung des ikonischen Bildes des amerikanischen Nerds (dicke Brillengläser, Hochwasserhosen, die von Hosenträgern gehalten werden, Strickjacken-pullover, hohe Stimme, entsprechende Mimik und Gestik) vor allem dazu diene, sich von der Schwarzen Kultur zu distanzieren bzw. jemandem die Schwarze Kultur abzusprechen.[8] Eglash, der diese These vertritt, geht allerdings ausgesprochen streng mit Urkel ins Gericht. Tatsächlich steht die Figur an vielen Stellen für ihre Schwarze Identität ein, insbesondere wenn verschiedene Formen von Rassismus von den Serienmachern explizit thematisiert werden.

Nichtsdestotrotz trifft zu, dass die Schwarze Nerdfigur von Beginn an auf eine gewisse Anpassung hinausläuft – und das liegt nicht zuletzt an ihrer Verwandtschaft zum Spießer. Gerade in sehr frühen Darstellungsweisen von Schwarzen Nerds wird das deutlich. Zeitgleich zu «Happy Days» lief etwa die von Eric Monte geschriebene Sitcom «What's Happening!!» (1976–1979) auf dem US-amerikanischen Fernsehsender ABC. Es sei noch einmal an die Figurenkonstellation aus «Happy Days» erinnert: Da war auf der einen Seite Fonzie, der Rebell, er ist «cool», sexuell aktiv, widerständig; und auf der anderen Seite sind Ralph Malph und Potsie, die von Fonzie als Nerds beschimpft wurden – aber gerade nicht, weil sie unsoziale und überdurchschnittlich intelligente Streber gewesen wären, sondern vor allem wegen ihrer Spießigkeit und ihres Opportunismus. Mit dem Cast aus «Happy Days» wurde gezeigt, dass Nerds als angepasste Spießer die Norm waren, während Fonzie als Außenseiter hervorstach. Bei «What's Happening!!» ist es genau umgekehrt: Hier ist der Schwarze Hauptprotagonist Roger «Raj» Thomas (Ernest Thomas) nicht wie der (weiße) Fonzie ein Rebell, sondern ein Nerd und sticht damit gleichermaßen als einzigartig hervor. Hierin offenbart sich die Privilegiertheit, aus der heraus Fonzie es sich erlauben kann, ein Rebell zu sein. Bei Raj sieht es anders aus: Er gewinnt die Sympathien der Zuschauer gerade durch seine Anpassung, mit der er allen voran beweist, dass er nicht anders als seine weißen Altersgenossen denkt, lebt, handelt.

«What's Happening!!» zeigt das Leben von drei afroamerikanischen Teenagern der Arbeiterklasse, die im Stadtteil Watts in Los Angeles wohnen. Watts ist keinesfalls zufällig gewählt. War die Bevölkerung dort bis in die 1930er Jahre überwiegend weiß, änderte sich das in den 1950er Jahren grundlegend, als tausende Schwarze aus den Südstaaten der USA nach Kalifornien zogen. Die Stadtverwaltung von Los Angeles errichtete als Reaktion darauf mehrere größere Sozialsiedlungen, eine davon war in Watts, einem Bezirk, der wegen schwerer Rassenunruhen 1965 (die sogenannten «Watts-Unruhen») auch international Bekanntheit erlangte. 34 Personen starben, über 1000 Menschen wurden verletzt und nahezu 4000 verhaftet. Zu dem Zeitpunkt lebten dort fast ausschließlich Afroamerikaner in Arbeitslosigkeit und großer Armut. Bis heute findet Watts zudem Erwähnung, wenn es um die brutale Polizeigewalt gegen People of Color geht, die als ein Auslöser für die Unruhen galt. Den Polizeibeamten (unter denen es wiederum kaum Afroamerikaner gab) wurden eine besondere Brutalität im Umgang mit Schwarzen, Rassismus und Vergewaltigungen vorgeworfen.[9]

In diesem armutsgefährdeten Gebiet von LA spielt also die Sitcom «What's Happening!!» mit ausschließlich Schwarzem Cast. Der Black Nerd und Hauptprotagonist Raj ist sehr dünn, trägt eine schwarze Hornbrille, hat ein hohes Lachen und einen bizarren Tanzstil; er ist darüber hinaus sehr intelligent und gut erzogen, will Schriftsteller werden, und viele Episoden handeln davon, welche Schritte er wieder unternimmt, um sich diesen Traum zu verwirklichen – vom Sparen für einen Drehbuchkurs bis zur Anschaffung einer Schreibmaschine und zum Versuch, einen Fernsehproduzenten zu beeindrucken. Raj lebt mit seiner geschiedenen und alleinerziehenden Mutter Mabel (Mabel King) und seiner jüngeren und frechen Schwester Dee (Danielle Spencer) zusammen, die ihn immerzu aus Spaß demütigt. Seine Freunde sind Frederick (Fred Berry), ein unbeholfener, lustiger junger Mann mit einer freundlichen Persönlichkeit, den man gemeinhin mit einer roten Baskenmütze und passenden Hosenträgern sieht. Er wird oft von seinen Freunden gehänselt, weil er übergewichtig und dumm ist. So wird er «Rerun» genannt, weil er wegen seiner schlechten Schulnoten jeden Sommer in die Schule gehen muss, um den Lernstoff noch einmal zu wiederholen – und Dwayne (Haywood Nelson), ein schüchterner, zurückhaltender Typ, der sich vor seinem eigenen Schatten fürchtet, Probleme mit Mädchen hat und mit seiner ungewissen Zukunft hadert. Die drei Freunde vereinen gerade nicht das, was zu dieser Zeit jugendkulturell als «cool» galt. Wären sie tatsächlich «cool» gewesen, hätte man sie aufgrund ihrer Hautfarbe anders bewertet als «coole» weiße Protagonisten. Man hätte die Rebellion, wie sie etwa durch Fonzie stets artikuliert wurde, als bedrohlich wahrgenommen, jede Abweichung von der gesellschaftlichen Norm als Angriff. So vermeidet die Serie die Thematisierung von Rassismus, indem sie von drei Schwarzen Teenagern erzählt, als wären es Weiße. Um dieses Bild zu erzeugen, eignen sich allerdings nur die unbeliebteren Nerdrollen – um aufsässige Coolness zu vermeiden –, die Darstellung gescheiterter Flirts – um nicht wie üblich als übersexuell zu erscheinen – oder die Liebe zu kleinen Welpen – um Harmlosigkeit zu suggerieren. Raj, Frederick und Dwayne sind «nur zufällig Schwarz»; sie sind «wie die Bande aus den Archie-Comics nur mit Schwarzen Gesichtern», heißt es in einer zeitgenössischen Rezension.[10] Diese Angleichung von Schwarzen Charakteren an typische weiße Rollen wird in den 1970er Jahren auch innerhalb der Black Community durchaus noch positiv bewertet, sieht man darin doch das überfällige Signal, Schwarze hätten die gleichen Wünsche und Sehnsüchte wie andere Menschen, seien ähnlich zielstrebig und verfügten auch über die gleichen intellektuellen Voraussetzungen.

Zunehmend wird aber auch Kritik laut an der insbesondere durch die Nerdfigur ausgedrückten Anpassung Schwarzer an die weiße Kultur. In der Darstellung von Carlton Banks (Alfonso Ribeiro) aus der Sitcom «The Fresh Prince of Bel-Air» zeigt sich sehr deutlich: Die Anpassungsleistungen des protoweißen, spießigen Black Nerds gelten mitunter als problematisch. In der 1993 erschienenen Episode «Blood is Thicker Than Mud» versuchen sowohl Carlton als auch sein Cousin Will (Will Smith) einer schwarzen Bruderschaft beizutreten – mit unterschiedlichem Erfolg. Während Will scheinbar durch die Erfüllung der nicht zuletzt mit seiner Hautfarbe assoziierten «Coolness» sofort akzeptiert wird, wird Carlton zurückgewiesen. Seine Nerd-Identität, die in diesem Fall auch noch stark mit dem Spießer verbunden ist, wird als Zurückweisung seiner Schwarzen Kultur empfunden. Top Dog (Glenn Plummer), der Präsident der Bruderschaft Phi Beta Gamma, der Carlton und Will beitreten möchten, liefert folgende Begründung für die Ablehnung Carltons: «Carlton ist nicht unser Typ. Er trägt Ralph-Lauren-Hemden und repräsentiert das Amerika der Konzerne.»[11] Carltons fehlende Coolness – insbesondere im Gegensatz zu Wills extremer Coolness – ist dann auch ein wiederkehrender Gag der Sitcom. Anders als «What's happening!!» thematisiert «The Fresh Prince of Bel-Air» die Möglichkeiten des gesellschaftlichen Aufstiegs von People of Color in der amerikanischen Gesellschaft sowie die damit verbundenen Identitätskonflikte explizit. So wird zwischen den Familienmitgliedern und Generationen immer wieder ausgehandelt, ob Anpassungen an die weiße Kultur notwendig sind – und, wenn ja, in welchem Umfang. Carlton und Will verkörpern dabei die beiden Extrempole (Überanpassung an die weiße Kultur versus Überidentifikation mit der Schwarzen Kultur).

Wie fest sich diese soziokulturellen Figuren und ihre jeweilige Konnotation in die amerikanische Kultur eingeschrieben haben, belegt eine Studie der Linguistin Mary Bucholtz.[12] An der Bay City High School in San Francisco hat sie untersucht, welche Folgen die «Nerd-Identität» speziell an der Westküste für Schüler hat und inwiefern diese durch die Kategorie ‹race›» geprägt ist. Es bestätigte sich, dass «Coolness» eng mit der afroamerikanischen Kultur assoziiert ist, da viele Praktiken der europäisch-amerikanischen Jugendkulturen, einschließlich der Sprachpraktiken, ursprünglich den afroamerikanischen entlehnt sind, seien es Trends in Musik, Tanz, Mode, Sport und Sprache[13] – auch wenn dieser Zusammenhang oft entweder explizit verdunkelt wird oder schlichtweg verschwimmt, da die zahlreichen Aneignungen dazu geführt haben, dass sich die Praktiken (zumindest in den Augen weißer Jugendlicher) zunehmend von der Schwarzen Kultur gelöst haben. Bucholtz bemerkte in Interviews, dass Schüler, die sich selbst als Nerd klassifizierten, diese Coolness ablehnten. Durch diese Ablehnung bei gleichzeitiger Zurschaustellung von Intelligenz würden sie, so Bucholtz, wenn auch nicht unbedingt wissentlich eine «hyperweiße» Identität nach außen tragen.[14] Das geschah u. a. durch die Verwendung eines «Superstandard American English» – hierzulande wäre das ein übertriebenes Hochdeutsch –, um sich von der vorherrschenden jugendkulturellen Coolness, die Schwarz kodiert ist und sich durch das Sprechen von AAVE (African American Vernacular English) auszeichnet, abzugrenzen. Indem sie sich von der afroamerikanischen Untermauerung der europäisch-amerikanischen Jugendkultur distanzieren, würden Nerds sich auch ideologisch als hyperweiß positionieren, folgert Bucholtz.[15] In radikal ausgeprägter Form eignet sich die Nerdfigur daher durchaus auch als Medium für bestehende Rassismen.

Trotzdem oder gerade deswegen wurde der Black Nerd immer wieder für pädagogische Zwecke oder schlicht für gute Quoten zum Einsatz gebracht. Gerade in Sitcoms wie «What's Happening!!» oder «Family Matters», in denen überwiegend allgemein bekannte Alltagsprobleme verhandelt werden, dient er als Teil des gesamten Casts auch einfach dazu, Gemeinsamkeiten aller, weißer wie Schwarzer Amerikaner zu betonen. Und doch haben die fraglos vielen Schwarzen mal mehr, mal weniger typischen Nerds in der amerikanischen Populärkultur wie Raj Thomas aus «What's Happening!!» (1976–1979), Dwayne Wayne aus «A Different World» (1987), Steve Urkel aus «Family Matters» (1989–1998), Carlton Banks aus «The Fresh Prince of Bel-Air» (1990–1996), Stevie Kenarban aus «Malcolm in the Middle» (2000–2006) oder Rendall Pearson aus «This Is Us» (seit 2016) dazu beigetragen, dass ein spezifischer Typ Nerd mit eigener Geschichte, eigenen Konfliktlagen und daraus hervorgegangenen Charakteristika entstanden ist. Auf dem YouTube-Kanal «Black Nerd Comedy» wird der Versuch einer Definition anhand von Interessen vorgenommen: Ein «Black Nerd» beschäftige sich gleichermaßen mit der Popkultur der Weißen (beispielsweise Superheldenfilmen, Science Fiction, Comic Books, Comic Conventions) und jener der Schwarzen (beispielsweise Sitcoms mit Schwarzem Cast, Hip-Hop, Sport, urbanem Slang).[16] Dass der «Black Nerd» aufgrund dieser Zwischenlage, dieses inneren Widerspruchs, Identitätskonflikte auszutragen hat, ist gewiss das bedeutendste Narrativ, das mit der Figur verbunden ist.[17]

Ein ausgesprochen anschauliches Porträt eines «Black Nerds» liefert der von Rick Famuyiwa geschriebene Film

«Dope» von 2015. Wie bei «What's happening!!» stehen drei nerdige afroamerikanische Teenager im Zentrum, von denen Malcolm (Shameik Moore) der buchstäblichste ist; sie leben ebenfalls in einem problematischen Wohnviertel in Inglewood in Los Angeles. Doch anders als Rej und seine Freunde, die assimiliert unter den anderen leben, werden Malcolm, James (Tony Revolori) und Cassandra (Kiersey Clemons) von der Black Community, von den Gangstern und Drogendealern der Stadt nicht als gleichwertig und zugehörig akzeptiert – eben weil sie Nerds sind. Wie gefährlich es sich als Black Nerd unter anderen Schwarzen lebt, wird gleich zu Beginn durch einen mit Blut überströmten Gameboy bildlich zum Ausdruck gebracht.

Malcolm zieht sich in eine scheinbar vergangene, bessere Welt zurück. So hat er einen Flattop-Haarschnitt, der in der zweiten Hälfte der 1980er Jahre durch Rapper wie Tim Dog, Fast Eddie und Kool Rock Steady Bekanntheit erlangte, trägt entsprechende Vintage-Kleidung und hört bevorzugt alte Hip-Hop-Musik. Er fährt zudem mit einem ebenfalls längst aus der Zeit gefallenen BMX-Rad durch die Gegend. Auch in seinem Zimmer sieht es aus, als befände man sich noch in den 1990er Jahren: An den Wänden hängen Poster von Eazy-E und De La Soul, auf dem Boden stapeln sich Super-Nintendo-Spiele und Videokassetten mit alten Folgen von «Yo! MTV Raps».

Malcolm will an der Elite-Universität Harvard studieren, in einer der ersten Filmszenen legt er dem Rektor der Schule sein Motivationsschreiben vor: eine Analyse von Ice Cube's «It Was a Good Day» von 1992, das von einem perfekten Tag in Los Angeles zu Beginn der 90er Jahre handelt und als Musikvideo eine Lebenswelt und Ästhetik präsentiert, die Malcolm zu adaptieren versucht. Der Rektor lehnt seinen Text ab und schlägt vor, Malcolm solle etwas Persönlicheres schreiben, über sich und sein Leben. Da entblättert sich das

Unbehagen dieses freundlichen Black Nerds, der nur noch ernüchtert zu antworten weiß: «Ich könnte das typische Zeug schreiben: ‹Ich komme aus einer sozial schwachen Familie, lebe in einem gefährlichen Armen-Viertel, wurde von meiner alleinerziehenden Mutter großgezogen, kenne meinen Dad nicht.› [Der Rektor nickt zustimmend] … Blabla. Das sind Klischees. Das hier [er zeigt auf seinen Text] ist kreativ. Es zeigt, dass ich anders bin.» Die Reaktion des Rektors ist niederschmetternd, denn er erklärt, dass eine zentrale Aufnahmeprüfung in einem Alumni-Vorstellungsgespräch besteht, das er mit dem Afroamerikaner Austin Jacoby führen wird, der ebenfalls aus Inglewood kommt und seine Situation kenne. Hier versteht nun der Zuschauer, dass Malcolm seine Identität als kreativer Nerd zu leugnen hat, will er vor dem Absolventen bestehen. «Jacobys Scheck-Einlösung?» liest Malcolm verblüfft die Visitenkarte des Alumnus vor. Der Rektor lacht: «Es kann nicht jeder Harvard-Absolvent Präsident werden.» Eine Anspielung auf Barack Obama, der unter vielen selbstklassifizierten Black Nerds als Vorbild gilt.[18] Der Film endet mit einem neuformulierten «Motivationsschreiben» und den Worten: «Warum möchte ich nach Harvard? Würden Sie mich das auch fragen, wenn ich weiß wäre?»

Trotz der kulturellen Hybridität, die längst nicht mehr nur aus Brüchen entsteht, sondern eine durchdachte eigene, starke Nerdfigur – den Black Nerd – hervorgebracht hat, in der eigene Themen- und Konfliktlagen bewältigt werden, reproduziert die Figur bis heute die Grenzen, die sie zu überwinden versucht. Mehr noch gilt das für weibliche Black Nerds, «Black Girl Nerds». Es gibt sie zwar: Myra Munkhouse aus «Family Matters», die eine Weile Urkels Freundin war. Auch der Bücherwurm Vanessa und die clever-verrückte Denise Huxtable aus der «The Cosby Show» (1984–1992) können als Nerds gelten. Oder Freddie aus «A Different World» (1987–1983), Synclaire aus «Living Single» (1993–1998) oder Liberty Van Zandt aus «DeGrassi: The Next Generation» (2001–2015). Sie sind aber als intersektional Benachteiligte, die mehrfache Diskriminierungen erfahren in einer weitaus komplexeren Situation, da sie sich verschiedenen Grenzen gegenübersehen und nicht nur als Schwarze, sondern gleichermaßen als Frauen der Nerdfigur nicht entsprechen.

Eine der interessantesten und zugleich selbstreflexivsten nerdigen Schwarzen Frauencharaktere ist J (Issa Rae) aus der ebenfalls von Rae kreierten Webserie «The Mis-Adventures of Awkward Black Girl» (2011–2013), die schnell ein Internet-Hit wurde. In der auf ihrem YouTube-Kanal veröffentlichten Serie muss sich die Hauptfigur J mit verschiedenen Stereotypen einer Schwarzen Frau auseinandersetzen, die sie vor den Zuschauern gekonnt als solche entlarvt. Es sind Stereotype, die oftmals auf Sexismus oder Rassismus beruhen, etwa wenn sich ihr Freund D (Mike Danger) ein zweites Mal von ihr trennt, weil sie sich nach der letzten Trennung die Haare abrasiert hat und D sich nun in ihrer Anwesenheit nicht mehr männlich fühlt. Oder wenn ihre weiße Chefin (Hanna Patten) fragt, ob sie sich die Haare gewaschen habe und damit das rassistische Stereotyp bemüht, Schwarze Frauen seien wild, außer Kontrolle und ungepflegt. Mit einer sorgfältig erzählten Individualität weiß Issa Rae klassische Rollenbilder für Schwarze Frauen zurückzuweisen – sei es die kräftige, durchsetzungsfähige «Mammy», die dominante, aggressive «Sapphire» oder die promiskuitive «Jezebel».[19] Und doch, die «Awkwardness», die von vielen Rezipienten und ihr selbst als Nerdiness interpretiert wird (im Einspann der einzelnen Episoden entspricht J eindeutig auch dem optischen Stereotyp), diese kühle, abgeklärte und doch dann auch immer wieder begeisterungsfähige, besondere junge Frau ist kein Nerd. Issa Rea nutzt die Nerdfigur zwar, um J von anderen vorherrschenden Bildern zu befreien. Die Sozialfigur Nerd selbst bleibt davon aber unberührt.

In all den beschriebenen Dekonstruktionsversuchen wird sichtbar, dass die Sozialfigur Nerd immer weniger dazu verwendet wird, den Umgang und die Bewertung von Technik oder der Mensch-Technik-Beziehung zu verhandeln. Sie wird zum Austragungsort von «Political Correctness», da die in vielfacher Hinsicht mit Privilegien ausgestattete Figur in ihrer schlichten Existenz deutlich werden lässt, wer diese Privilegien nicht besitzt. Mit der Zunahme identitätspolitischer Debatten hat sich auch die Nerdfigur als geeignet erwiesen, Fragen nach der Repräsentation und Darstellungsweise verschiedener Geschlechter, Hautfarben, ethnischer Zugehörigkeiten zu stellen.

«IT'S THE COMPUTER AGE, NERDS ARE ‹IN›!»

VOM ÜBERFLIEGER ZUM MASSENPHÄNOMEN

Die kritische Auseinandersetzung mit der Nerdfigur, die in US-amerikanischen Diskursen in den 1990er Jahren begann, wurde bis in die 2010er Jahre nicht in den deutschsprachigen Raum importiert. Hierzulande war und ist der Nerd zum Teil bis heute als Technik- oder Computerfreak eine wichtige Referenzfigur für sogenannte Digital Natives. Denn auch die Kritik an den immer schneller den Markt erneuernden technischen Innovationen, neuen Laptops, neuen Smartphones, neuen Social-Media-Plattformen, neuen Apps löste sich in der Notwendigkeit des Zugangs und der Partizipation am digitalen Leben und der Arbeit auf. Die digitale Öffentlichkeit wurde zunehmend in ihren Verschränkungen zur analogen Öffentlichkeit wahrgenommen. Noch in den 1990er Jahren wurde das Internet als ein Ort verstanden, der eigens aufgesucht werden musste, «Online sein» als ein Zustand, in den sich zu versetzen noch mit einem gewissen Aufwand (dem Einwählen) verbunden war. Man erinnere sich an die ikonische AOL-Werbung mit Boris Becker, an dem demonstriert wurde, wie leicht es ist, online zu gehen

(«Ich bin drin!»[1]). Spätestens seit der Entstehung des Smartphones, das es ermöglichte, zu jeder Zeit und an jedem Ort
auf das Internet zuzugreifen, kann kaum noch eine klare
Grenze zwischen online und offline gezogen werden. War
das frühe Internet noch mit einer gewissen Faszination verbunden, aus Perspektive der als introvertiert und sozial in-
kompetent geltenden Nerdfigur geradezu ein *locus amoenus*,
nicht zuletzt, weil es üblich war, dort anonym zu agieren,
wurde es schnell zum Alltagsmedium der meisten Menschen
in der westlichen Welt, die sich zudem nicht mehr in Anonymität begaben, sondern online wie offline mit ihrer bürgerlichen Identität auftraten und die beiden Räume damit noch
stärker verschränkten.

2007 kam das erste iPhone auf den Markt, begleitet von
einer beeindruckenden Vorstellung des Geräts von Steve
Jobs auf der Macworld Conference & Expo in San Francisco. Apple war längst nicht mehr nur in technischer, sondern v. a. in ästhetischer Hinsicht stilprägend. Das lag insbesondere an den Werbespots, die visuell wie musikalisch
wichtige Einflussgeber waren und über Apple hinaus der
Computerkultur jugendkulturellen Charme verliehen. Von
«Feel Good Inc.» der Gorillaz (2003) über «Vertigo» von U2
(2004), «Jerk It Out» von den Ceasers (2005), «Technolo-
gic» von Daft Punk (2006), «Flathead» von The Fratellis
(2007) bis «1,2,3,4..» von Feist (2008) – um nur wenige zu
nennen. Sie alle wurden durch Apple-Werbungen populär
und haben den Musikgeschmack dieser Zeit geprägt. Auch
ästhetisch dominierte Apple die Gegenwartspopkultur mit
der Kombination aus Cleanness – viel Weiß, viel Licht, die
Geräte sind technisch, glänzend, glatt –, bei gleichzeitiger
Poppigkeit – knallige Farben und laute Motive.[2] Stilprägend
war die Werbung der ersten iPod Shuffle Generation von
2003, in der schwarze Silhouetten vor knallbunten Hinter-
grundfarben zu «Feel Good Inc.» tanzten – nur der iPod mit

dem typisch weißen Apple-Kabel stach in seiner Zurückgenommenheit hervor. Sie brach mit der Werbe-Konvention, die transportablen Musikabspielgeräte in den Arbeitsalltag zu verorten, wie etwa noch bei der ersten Werbung für den iPod Classic, in der ein «geeky-looking guy» mittleren Alters seine Arbeit unterbricht, um mit Kopfhörern zu «Take California» von den Propellerheads durch sein Homeoffice zu tanzen, und sprach nun direkt die Digital Natives an.

In der Tradition des Werbespots «1984» verankerte Apple seine grauen, metallischen Geräte in der Popkultur. Dabei wurde Populärkultur von Apple nie als «Trash», sondern stets als etwas Wertvolles präsentiert. So gelangte man als Teenager nicht nur wegen eines Interesses an den jeweils neuen Funktionen an technische Geräte wie Handys oder MP3-Player – die zudem meist erst nach dem Erwerb so richtig erkundet wurden –, sondern vor allem, weil diese begehrenswerte Objekte waren, Konsumprodukte, die man besitzen und mit denen man sich zeigen wollte.

Auf diese Weise machte eine spezifische popkulturelle Ästhetik die Nerd-Kultur jugendkulturell salonfähig. Denn unter Nerds verstand man unter anderem technisch versierte Personen, zu denen sich mehr und mehr zählte, wer überhaupt ein Handy benutzen konnte.

So wie die technischen Geräte einer Schönheitskur unterzogen wurden, erfuhr auch die Nerdfigur eine ästhetische Aufwertung – wenn auch anderer Art. Lange galt: Der Nerd hat Pickel, fettiges Haar, trägt Brille, ist unförmig und unmodisch, ja der typische Nerd ist – hässlich. Sein Aussehen wurde oft zum Anlass, den Nerd und das, was er verkörpert, abzuwerten, oder ihn, mal bösartig, mal liebevoll, für die Vernachlässigung seines optischen Erscheinungsbildes zu necken. Mittlerweile gehören aber dieser Nerd, der für sein Aussehen negativ bewertet oder bemitleidet wird, ebenso

wie eine breite Technikskepsis oder Computerkritik der Vergangenheit an.

Diese ästhetische Aufwertung erfolgte einerseits mittels einer Strategie, die bislang vor allem aus der Kunst bekannt
war – der Appropriation. Eine Reihe von Modelabels, nicht
zufällig jene, bei denen die Grenze zur Kunst sehr unscharf
geworden ist, haben den Nerd in die High Fashion importiert (von dort aus ist er dann auch als sogenannter «Geek
Chic» oder «Nerd Style» in die Mainstream- und Massen-
mode eingegangen): Gucci ist, seit Alessandro Michele Kre-
ativdirektor ist (2015), bekannt für seine Nerd-Brillen, und
in vielen Stylebooks der letzten Jahre wird der Nerd als Ge-
samtfigur – sozusagen als Ready-Made – im White Cube der
Modeindustrie ausgestellt.

Besonders signifikant war eine Kampagne der Schuhmarke
CAMPER, in der jedem Schuhmodell formal ein spezifischer
Nerd-Typ zugewiesen wurde. Zackige Schuhsohlen wurden
einem Nerd mit sehr schiefen Zähnen gegenübergestellt, oder
ein vermeintlich geschmackloses Muster des Nerd-Shirts auf
den Schuh übertragen. «Vermeintlich», da hier «Uglyness»
keinesfalls als hässlich, sondern mindestens als kurios oder
komisch, teilweise auch als schön präsentiert wird. Merklich
ist die Hässlichkeit Mittel zum Zweck: In keiner Weise – und
das ist von einer Modekampagne auch nicht anders zu erwarten – ist der dargestellte Nerd versehentlich hässlich. Es
ist schlichtweg ein spezifischer Style, bei dem alles «sitzt» –
die Frisur, Statur, Kleidung und der Blick. Und doch ist für
diesen Style von Bedeutung, dass der Nerd einst als «hässlich» galt. Nur so kann das Nerdige im Bereich des Modi-
schen zur Distinktion verwendet werden: Um solch ein ent-
setzliches Styling aus Hornbrille, Hochwasserhose, weißen
Socken etc. schön zu finden, muss man eine gewisse Kenner-
schaft und Bildung in ebenjenem Modesegment besitzen.
Was für den Bereich der Kunst lange schon gültig ist, näm-

lich dass das Hässliche als schön wahrgenommen wird, während das Schöne als hässlich (genauer: als kitschig, oberflächlich etc.) gilt, kann für den Bereich der High Fashion mittlerweile ebenso gelten – das wird am Nerd- oder Geek-Chic besonders deutlich.

Allerdings wurde der Nerd als eine Figur, die das Hässliche verkörpert, nicht von Anfang an auch als Stilphänomen begriffen. Erinnert sei nur an die Darstellungsweisen, in denen die Figur als physiognomisch entstellt, ja geradezu deformiert präsentiert wurde. In diesem Zusammenhang war die dargestellte Hässlichkeit nicht zuletzt Ausdruck einer Abneigung oder gar Diskriminierung. Zu einer Stilfigur wurde der Nerd hingegen erst als Retrophänomen. So auch in der erwähnten CAMPER-Kampagne, die auf längst vergangene Fotoshootings von Schulklassen anspielt, als es noch kunterbunte Hintergründe gab, und damit das Intro der Serie «Freaks and Geeks» von 1999 adaptiert, die wiederum in den 1980er Jahren spielt.

Heute taucht in den Sozialen Netzwerken, beispielsweise auf Instagram, eine Reihe expliziter Retro-Profile auf, auf denen u.a. alte, analoge Schulfotos gepostet und die Abgebildeten als Nerds klassifiziert werden.[3] Diese Nerd-Bilder dienen dann wiederum vielfach als Ausgangsmaterial für Memes, in denen etwa aktuelle Modetrends persifliert werden. Man sieht zum Beispiel einen dieser aus heutiger Sicht nerdigen Schuljungen mit breitem Grinsen und aufgerissenen Augen durch die starken Brillengläser in die Kamera grinsen, darüber liegt der Schriftzug «Balenciaga» in der originalen Typografie des Labels. Vergleichbare Memes, die durch die Verwendung sogenannter «Awkward Photos» Werbeplakate bekannter Modelabels imitieren, gibt es auch für Vetements, Off White oder Gucci – jene Marken also, die ohnehin dafür bekannt sind, dass sie sich Ästhetiken einverleiben, die anderen Kontexten entstammen, besonders jene, die noch gar nicht explizit gewürdigt wurden. Dabei handelt es sich entweder um einst vergessene Trends und Stile, um solche aus dem Bereich der «profanen» Kultur – zum Beispiel wenn das Luxuslabel Balanciaga die allseits bekannte große blaue Ikea-Einkaufstasche adaptiert oder das High-Fashion-Brand Vetements die Arbeitsbekleidung von DHL als T-Shirt verkauft – oder es sind Ästhetiken, die bislang als Entgleisung galten, sprich keine Anerkennung durch die Vertreter der Modeindustrie erfuhren – wie der «Style» des Nerds.

In all den genannten Netz-Beispielen wird explizit auf den Schul-Nerd verwiesen (und nicht auf den erfolgreichen Computer-Nerd), der nachträglich als Individualist gewürdigt wird. Nerd-Chic ist in seiner Adaption durch High-Fashion-Brands als Aufforderung zu verstehen, man selbst zu sein, als Akzeptanz des Andersartigen, als Leidenschaft für das Verrückte.[4] In den alten Abbildungen von Schul-Nerds erkannte man plötzlich ein (wenn auch seinerzeit nicht vorhandenes) Selbstbewusstsein, zu seiner Individualität zu stehen, sich nicht von der Norm vereinnahmen zu lassen. Nicht nur in der Mode wurde der Nerd zu einer Figur, die das Außergewöhnliche und Einzigartige verkörpert. Kaum ein Film hat diese Interpretation der Nerdfigur so zur Anschauung gebracht wie «Napoleon Dynamite» von Jared Hess aus dem Jahr 2004, mit einer «Hauptfigur, die so konsequent uncool ist, dass sie schon wieder hip ist.»

Napoleon Dynamite (Jon Heder) entspricht in optischer und habitueller Hinsicht einem typischen Nerd. Er hat rotes, krauses Haar, ist sehr viel größer und schlaksiger als seine Mitschüler, trägt eine auffällige Brille, Moonboots – und zwar im Sommer –, hat keinerlei Körperspannung, sein durch einen Lippenpflegestift stets glänzender Mund ist immer leicht geöffnet, wodurch er ein wenig entrückt erscheint. Napoleon zeichnet Phantasiewesen wie Einhörner oder «Liger» (Löwen-Tiger) und scheint in einer eigenen Welt zu leben, wofür er in der Schule Spott und Gewalt erfährt. Er ist zudem das einzige männliche Mitglied des «Happy Hands Club», wo in Gebärdensprache gesungen wird. Sein Außenseiterstatus wird zudem dadurch hervorgehoben, dass er allein und lustlos Tetherball spielt. Insgesamt wirkt Napoleon teilnahmslos und unmotiviert, weshalb er nicht nur als Nerd,[5] sondern vielfach auch als Slacker rezipiert wurde – eine Figur, deren Lebensstil durch geringe Leistungsbereitschaft (und damit verbunden auch Bereitschaft zur Anpassung) charakterisiert ist.[6] Ursprünglich verwendete man den Begriff «Slacker» in den USA für Wehrdienstverweigerer.

Insgesamt präsentiert der Film ein Gemisch verschiedener Nerdfiguren, die in jeweils anderer Hinsicht durchaus als «nerdig» zu bezeichnen sind: Da wäre etwa Napoleons 33 Jahre alter Bruder Kip (Aaron Ruell), der die meiste Zeit in einem Online-Chatroom verbringt (wo er später auch seine große Liebe findet) und am ehesten als Computer-Nerd auszumachen ist. In seiner Besessenheit vom Verkauf könnte auch der selbstverliebte Onkel Rico (Jon Gries) als Nerd durchgehen, besonders wenn dieser in der Nachbarschaft unbeholfen ein Produkt zur Brustvergrößerung an die Frau bringen möchte. Dann gibt es noch den Mexikaner Pedro (Efren Ramirez), der neu an die Schule kommt und sozial noch inkompetenter zu sein scheint als Napoleon. Und zuletzt sei die einzelgängerische, schüchterne und ebenfalls ausgesprochen eigentümliche Deb (Tina Majorino) genannt, der beim Essen die Krümel im Gesicht hängen bleiben und die ihre Haare in einem merkwürdig seitlichen Zopf trägt. Die Filmhandlung ist relativ schlicht: Pedro lässt sich für die Wahl zum Schulpräsidenten aufstellen, Napoleon wird sein Wahlkampfleiter. Natürlich ist die beliebte Schulschönheit

Summer (Haylie Duff) Pedros Gegenkandidatin. Doch dank Napoleon gewinnt Pedro die Wahl, und die Nerds übernehmen am Ende die Schule. In einer der letzten Szenen des Films tanzt Napoleon triumphal zu Jamiroquais «Canned Heat» – er beeinflusst damit das Ergebnis der Wahl zu seinen Gunsten und befreit sich selbst zugleich aus seiner Trägheit. Dieser Tanz ist deshalb so überraschend, weil er außergewöhnlich gut und schön ist, ja geradezu eindrucksvoll.

Anders als frühere Nerdfiguren kümmert sich Napoleon nicht mehr darum, was andere über ihn sagen. Er hat kein Problem damit, sich im Wahlkampf gegen die Mehrheit zu stellen. Der Film erzählt von einem Nerd, der zu sich steht. Er ist ein «Plädoyer für Andersartigkeit und Außenseitertum».[7] Die Tanzsequenz wirkt insofern befreiend, als dass die Zuschauer hier endgültig bemerken, dass Napoleon und seine Freunde eigentlich die Coolen der Schule sind. Das Besondere, das Andersartige ist auf einmal erstrebenswert. Am Nerd wird dieser Wahrnehmungswandel eindrucksvoll vorgeführt. Was einst als abnormal, als hässlich galt, ist nun schön. Was der Nerd über seine Ästhetik inhaltlich transportierte, wurde «hip» und gelangte schließlich endgültig in den Mainstream.

Wie alles lässt sich auch diese Erfolgsgeschichte ins Negative wenden, wenn man davon ausgeht, dass der Nerd vom Mainstream vereinnahmt wurde. So argumentiert beispielsweise Jessica Bodner in ihrem autobiografischen Essay «A Nerd, a Geek, and a Hipster Walk into a Bar» von 2018. Ihrer Beobachtung nach ist der Hipster[8] in gewisser Weise ein vom Mainstream vereinnahmter und damit inhaltlich ausgehöhlter Nerd. Sie schildert sogar, wie der Nerd durch den Hipster bedroht wird, da Letzterer das entsprechende «inoffizielle Kommunikationssystem» popkultureller Referenzen usurpiert habe: «Jedes Mal, wenn ich einen Hipster sehe, der

Nerd-Utensilien trägt, muss ich mich fragen, ob dies ein echter Versuch ist, seine Liebe und Identität auszudrücken, oder ob es ‹ironisch› getragen wird».[9] Spreche man Hipster dann auf die gängigen kulturellen Markenzeichen von Nerds an, wie «Doctor Who», «Star Wars», «Star Trek» usw., frage man sie, welche Figuren sich denn da gerade auf ihrem T-Shirt befänden, berichtet Bodner spöttisch, wüssten sie darauf keine Antwort.[10] Der Hipster als hohles Zerrbild des Nerds ist eine Einschätzung, die sich auch in zahlreichen Internet-Memes der letzten Jahre wiederfinden lässt, wenn im Stil eines Vorher-Nachher-Bildarrangements exakt das gleiche Bild (z.B. Steve Urkel) nebeneinander gestellt und nur unterschiedlich betitelt wird: das erste mit «90s Nerd», das zweite mit «2011 Hipster».

Man lernt also: Der Nerd und der Hipster ähneln sich optisch, unterscheiden sich inhaltlich aber in vielerlei Hinsicht. Die kulturpessimistische Botschaft des Memes lautet jedoch: Früher gab es noch interessante, kluge Nerds, heute nur noch oberflächliche, langweilige Hipster. Beim Hipster gehe es, schreibt Mark Greif, «um Abgrenzung, Narzissmus und ein Gefühl der Überlegenheit», er sei lediglich ein unpolitisches Produkt des Neoliberalismus.[11] Daher würden «[m]oderne Menschen [...] nie auf die Idee kommen, sich selbst als Hipster zu bezeichnen. Es handelt sich immer um eine Zuschreibung, um einen abwertenden Begriff.»[12] Hipster, so die gängige Annahme, seien lediglich Trittbrettfahrer oder Poser – nur «hippe Konsumenten», aber keine kreativen oder gar genialen Produzenten. Damit unterscheiden sie sich wesentlich sowohl von Nerds – die Bodner als Vergleichsfolie betrachtet – als auch von Künstlern: «Der Hipster selbst schafft per definitionem keine echte Kunst. Würde er (oder sie) das tun, wäre er (oder sie) ab diesem Moment kein Hipster mehr.»[13] Mit der Sozialfigur Hipster wird demnach vor allem eine Kritik an der Popularisierung von zuvor

Subkulturellem artikuliert, an dessen Vereinnahmung durch Mainstream und Konsum. Bei Greif heißt es: «Der allzu artikulierte Antiautoritarismus der Hipster entpuppt sich als Trick, durch den sich der weiße Mittelschichtsnachwuchs die Codes der Subkultur sichert, während er zugleich eine Ausrede darstellt, die Forderungen der Gegenkultur – der Punks, Anarchisten, Antikapitalisten, Nerds usw. – aufgegeben zu haben.»[14]

Dass Nerds unbeliebt sind, nicht Teil des Mainstreams, ist ein wichtiges Narrativ der Figur. In dem Moment, wo sie «hip» wird, löst die Hipster-Figur den Nerd ab. Freilich kann die Nerdfigur selbst trotzdem populär sein. Dass sie im frühen 21. Jahrhunderts längst Mainstream ist, lässt sich durch nichts so gut belegen wie den außerordentlichen Erfolg der Sitcom «The Big Bang Theory», die zu einer der populärsten amerikanischen Fernsehserien zählt und im Präsentationsjahr des iPhones erstmals ausgestrahlt wurde: 2007. Seit der ersten Staffel hat die Sitcom erstaunlich viel Aufmerksamkeit von Publikum und Kritikern erhalten, nicht ohne Grund wurden insgesamt 279 Episoden gedreht, mehr als bei jeder anderen existierenden Sitcom. Für viele gilt sie bis heute als die eigentliche Ursache für den durchschlagenden Erfolg des Nerds, zumindest in Deutschland.

In den insgesamt 12 Staffeln verändern sich natürlich die Charaktere, ihre Ansichten, ihre Entscheidungen, sie entwickeln sich beruflich, sozial, familiär weiter, vertiefen Beziehungen, die anfänglich nicht für möglich gehalten wurden. Nichtsdestotrotz verliert die in der ersten Staffel, ja bereits in der ersten Episode eingeführte Grundkonstellation von Protagonisten und ihren jeweiligen Eigenschaften auch im Verlauf der Serie nicht an Relevanz.

Die erste Folge beginnt damit, dass die beiden Freunde und Mitbewohner Leonard Hofstadter (Johnny Galecki)

The Big Bang Theory, Staffel 3, 2007–2019

und Sheldon Cooper (Jim Parsons) zu einer «Samenbank für Leute mit hohem IQ» gehen, da Sheldon sich etwas Geld für einen Breitbandinternetanschluss dazuverdienen will. Auf dem Weg zur Anmeldung hält Sheldon Leonard ein Kurzreferat über Elektronen, sodass man bereits in der ersten Szene der Sitcom darüber in Kenntnis gesetzt wird, dass es sich bei den beiden um Naturwissenschaftler handelt. Und zwar solche, die zu ihren wissenschaftlichen Tätigkeitsfeldern geradezu ein Fan-Verhältnis haben: So beendet Sheldon seinen Monolog beim Eintreten in den Anmeldebereich mit der Feststellung, das Gesagte sei ein gutes Motiv für ein T-Shirt. Auf seinem eigenen trägt er wiederum die Comic-Figur «The Flash», was ihn als Populärkulturenthusiasten ausweist, wie es für die Nerdfigur typisch ist. Ebenso ihre überdurchschnittliche Intelligenz und das schlechte Sozialverhalten, das sich sodann bemerkbar macht, als Leonard der Krankenschwester in übergriffiger und von außen betrachtet arroganter Art ihr Kreuzworträtsel löst. Nerds, das sind von ihrem Intellekt Getriebene, die ihr Wissen nicht unter Verschluss halten können. Sosehr auf den ersten Blick ungewöhnlich erscheinen mag, dass die Sitcom auf Dialogen basiert, die viele Zuschauer inhaltlich wenig bis überhaupt nicht verstehen dürften, so präzise funktionieren sie: Laien erkennen wenigstens, dass es sich um leidenschaftliche Physiker handeln muss, andere wissen womöglich, dass es in Sheldons Kurzreferat um das für die Entwicklung der Quantenmechanik bedeutsame Doppelspaltexperiment geht, da ihnen die Begriffe aus Schulunterricht oder Studium noch vertraut sind. Allgemein verständlich ist wiederum der Witz, dass es bei dem Gespräch eigentlich nicht um ein fachliches Problem geht, sondern um einen T-Shirt-Print.[15]

Ihren Aufenthalt in der Samenbank brechen die beiden dann plötzlich ab, um keinen «genetischen Betrug» zu begehen, da keinesfalls sicher wäre, dass auf Grundlage ihrer DNA ein ebenso hochintelligentes Wesen entstünde, wie sie es sind. Da die Entscheidung, ihre Samen zu spenden, für keinen der beiden wirklich von Belang war, verschwinden sie einfach wieder – ohne sich zu verabschieden.

Nerds, das verdeutlicht dieser allererste Schauplatz aufs Neue, sind allen voran männlich. Dass sie, was für ihr Geschlecht vermeintlich typisch ist, wenig Empathie besitzen, erfährt man in der darauffolgenden Szene, wenn Sheldon Leonard beim Treppensteigen von einem Experiment erzählt, das er als Kind durchführte und bei dem er herausfinden wollte, ab welcher Stufenhöhe man schnell stolpert: Proband war sein Vater. Auf ihrem Stockwerk angekommen, entdecken die beiden eine neue Nachbarin, Penny (Kaley Cuoco), die nach der ersten Begrüßung davon ausgeht, dass Leonard und Sheldon schwul sind. Damit wird ein weiteres Klischee bestätigt, wonach Nerds, wie Lori Kendall feststellte, hypermaskuline Elemente wie Intellektualität und feminine Attribute wie Unsportlichkeit oder unbeholfenen Umgang mit dem anderen Geschlecht in sich vereinen. Freilich sind Nerds aber immer explizit heterosexuell, wie auch Leonard und Sheldon zu betonen wissen. Penny entspricht hingegen zunächst zum Teil misogynen Frauenklischees: Sie ist gutaussehend, blond, naiv, aber liebevoll. Ganz im Glauben an den American Dream will sie Schauspielerin werden und arbeitet nun als Kellnerin in der «Cheesecake Factory», während sie auf die Entdeckung ihres Talents wartet. Es setzt sich also die in Teen Pics etablierte Gegenüberstellung «schlauer hässlicher Nerd versus dümmliche schöne Blondine» fort, aus der sich nun auch in «The Big Bang Theory» ein Großteil der Witze ergibt.

Im amerikanischen Fernsehen wurde bereits wenige Jahre zuvor ein Reality-Format aus dieser Konstellation erschaffen: «Beauty and the Geek» (2005), das bis heute in diversen Ländern neue Ableger hervorgebracht hat, zuletzt mit «Das Model und der Freak» (2007) oder «Beauty & The Nerd» (2013, 2020) in Deutschland. Auch Penny steht von der ersten Folge an ahnungslos vor dem Wissenschaftsjargon, den sie aber auch nicht verstehen zu müssen meint. Sie ist in vielerlei Hinsicht die Kontrastfolie zu den Nerds, nicht nur als Frau, sondern auch als «das Mädchen von nebenan», eine Person also, die das Einfache, Biedere, ja das Normale verkörpert.[16] In Konfrontation mit Penny wirken Leonard, Sheldon und deren Freude Howard (Simon Helberg) und Raj (Kunal Nayyar) außergewöhnlich, durch sie tritt ihre Nerdigkeit erst besonders hervor.

Die vier Nerds aus «The Big Bang Theory» greifen verschiedene Klischees und Zuschreibungen auf. Howard Wolowitz ist Raumfahrtingenieur, leidet an diversen Allergien und ist noch mehr als seine Freunde auf gutaussehende Frauen aus – allerdings meistens erfolglos. Er ist der Einzige im Freundeskreis ohne Promotion, weshalb er von den anderen am wenigsten als Nerd anerkannt wird. Auch Raj, eigentlich Rajesh Ramayan Koothrappali, hat ein besonderes Verhältnis zu Frauen: nämlich gar keins. Er spricht, zumindest am Anfang der Sitcom, schlichtweg nicht mit ihnen. Wie alle seine Freunde sammelt er Comic-Hefte und ist Science-Fiction-Fan. Als promovierter Astrophysiker erfährt er mehr Anerkennung durch Sheldon, mit dem er in späteren Staffeln sogar zusammenarbeitet. Es wird häufig damit kokettiert, dass Raj feminine Züge hat, und die Freunde spekulieren, dass er eine homosexuelle Beziehung zu Howard habe – was als Beleidigung für die Nerdfigur relevant ist.

Ebenso explizit heterosexuell ist Leonard Hofstadter, der sich vom ersten Augenblick an in Penny verliebt, sich ihr gegenüber zunächst aber ausgesprochen unbeholfen verhält. Er ist Experimentalphysiker, teilt mit seinen Freunden das ausgeprägte Interesse an Fanartikeln jeder Art und leidet an Asthma und Laktoseintoleranz. Anders als etwa Sheldon weiß Leonard grundsätzlich, wie das soziale Leben zu bewältigen ist – auch wenn es ihm nicht immer gelingt. Er hat einen Sinn für das «Normale» und leidet auch manchmal an seiner Unfähigkeit zur Normalität.[17]

Für Sheldon hingegen beruht auch das Soziale, wie das ganze Leben, auf Mathematik. Als Leonard Penny nach der ersten Begegnung zum Essen einladen möchte (mit der Begründung: «Wir sollten unseren Freundeskreis erweitern.»), erwidert Sheldon nur: «Ich hab schon einen erweiterten Freundeskreis. Ich habe 212 Freunde bei MySpace.» Nach Leonards Einwand («Ja, und du kennst niemanden davon persönlich.») erwidert Sheldon trocken: «Das ist ja das Wunderbare daran ...» Insbesondere Sheldon repräsentiert auch das Maschinenhafte des Nerds idealtypisch. In Alltagssituationen wirkt er oft deplatziert und bestätigt damit die Nähe des Nerds zum Autisten. Zum «maschinenhaften» Charakter trägt auch bei, dass Sheldon kaum eine Miene verzieht und somit keine Schlüsse auf seine Emotionen zulässt.[18] Zudem hasst er Körperkontakt, besitzt für alles Regeln und einen extremen Ordnungswahn. Bis zum Ende der Sitcom bleibt Sheldon ein erwachsenes Kind, trägt weiterhin Superhelden-T-Shirts über Langarmshirts, behält sein Faible für alles Fiktionale – selbst als verheirateter Nobelpreisträger.

Sheldon benötigt kaum mehr als seine Zahlen und Experimente, er verkörpert das Unnormale und Asoziale in Reinform. Er ist der traditionsreichste Nerd von allen, da er an verschiedene Vorläufer wie den verrückten Professor, vor allem aber das Genie direkt anknüpft. Die Gestaltung des Wohnzimmers von Leonard und Sheldon (zugleich der zentrale Handlungsort der Sitcom), in dem überall Tafeln hängen, die mit Formeln und Berechnungen vollgeschrieben sind, veranlasst Penny dazu, Sheldon zu fragen, ob er so etwas wie das Genie aus «A Beautiful Mind» sei. Etwas abfällig antwortet dieser schlicht mit «ja», denn der Pop-Gelehrte Sheldon ist zwar versiert in bestimmten populärkulturellen Artefakten, verabscheut aber Dramen im klassischen Hollywood-Stil. Trotzdem passt der Vergleich, denn wie John Nash wird auch Sheldon als Wunderkind mit besonderen Fähigkeiten gezeigt, das sich dafür immer schon Anerkennung wünschte und den Nobelpreis ersehnte – wenn auch in einer weniger pathetischen und dramatischen, sondern für die Sitcom typisch banalisierenden Art und Weise. So hört sich auch seine Lebensgeschichte vielmehr komisch als realistisch an: Bereits in der Schule hatte Sheldon mehrere Klassen übersprungen, wodurch er bereits mit 14 Jahren seinen College-Abschluss machte. Seine erste Dissertation schloss er gleich danach, mit 16 Jahren ab, woraufhin er eine zweite Dissertation draufsetzte. Und wie Nash erhält auch Sheldon – allerdings zusammen mit seiner Freundin Amy (Mayim Bialik) – am Ende der Sitcom den Nobelpreis. Als er mit der Neurobiologin, die seit der fünften Staffel seine Freundin ist, seine Rede bespricht, entfaltet sich ein letztes Mal das Narrativ der Rache des Nerds.

Sheldons Gegenfigur ist Penny, die über ein hohes Maß an sozialer Kompetenz verfügt und Alltagsprobleme stets souverän zu lösen weiß. Körperliche Nähe ist kein Problem für sie, vielmehr hat sie gerade zu Beginn der Sitcom häufig wechselnde Sexualpartner. Sie bilden die zwei Pole des Normalen und Außergewöhnlichen. Sheldon ist Thales von Milet, Penny ist die Thrakerin – deren Lachen nun aber nicht mehr im Mittelpunkt steht. Nicht allein, weil sie sich nunmehr in der Minderheit befindet, sondern auch, weil sie die Nerds in ihrer Außergewöhnlichkeit anerkennt, mit ihnen und nicht über sie lacht. Mit der Geschichte von Thales und der lachenden Thrakerin und ihren unterschiedlichen Interpretationen wurde nicht zuletzt die Frage gestellt, was normal, verständlich und akzeptabel oder aber unnormal, unzugänglich – und damit zum Lachen ist. Stolpert Thales und stürzt er, weil er verwirrt ist? So jedenfalls ergibt das Ereignis in der Logik der Thrakerin Sinn. Oder steigt Thales bewusst in die Grube hinab, um die Sterne besser erkennen zu können? In «The Big Bang Theory» ist die Welt der Nerds die Normalität, ohne dass allerdings Pennys Normalität (und zugleich die der meisten Zuschauer) infrage gestellt würde. Vielmehr wird die Tatsache, dass Normalität und Außergewöhnlichkeit eine Frage der Perspektive sind, zum Thema der Sitcom und liefert die meisten Gags.[19] Dass Sheldon in der letzten Folge, als er den Nobelpreis entgegennimmt, plötzlich und überraschend emotional, emphatisch und selbstlos wird; dass er nicht mehr, wie ursprünglich geplant, von sich selbst erzählt, sondern seine Freunde ehrt, die ihn «ermutigt, unterstützt, inspiriert und toleriert» hätten, erlöst die Zuschauer dann doch und bestätigt deren Vorstellung eines gewissen Humanismus, den Sheldon die gesamten zwölf Staffeln konsequent unterlaufen hat. Das Pendel, welches so lange in die Gegenrichtung des Normalen ausschlug, schwingt plötzlich zurück. Und im Rückblick erscheinen alle

Eigenheiten und Spleens, mit denen man sich als Zuschauer zu identifizieren begann, wieder exotisch. Die WG-Tür, die einst den Blick in eine Gruppe von vier außergewöhnlichen Nerds, ihr Leben und auf ihre Weltbilder freigab, schließt sich wieder.

Im Feuilleton und (populär-)wissenschaftlichen Essays sprach man «The Big Bang Theory» einen großen Anteil an der Popularisierung der Nerdfigur zu. Sie sei wesentlich mit dafür verantwortlich, dass «die Bezeichnung ‹Nerd› für coole, interessante, schlaue Typen mit einigen liebenswerten Macken und einem gesteigerten Interesse an medialer Popkultur» stehe,[20] ja die Serie habe Nerds und mit ihnen die Andersartigkeit regelrecht normalisiert.[21] Aber von Anfang an wurde die Sitcom auch von Kritik begleitet, da sie die Nerd-Charaktere in ihrer Außergewöhnlichkeit zwar durchaus positiv darzustellen vermochte, ihr dies aber nur dadurch gelang, indem sie an zum Teil problematischen Rollen- und Geschlechterklischees festhielt und diese – wenn auch im Scherz – reproduzierte. Anschlussfähig sei die Serie nicht wegen ihrer Witze über Quantenmechanik, sondern wegen ihrer Witze über Frauen, machte Neima Jahromi in einem Essay für «The New Yorker» plausibel.[22]

Tatsächlich ist ein Großteil des Erfolgs der Sitcom und der Figur des Nerds Gags zu verdanken, die sich teilweise frauenfeindlicher und rassistischer Narrative bedienen – beginnend bei der naiven Blondine, endend bei dem Klischee, indisches Essen verursache Durchfall.[23] Zwar gibt es mit Amy Farrah-Fowler (Mayim Bialik) und Bernadette Rostenkowski (Melissa Rauch) auch zwei Wissenschaftlerinnen, die in «The Big Bang Theory» eine bedeutende Rolle spielen, doch dominierte in der Rezeption letztlich die Wahrnehmung, dass fast jeder der Nerds sexistische Züge trägt: von dem übergriffigen Möchtegern-Frauenhelden und Stalker

Howard bis zu Sheldon, der in seiner Egozentrik Frauen schon allein wegen ihrer Menstruation nicht wirklich zutraut, seriös Wissenschaft betreiben zu können, und sie bei jeder Gelegenheit herabsetzt.[24] Dass den Nerds ohnehin jegliche soziale Kompetenz abgesprochen wird, erklärt nicht nur, sondern entschuldigt gewissermaßen ihr Verhalten.[25] Die Ironie, so lautet mittlerweile eine gängige Einschätzung, die in der feministischen Literatur bereits längst etabliert ist, sei nur Tarnung.[26] Leonard, Sheldon, Howard und Raj seien «liebenswert-nerdige Frauenverachter», ihre Rolle als «Nerdy-Nice-Guys» erlaube ihnen ihr Anspruchsdenken und ihren Sexismus.[27]

2017 wandte Nikesh Shukla die von Lori Kendall etablierte Kritik am weißen männlichen Nerd auf «The Big Bang Theory» an (allerdings ohne diese zu zitieren) – mit vernichtendem Urteil: Die Mission der Sitcom sei es, asiatische Männer zu entsexualisieren.[28] So stehe Raj in der Tradition von Apu aus «The Simpsons» oder Taj aus «Van Wilder» – er werde dargestellt als Inder mit kleinem Penis. Das sei ein Rückschritt für die Darstellung von People of Color im Fernsehen. Durch die bloße Sichtbarkeit einer indisch aussehenden Person würde suggeriert, man bemühe sich um Vielfalt – das sei aber bloß ein Alibi.[29] Shuklas Text wurde in unzähligen Reddit-Threads verbreitet und trug sicherlich zu der seit 2017 zunehmenden Abneigung gegen die Sitcom bei.

Aber sind auf Sexismus basierende Gags zwangsläufig frauenfeindlich? Für Fans von Leonard, Sheldon, Howard und Raj wird sich ein solcher Vorwurf wie ein Schlag ins Gesicht anfühlen. Wer – wie ich selbst – mehrere Jahre mit den Protagonisten der Serie verbracht hat, wer mit ihnen gelacht und geweint hat, empfindet angesichts solcher Anschuldigungen sicherlich eine Kränkung. Das war doch gar nicht so gemeint. Und besteht nicht genau darin die gesellschaftliche

Rolle einer Sitcom – vorherrschende Vorurteile und Stereotype humorvoll zu verarbeiten, teilweise auch, um diese der Lächerlichkeit preiszugeben? Barbara Hornberger begrüßt den in der karikaturartigen Zuspitzung der jeweiligen Stereotype vorhandenen «Ausgangspunkt für die Verhandlung von Einschluss und Ausschluss, Normalität und Abweichung.»[30] Diese positive Einschätzung hat allerdings an Evidenz verloren. Stattdessen sieht man nunmehr in dem Aufgreifen frauenfeindlicher oder rassistischer Motive eine Reproduktion oder sogar ein absichtliches Aufrechterhalten sozialer Ungleichheit.

Die jüngste Rezeption der Nerds aus «The Big Bang Theory» zeigt, dass die Gesellschaft mittlerweile sensibler geworden ist im Umgang mit problematischen Ansichten zu Geschlechtern oder ethnischer Zugehörigkeit. «Stellen wir uns mal vor, Donald Trump hätte diesen Satz gesagt: ‹Frauen sind wie ein Eiersalatsandwich an einem heißen Tag in Texas. Voller Eier und nur eine kurze Zeit reizvoll.›», wirft die Journalistin Sonja Thomaser in einem Text über «The Big Bang Theory» auf und provoziert damit bei heutigen Zuschauern Empörung.[31] Mittlerweile sind sich die meisten Rezensenten einig: Die Serie verharmlose Sexismus,[32] «verschleiere» ihre «fragwürdige Moral»,[33] habe insgesamt eine «konservative Grundstruktur»[34] und sei daher «eine Plage für die Gesellschaft».[35] Den meisten dürfte wohl nicht geläufig sein, dass der Nerd eine solche Grundstruktur immer schon besaß.

Weder als biederer Square noch als junger Erwachsener oder Computergenie hat er konservative Werte je abgelehnt. Dass die Nerds aus «The Big Bang Theory» nach Erfolg, Ehe und Kindern streben, überrascht wahrscheinlich nur deshalb, weil man ihnen zeitweilig einen subkulturellen Status zugeschrieben hat, der ihnen eigentlich nie zu eigen war. Die ausdrückliche Beschreibung des Nerds als männlich, weiß, heterosexuell und teilweise misogyn blieb also lange unbemerkt – ausgenommen in einigen wenigen feministischen Texten. In dieser Hinsicht hatte sich die Nerdfigur offenbar kaum verändert. Sie wird nun aber, wenn keine zügige Weiterentwicklung stattfindet, vom kulturellen, gesellschaftlichen und politischen Wandel überholt. Gleichberechtigung und ein angemessener Umgang mit Minderheiten sind als gesellschaftliche Zielstellungen in den Vordergrund gerückt und erfordern neue Strategien der popkulturellen Umsetzung. Denn die «Kultur der Digitalität»,[36] besonders aber die Sozialen Medien haben neue (Infra-)Strukturen zur Vernetzung für politische Agitation verschiedener Art und eine neue Öffentlichkeit hervorgebracht, innerhalb derer sich potentiell jeder an Diskursen und Meinungsbildung beteiligen und diese beeinflussen kann. In der im Social Web vorherrschenden sogenannten «Aufmerksamkeitsökonomie», in der die Popularität von Inhalten im Vordergrund steht, erfolgen politische Aussagen oder Bekenntnisse aber nicht notwendigerweise aus politischen Gründen. Vielfach spielt auch die schlichte Produktion von «content», von Inhalten für diverse Profile in Sozialen Netzwerken, eine wichtige Rolle. Diese müssen stets gefüttert werden, denn entsprechende Algorithmen sorgen dafür, dass bevorzugt angezeigt wird, wer sich aktiv und regelmäßig am Netzwerk (und damit zwangsläufig auch an einer Öffentlichkeit) beteiligt. Freilich will man die Follower auch schlicht nicht allzu lange auf neue Inhalte warten lassen – besonders wenn man sich als eine Person des öffentlichen Lebens begreift. Im Social Web steht man also stets unter einem gewissen Produktionsdruck, der dazu führt, dass sich Nutzer ökonomisieren, sprich: nach leicht zu beschaffenden Inhalten Ausschau halten. Das Teilen bereits vorhandener Inhalte ist gewiss die Variante mit dem geringsten Arbeitsaufwand. Das führt bei politischen Inhalten oft dazu, dass sich neue Argumente, Blickweisen, Narrative innerhalb eines Diskurses rasend schnell verbreiten. Eine andere, wenig rühmliche Strategie besteht darin, neu etablierte Argumente, Blickweisen, Narrative auf mehr oder weniger historisches Material anzuwenden, das man im Netz findet. Auf diese Weise haben viele Nutzer nun auch alte Folgen der Sitcom «The Big Bang Theory» im Nachhinein nach sexistischen Aussagen durchforstet, sie zum Gif oder Meme umgewandelt und ins Netz gestellt, wodurch sich die Kritik an der Serie und zunehmend auch an der Figur des Nerds schnell etablieren und verbreiten konnte.[37]

Im Zusammenhang mit der Kritik an Sexismus und Rassismus und dem Einfordern von mehr Diversität ist die Überprüfung von Sichtbarkeit und Darstellungsweisen auf ihre politische Korrektheit zu einer Alltagspraxis geworden. Anders als noch bei «Beavis and Butt-Head», die für ihre fehlende «political correctness» gefeiert wurden, ist es kein Kompliment mehr, wenn man Sheldon Cooper als «Politcally INCorrect Hero»[38] klassifiziert. Man gibt damit vielmehr zu verstehen, dass Sheldon Cooper «ein Problem hat»[39] und gerade wegen seiner politischen Inkorrektheit antiquiert und überholt ist.

Durch die Nerds aus «The Big Bang Theory» hat nicht nur die Nerdfigur an Popularität gewonnen, sondern im Verlauf der Sitcom zunehmend auch die Kritik daran. Ist «The Big Bang Theory» also der Big Bang, der das Ende der Nerdfigur einleitet?

DER PENSIONIERTE NERD

EIN ALTER WEISSER MANN?

«Nerd Today, Boss Tomorrow» lautet der Titel der ersten Folge der seit Mai 2019 ausgestrahlten und von der «bildundtonfabrik» produzierten deutschen Netflixserie «How to Sell Drugs Online (Fast)». Es ist zugleich das Motto der Coming-of-Age-Comedyserie. Moritz Zimmermann (Maximilian Mundt) steht im Zentrum des Seriengeschehens und sieht keinesfalls zufällig so aus wie Mark Zuckerberg in «The Social Network». Moritz wird nicht nur von anderen als Nerd wahrgenommen, er inszeniert sich selbst als solcher. Er interessiert sich mehr als alle anderen für Computer- und Informationstechnologie, und mit einem Freund arbeitet er an der Programmierung eines aufwendigen Onlineshops mit dem Namen «Mytems», das «Ebay für Onlinegamer». Lisa Novak (Lena Klenke), die erste und einzige Freundin von Moritz, trennt sich nach ihrem Auslandsjahr von ihm. Ähnlich wie für Mark Zuckerberg in «The Social Network» ist dies sein Initiationsereignis, um mit dem Shop für Game Items Millionär werden zu wollen, denn mit dem Erfolg käme «Lisa von ganz alleine zurück». Nerd zu sein ist für Moritz selbstredend keine Beleidigung, er ist im Gegenteil sogar sehr froh darüber, «schließlich waren alle erfolgreichen Menschen mal unbeliebte Nerds, Typen wie wir, die von allen für Looser gehalten werden, bis es irgendwann

Klick macht und wir es allen zeigen.» Hier bestätigt sich das Motto der Serie: «Nerd Today, Boss Tomorrow» und zugleich das mittlerweile nur allzu bekannte Narrativ der Rache des Nerds.

Es ist wohl kaum ein Versehen, dass die Serie keine Erfolgsgeschichte darstellt, sondern von einem Jungen erzählt, der zwar Nerd sein und damit Boss werden will und auch danach handelt, aber schließlich scheitert. Auf seinem Onlineshop wird Moritz nämlich keine Game Items, sondern Drogen verkaufen – und deshalb am Ende verhaftet werden. Die Serie kann insgesamt als Symptom für einen neuen Wandel der Nerdfigur gedeutet werden, die so «in» geworden ist, dass sie schon wieder «out» ist. Denn Moritz, der Nerd, ist anfänglich ziemlich unsympathisch – allem voran aufgrund seiner irgendwie aufgesetzten, arroganten Selbstinszenierung als Eigenbrötler, der sich schon als Millionär sieht. An Moritz' Zimmerwand hängt ein Foto von Steve Jobs, darunter dessen bis heute bekanntester Slogan aus der gleichnamigen Apple-Werbekampagne von 1997: «Think Different». Man erfährt bereits in der ersten Folge, dass der Slogan nicht nur eine Art Lebensmotto für Moritz darstellt, sondern gleichermaßen Ausdruck einer Weltanschauung ist, die auf Nostalgie beruht. «Think Different», das steht für die Wünsche einer Nerd-Generation vor der Etablierung des Internets in allen Haushalten und vor allem vor den Sozialen Medien. Es steht für den Aufbruch in ein neues digitales Zeitalter und für die Möglichkeit, dieses aktiv und kreativ mitzugestalten. Es steht für Innovation. Insbesondere aber steht es für Zukunftszugewandtheit, für den Glauben an Fortschritt und positive Veränderungen. Moritz ist nostalgisch, weil er ebenjene Wünsche aus den 1990er Jahren, die Menschen würden durch die neuen Werkzeuge kreativer und individueller, nicht erfüllt sieht. Denn sosehr er sich im digitalen Zeitalter wähnt, in dem alle Menschen die Möglichkeit besitzen, ihre Kreativität unbegrenzt zum Ausdruck zu bringen, sieht er niemanden mehr, der «anders denkt»: «Keiner versucht mehr etwas Besonderes zu sein. Warum auch, man kann ja im Internet einfach so tun, als hätte man das aufregendste Leben der Welt. Und in der Realität – naja.» Ja, Soziale Medien scheinen Moritz nicht nur nicht zu interessieren, er verachtet sie offenkundig. Und wenn er betrauert: «Jeder von uns hat das gesamte Wissen in der Hosentasche, könnte mit einem Klick berühmt werden, von seinem Kinderzimmer aus die Welt verändern. Unbegrenzte technologische Möglichkeiten – und was machen wird damit? Facebook.», dann hört sich das nicht mehr nach einem jungen, kreativen und zukunftszugewandten Teenager an, sondern eher nach einer Person, die an der Gegenwart leidet und die Vergangenheit verklärt. Als Moritz dann plötzlich in schwarzem Rollkragenpullover zum Treffen mit seinem Freund erscheint, um die ersten Erfolge ihres Online-Drogenhandels zu feiern, reagiert dieser stellvertretend für die Zuschauer mit Fremdscham. Denn Moritz' Auftritt offenbart die Rückwärtsgewandtheit einer Person, die von sich selbst glaubt, fortschrittlich zu sein. An vielen Stellen fragt man sich deshalb: Ist Moritz etwa ein kulturpessimistischer Nerd? Ein Nerd im Geiste der zweiten Generation, der niemanden mehr für kreativ, innovativ, für «anders» hält? Kehrt da nicht der spießige Square in die Nerdfigur zurück?

Die Nerdfigur ist alt geworden. Sie war es in gewisser Weise bereits, als sie in Deutschland ankam. So ging es mit den Piraten – kaum hatte man sie als Nerds klassifiziert und damit für progressiv befunden – schnell bergab, und zwar aus keinem geringeren Grund, als dass sie ihrer auferlegten Rolle, der Sozialfigur Nerd, zunehmend gerecht wurden. Zunächst wurden lediglich auf den schnellen Blick belanglose interne Kuriositäten berichtet, etwa dass einige Piraten auf Partei-

tagen Frauen im Gespräch nicht in die Augen schauen können.[1] Das konnte man, wie bei Raj aus «The Big Bang Theory», ja noch ganz unschuldig finden. Aber schnell häuften
sich die Berichte über das «frauenfeindliche Klima» in der
Partei, bis die Jungen Piraten 2012 auf dem politischen
Höhepunkt der Partei schließlich einen Brandbrief veröffentlichten, in dem die Diskriminierung von Frauen und Ausländern explizit angeprangert wurde: «Immer wieder fallen
Mitglieder der Partei durch rassistische, sexistische, aber
auch anderweitig diskriminierende Aussagen oder Verhaltensweisen auf.»[2] So wurde eine Frau als «zu hübsch» bezeichnet, um ernst genommen zu werden, zu einer weiteren
soll gesagt worden sein: «Sie sollte mal richtig hart durch-
gefickt werden, vielleicht entspannt sie sich dann ja mal.»[3]
In einer Twitter-Diskussion von Piraten wurde geschrieben,
dass es in Ordnung sei, «ausländerkritisch» zu sein.[4] Eine
andere Piratin wollte sich im Alter nicht von Ausländern
pflegen lassen. In dem Brief ist eine ganze Reihe derartiger
persönlicher Erfahrungen geschildert, die das Fass zum
Überlaufen brachten. Doch schon von Anfang an wurde kritisiert, dass die Partei zu wenige weibliche Mitglieder hat,
vor allem in führenden Positionen. Die Resonanz auf derartige Vorwürfe war bescheiden, viele sahen das gar nicht als
Problem: Frauen würden eben «zu nichts gezwungen», außerdem drängten Männer einfach aus biologischen Gründen
stärker ins Rampenlicht.[5] Der Tiefpunkt war wohl erreicht,
als der SPD-Abgeordnete Jörg Tauss inmitten von Kinderpor-
nografie-Vorwürfen zur Piratenpartei wechselte – und ihn
der Piraten-Bundesvorstand «herzlich willkommen» hieß.[6]
Später wurde Tauss strafrechtlich verurteilt.

Spätestens seit Sophie Passmanns Gesprächsband «Alte
Weiße Männer»[7] dürfte hierzulande allgemein bekannt sein,
dass man nicht alt (vielleicht sogar nicht einmal ein Mann)
zu sein braucht, um ein Alter Weißer Mann zu sein. Aber

läuft tatsächlich auch der Nerd Gefahr, zum Alten Weißen Mann zu mutieren?

Auf den ersten Blick handelt es sich natürlich um zwei gegensätzliche Figuren, ist doch die Kernbedeutung des Alten Weißen Mannes, dass er ein Kulturpessimist ist, die Vergangenheit verklärt und an der Gegenwart und allem Neuen leidet. Veränderungen will und kann er nicht akzeptieren. Der Nerd hingegen steht im Kern für Innovation und Fortschritt. Eine andere Eigenschaft teilt der Nerd allerdings mit dem Alten Weißen Mann: Er ist sich seiner Privilegien nicht bewusst – oder leugnet diese sogar. Nun verwandelt sich der Nerd nicht einfach in einen Alten Weißen Mann, vielmehr gibt es nunmehr Personen, die gleichermaßen als Nerd wie auch als Alter Weißer Mann klassifiziert werden. Hierzulande ist der Abgeordnete der CDU/CSU-Bundestagsfraktion Philipp Amthor ein gutes Beispiel dafür. Sei es wegen seiner konservativen Ansichten zu Abschiebung und Abtreibung, seiner Positionierung gegen «Gender-Mainstreaming» oder der Verwicklung in eine Lobbyismus-Affäre – er wird gerne als «der jüngste alte weiße Mann im Bundestag» bezeichnet.[8] Seine Politik und seine Geschäfte seien «ganz alte Schule», ja in ihm lebe eine «längst verloren geglaubte Tradition der Union fort: die CDU als markiger Männerbund»,[9] zudem genieße er «Weiße Privilegien»,[10] hieß es beispielsweise in den unzähligen journalistischen Artikeln über seine Lobby-Arbeit für das Start-up-Unternehmen Augustus Intelligence.

Noch ein Jahr zuvor hatte man Amthor allerdings anderweitig zu diffamieren versucht, nämlich nicht als Alten Weißen Mann, sondern: als Nerd. Anlass war ein gedrehtes, aber nie in voller Länge veröffentlichtes Antwortvideo auf das sich kritisch mit den Regierungsparteien auseinandersetzende YouTube-Video «Die Zerstörung der CDU» (2018) von Rezo, das innerhalb weniger Tage millionenfach abgerufen wurde und nicht zuletzt deshalb an Relevanz gewann, da tatsächlich eine offizielle Reaktion der CDU auf das Video erfolgte. In Form eines Briefes auf ihrer Internetseite setzte sich die Partei inhaltlich mit der Kritik auseinander. Zuvor wurde allerdings besagtes Video mit Amthor gedreht, welches sich an ebenjenes jüngere Publikum richtete, das auch Rezo adressierte. In der Talkshow Markus Lanz wurde schließlich ein Auszug des ansonsten unveröffentlicht gebliebenen Clips gezeigt, dabei riefen vor allem Amthors begrüßende Worte «Hey Rezo, du alter Zerstörer» besonders hämische Reaktionen hervor. Diese wiederum artikulierten sich in der Charakterisierung Amthors als Nerd. In dem Antwortvideo war der Politiker auf diese Weise auch inszeniert worden, vor einer mit Formeln beschriebenen Schultafel sitzend. Auf Twitter gab es unzählige Postings, die sich angesichts des jungen streberhaften Amthor diverse Nerd-Narrative, nun aber negativ verwendet, offenbar nicht verkneifen konnten. Zu lesen war etwa: «Ich finde diesen Heini von @Philipp_Amthor so gruselig. Hat der damals als Kind niemanden zum spielen gehabt?»[11], oder: «Amthor ist der, der früher beim Fussball immer als Letzter gewählt wurde.»[12], oder: «Ist nicht nett, aber so einen wie den Amthor hätten wir früher auf dem Schulhof verprügelt.»[13] Philipp Amthor wird aber nicht nur als Teenager-Nerd diffamiert, darüber hinaus wird auch das Rache-Motiv zur Sprache gebracht: «So Typen wie der Amthor haben in der Schule immer auf die Fresse gekriegt und rächen sich jetzt an euch. Vergesst das nicht.»[14], oder: «Bilde ich mir nur ein, dass sich nur Männer gegen Abtreibung positionieren, die nie eine Freundin haben werden? => Rache der Ungeliebten».[15]

Zum Teil gängige und vor allem negative Nerd-Narrative wurden konstant auf Amthor angewandt – erstaunlicherweise aber meistens ohne ihn explizit als Nerd zu benennen. Warum? Hat sich die Nerdfigur derart unabhängig gemacht von ihrer ursprünglichen Bedeutung? Die Antwort kann nur «ja» lauten. Insbesondere wenn man in Betracht zieht, dass keinerlei Hemmungen bestanden, den als «cool» geltenden Rezo als Nerd zu bezeichnen – freilich nicht aufgrund der negativen, sondern der positiven Zuschreibungen wie seiner besonderen Begabung im Umgang mit Computerprogrammen, aber auch aufgrund der Ausführlichkeit und Gründlichkeit seiner Recherchen.[16] Wer von den beiden ist nun aber der Nerd? Der spießige, blasse Brillenträger Amthor oder der internetaffine, lässige Rezo mit seinem blauen Irokesen?

Tatsächlich hat sich die Bedeutung des Nerds derart entgrenzt, dass beide unter je eigenen Gesichtspunkten als Nerds betrachtet werden können. In beiden Fällen wird die Nerdfigur aber nur bedingt sinnvoll verwendet, tatsächlich eignen sich andere Figuren besser zur Charakterisierung von Amthor und Rezo. Letzterer kann sicherlich durch den YouTuber präziser beschrieben werden, der mittlerweile möglicherweise sogar als angehende Sozialfigur gesehen werden kann, wenngleich er freilich noch keine vergleichbare Prägnanz ausbilden konnte. Und doch hat zumindest der männlich kodierte YouTuber bereits an Gestalt gewonnen. Werden mit ihm doch Fluch und Segen von alternativen Medien und alternativem Wissen zur Anschauung gebracht: Entweder ist er – wie Rezo – ein produktiver Besserwisser, der die Welt erklärt und bestehende Anschauungen ergänzt oder korrigiert, oder aber er ist ein wilder Verschwörungstheoretiker, der nicht weniger professionell «alternative Wirklichkeiten» popularisiert. Amthor wird hingegen durch den Alten Weißen Mann ganz gut getroffen, da sich die Figur schlicht besser dazu eignet, eine hegemoniale Männlichkeit mit Neigung zur rechten Gesinnung und zu Antifeminismus festzustellen und zu kritisieren. Dass aber beide Figuren das gleiche Rolemodel haben, zeigt, dass der Alte Weiße Mann

und der Nerd Überschneidungen besitzen, ineinander über-
gehen können.

Deutlich dürfte sein: Die Nerdfigur passt immer weniger in
eine Zeit, in der man sich zunehmend explizit gegen rechte
Gesinnung, Sexismus und Rassismus positioniert. Das zeigte
sich besonders in der zunächst unter dem Hashtag #Gamer-
Gate, schließlich in der gesamten Medienlandschaft geführ-
ten gleichnamigen Debatte im Jahr 2014. Wahrscheinlich
war sogar gerade die mangelnde Flexibilität der Sozialfigur
dafür verantwortlich, dass erste Fortschritte innerhalb der
Gamer-Community, wie beispielsweise eine zunehmende
Heterogenität, so jäh an eine Grenze stießen. Und zwar weil
sie eine «Geek-Männlichkeit» als Ideal, als Kernbedeutung
präsentiert, die von Nicht-Weißen oder Nicht-Männern nie
so ganz – oder, wie bereits gezeigt wurde: immer nur in Abweichung – erfüllt werden kann.[17] Auslöser für die Debatte
war unter anderem eine von der Medienkritikerin Anita Sarkeesian 2013 gestartete Videoserie («Tropes vs. Women in
Video Games»[18]), in der sie sich mit Rollen und Darstellungsweisen von Frauen, deren Charakterzügen und typischen Handlungsabläufen in Computerspielen auseinandersetzt (z. B. die Jungfrau in Not, die Legende der «letzten
Prinzessin», Frauen als Belohnung für Heldentaten oder als
bloße Dekoration).[19] Gleich zu Beginn der Staffel betont Sarkeesian, es solle und müsse möglich sein, sich an Spielen zu
erfreuen, aber gleichzeitig ihre problematischen Seiten kritisch zu hinterfragen – wohlwissend, dass sie mit ihrem Projekt in der Gamer-Community nicht gerade auf Zuspruch
stoßen würde. Was dann allerdings als Shitstorm zutage trat,
war weit mehr als üblich; gewiss auch, weil sie sich mit Com-
puter-Profis angelegt hatte, die nicht einzeln und verwirrt
ihrem Hass Ausdruck verleihen wollten, sondern koordi-
niert und gemeinschaftlich gegen die Medienwissenschaftle-

rin vorgingen. Neben unzähligen sexistischen und rassistischen Kommentaren wurde ihre Website mehrfach mit DDos-Angriffen («Distributed Denial of Service») blockiert, die Videoserie war durch eine gezielt herbeigeführte Überlastung zeitweise nicht verfügbar. Ihr Wikipedia-Eintrag wurde mit Pornobildern und Verleumdungen versehen, ihr YouTube-Kanal als «Terrorismus» gemeldet. Und – aus heutiger Sicht: wie üblich – erhielt Sarkeesian Vergewaltigungs-, Gewalt- und Morddrohungen.[20] Gegen die Medienwissenschaftlerin, aber auch gegen eine Vielzahl anderer feministisch positionierter Akteurinnen der Gamer-Szene, wie beispielsweise die Spiele-Entwicklerinnen Zoe Quinn und Brianna Wu, formierte sich eine Bewegung unter dem Hashtag #GamerGate, die sich vor allem auf 8Chan und Reddit zusammenfand. Sie prangerte nicht nur die Frauen an, sondern entwickelte die Verschwörungsphantasie, es gebe eine einflussreiche Allianz aus Journalismus, Feminismus und den sogenannten «Social Justice Warriors», die gemeinsam an der unbegründeten Zerstörung eines vermeintlich idealen Status quo der Spielkultur arbeiten.[21] Computerspiele sollen, so die weithin geteilte Forderung, aus gesellschaftlichen und politischen Diskursen herausgehalten werden: «Schließlich handele es sich nur um Spiele, ohne ernste Bedeutung».[22] Selbstredend sind diese Aussagen nicht repräsentativ für die gesamte Gamer-Szene, und doch hat die Debatte, die wie so oft nur als eine Empörungswelle im Netz begann, einen faden Beigeschmack beim Gamer als Nerdfigur hinterlassen: «Gamer sind von belächelten oder misstrauisch beäugten Nerds zu genieverdächtigen Spezialkennern avanciert. Dann aber kam ‹#Gamergate›.», hieß es in der FAZ,[23] und es überraschte nicht, dass die Game-Nerds zunehmend in einem Atemzug mit Rechten, Klimaleugnern oder der Tea Party[24] genannt wurden.

Mittlerweile wird der Nerd in amerikanischen Diskursen mal mehr und mal weniger berechtigt zunehmend in die Nähe zur rechten Kultur gebracht. 2016 beschrieb die Journalistin Vicky Osterweil den Nerd im «Real Life Mag» sogar als Faschisten beziehungsweise den Faschisten als Nerd. Ihre These lautet, dass die heutige amerikanische faschistische Jugend nicht mehr durch den «arischen» patriotischen «Jock» – den Sportler – verkörpert werde, auch nicht durch den Springerstiefel und Bomberjacke tragenden Nazipunk. Der faschistische Millennial sei ganz im Gegenteil ein schmächtiger, pickeliger Nerd, der sich auf YouTube rechte Meme-Videos ansieht, EDM hört und Schwarze Frauen auf Twitter belästigt.

In den deutschsprachigen Raum hat diesen Diskurs Adrian Daub importiert, der seit vielen Jahren im Silicon Valley lebt und Professor für Literaturwissenschaften an der Universität Stanford ist. Für Deutschland ist er ein wichtiger «Amerika-Erklärer», insbesondere, wenn es um die amerikanische Westküste geht.[25] Auch er spricht in der «NZZ» über eine «verklemmte Tech-Welt», in der «Homosexualität [nicht] offen zelebriert» werden kann, sondern «im Verborgenen gelebt» wird.[26] Zwar sei Nerdkultur traditionell stark homosozial, da sich in ihr die Männer überwiegend mit Männern umgeben, deshalb würden sie aber «Homoerotik […] umso entschiedener verbannen.»[27] An der Entstehungsgeschichte von Facebook zeigt Daub, inwiefern Nerds von Beginn an Männer «mit lupenrein sexuellen Beweggründen» gewesen seien. Denn die Website sei nur deshalb gegründet worden, «weil sie [die Nerds] sonst keine Frauen kriegen.» Auch die Unterscheidung zwischen Plattform und Content sei stark sexuell codiert: «Die Programmierer stellen die Form, für den Inhalt sind die User zuständig – was pickelige Nerds am Computer erarbeiten, füllen gelangweilte Hausfrauen mit Rezensionen, Katzenbildern und Nachrichten über die Kinder.»[28] In Daubs Texten und Ausführungen wird deutlich, dass der Nerd am Ende bleibt, was er immer war: exklusiv. Im positiven wie im negativen Wortsinn.

So wurde umgekehrt, wenn auch in den etablierten Medien immer vereinzelter, im männlichen Narzissmus weiterhin auch progressives Potential gesehen. Die Theaterregisseurin Angela Richter hat zum Beispiel in ihrem Stück «Assassinate Assange – reloaded» die Nerds zu einer neuen künstlerischen Avantgarde zu adeln versucht – und sich gewundert, warum das keiner erkenne, warum für Nerds nicht das gleiche gelte wie ehedem für Künstler: dass «Egozentrik, Narzissmus, Obsessionen und Frauenfeindlichkeit [...] geradezu zum Anforderungsprofil von ‹großen› Künstlern [gehören]. Die Vorstellung, dass einem hemmungslosen Künstler Charakterschwäche angesichts eines bedeutenden Werks vorgeworfen würde, ist lächerlich. Doch warum gelten bei der Beurteilung von Netzaktivisten andere Maßstäbe?»[29] Das war 2014. Im Lichte der anhaltenden Debatten über «Cancel Culture» ist diese Perspektive gegenwärtig kaum noch nachzuvollziehen – denn was bereits für den Künstler nicht mehr gilt, kann für die deutlich jüngere Figur des Nerds erst recht nicht mehr geltend gemacht werden.

Wie einst beim Philister überfrachtet man die Nerdfigur in neueren Darstellungsweisen mit Bedeutungen – so sehr, dass er immer schwerer zu handhaben ist und schließlich als relevante Sozialfigur zu verschwinden droht. Wenn auch ein wenig Nostalgie erlaubt ist, besteht jedoch kein Grund zu Traurigkeit: Einige Aspekte leben in neuen Figuren weiter, und zwar nicht nur in negativen wie dem Alten Weißen Mann, sondern auch in positiven. Da wäre zum Beispiel die lesbische, chinesische, begabte, kreative, überdurchschnittlich selbstreflexive Ellie Chu (Leah Lewis) aus «The Half of It» (2020); oder der angehende Sextherapeut-Nerd Otis Milburn (Asa Butterfield) aus «Sex Education» (seit 2019), der in die Fußstapfen seiner ebenso nerdigen Mutter tritt; oder die autistischen Teenager aus «Atypical» (seit 2017). Der Nerd hat diesen Figuren den Weg in die etablierten Medien gebahnt. Und es ließen sich unzählige Beispiele nennen, in denen Figuren insofern positiv als «nerdig» gelten, als dass sie außergewöhnlich sind. Dieser wenn auch späte Aspekt wird die Nerdfigur gewiss überleben, ebenso wie der mit ihr assoziierte ironische Insider-Humor.

Auch Gerda (Luna Schaller) aus «How to Sell Drugs Online (Fast)» lässt sich in die Reihe solcher neuer nerdiger Protagonisten einreihen, die aber nicht mehr so recht als Nerd zu klassifizieren sind. Sie ist die einzige schwarze Person der Serie und wird in Opposition zu den populären Protagonisten entworfen – sie ist also wie Moritz eine Außenseiterin. Bei ihrem ersten längeren Auftritt äußert sie sich abfällig über die Beliebtheit und das gute Aussehen von Daniel «Dan» Riffert, dem Liebling aller Schüler. Gerda steht im Schatten ihrer angesagten Freundin, «Everybody's Darling» Lisa; sie ist diejenige, die nach einer Party für die anderen sauber macht – ansonsten ist sie aber «nicht so die Partymaus». In der Schule sitzt sie in der ersten Reihe, sie zockt exzessiv Computerspiele und sucht das «Darknet» auf. Ja, Gerda ist nerdig. Sie ist zudem in Moritz verliebt, der sich aber nicht im Geringsten für sie interessiert und ihre Annäherungsversuche immer wieder abweist. Er vermag sie als Gleichgesinnte nicht zu erkennen, ähnlich wie die Gamer in ihren weiblichen Kolleginnen keine Erfüllung des Nerd-Stereotyps erkennen konnten.

Womöglich benötigt man den weißen männlichen Brillenträger nicht mehr, um den versierten Umgang mit Technik zu thematisieren. Denn Computer- und Informationstechnik wird von der Mehrheit nicht mehr infrage gestellt, weder von neuen, besonders dystopischen noch utopischen Zukunftsvorstellungen begleitet, sondern ist selbstverständlicher Teil des Alltags geworden. Für andere Themen eignet sich der Nerd nur noch bedingt. Denn wie auch immer man sich derzeit mithilfe der Sozialfigur Nerd in bestehenden Diskursen zu positionieren versucht: Der mittlerweile auch historisch gewachsenen Komplexität der Figur wird es kaum einmal gerecht. Gilt die Figur nun einer Aufwertung oder Abwertung, wird sie zum Lob oder zur Kritik eingesetzt – es kommen jeweils nur noch wenige Aspekte der Figur zur Sprache: immer nur jene, die die Argumentation am besten veranschaulichen und mit denen Gegner in einer Debatte am effektivsten diskreditiert werden können. So wird der Nerd im einen Fall positiv reduziert auf seine «Awkwardness» oder die Fähigkeit zum «Hyperfocusing», im anderen Fall negativ auf die mit seinem Geschlecht oder seiner Hautfarbe verbundenen Zuschreibungen. Durch diese sich historisch immer weiter ausdifferenzierten Eigenschaften der Figur lassen sich umgekehrt immer unterschiedlichere Menschen und Protagonisten als Nerds klassifizieren. Das macht die Verwendung immer willkürlicher und bedeutungsloser.

Diese Willkür, mit der die Nerdfigur nun in Debatten zum Einsatz kommt, hat sich selten in einer solchen Augenscheinlichkeit offenbart wie seit Beginn der Corona-Pandemie. In Verschwörungstheorien über Bill Gates transportierten sich bereits in der Nerdfigur angelegte antisemitische Narrative wie Anti-Intellektualismus und Anti-Ökonomismus. In Internet-Memes wurden Nerds als «Introvertierte» zu den Profiteuren der Pandemie erklärt, vorhandene Nerd-Bilder wurden mit neuen Slogans versehen, z. B. «There's been a Quarantine? I didn't notice» oder «Quarantine? I've been training for this my entire life!». In den etablierten Medien wurden Nerds als Helden gefeiert, die gegen das Virus kämpften («Nerds gegen Virus»[30]) – sei es, weil sie mit 3D-Druckern Corona-Schutzausrüstungen produzierten oder an der Corona-App mitarbeiteten. Plötzlich war in diesem Zusammenhang von einer «Nerdrepublik Deutschland» die Rede.[31] Und da waren natürlich noch die Wissenschaftler, die Virologen und Epidemiologen, ja Christian Drosten, in dem man als «wunderlichen Professor» auch «etwas verwuschelt Nerd-haftes»[32] erkannte und dessen Podcast-Beiträge man als «Nerd-Talks» wahrnahm.[33] Sogar Corona selbst wurde als Nerd bezeichnet – warum sonst müssten sich deswegen alle mit Technik auseinandersetzen?[34] So diente die Nerdfigur verschiedensten Personen oder Szenen als Kommunikationsmittel und Bestätigung ihrer jeweiligen ideologischen Positionen. Das zeugt einerseits von ihrer anhaltenden Popularität, andererseits kündigen sich damit erste Alterserscheinungen der Sozialfigur an. Zwar muss, wie vielfach gezeigt wurde, eine Sozialfigur immer auch flexibel, anpassungsfähig sein. Sie darf aber nicht beliebig werden, da ihre Evidenz sonst verloren zu gehen droht.[35]

«Die Gesellschaft figuriert. [...] So artikuliert sie, was sie affiziert und umtreibt, ohne dass eine gesellschaftliche Antwort ausgehandelt worden wäre.»[36] So haben Sebastian J. Moser und Tobias Schlechtriemen ihre Gedanken zur Sozialfigur zu einem Schluss gebracht. Die Nerdfigur hat anschaulich gemacht, auf welche Weise Sozialfiguren gesellschaftliche Diskurse, Frage- und Problemstellungen verdeutlichen, wie Anschauungen in einer Figur zum Ausdruck gebracht werden und als solche wiederum Anlass bieten, Entwicklungen zu beurteilen und zu bewerten. Bestehende Figurationen wirken auf jene Anschauungen und Diskurse zurück, aus denen sie hervorgegangen sind, sie prägen und nuancieren sie und sie führen zu neuen Differenzierungen.

Gerade die jüngere Kritik und die jüngeren Wendungen in der Gestaltung der Nerdfigur machen deutlich, dass eine Sozialfigur eine bestimmte Funktion zu einer bestimmten Zeit in einem bestimmten Kontext besitzt. Ändert sich eine dieser Komponenten, muss die Figur sich anpassen, um bestehen zu bleiben, läuft dabei aber stets Gefahr, ihre Identität und ihre Sinnhaftigkeit zu verlieren. Die jüngsten Entwicklungen im Zusammenhang mit den digitalen Sozialen Medien haben jene Nerdfigur, die in den 1980er Jahren zu ihrer Kernbedeutung gelangt ist, ins Wanken gebracht. Diskurse im Zusammenhang mit Feminismus und Rassismus benötigen die Nerdfigur aktuell noch zur Veranschaulichung einiger Problemlagen, fraglich bleibt aber, ob die Figur flexibel genug ist, um in diesen Diskursen auf längere Sicht Relevanz zu behalten, etwa indem sie als Aneignungsmedium für derzeitige Minderheiten fungiert. Sicher ist: Die Figur wird sich verändern und weiterentwickeln müssen, um bestehen zu bleiben. Gelingt ihr das nicht, droht dem Nerd, wie vielen Sozialfiguren zuvor, auf lange Sicht das Verschwinden.

FILMVERZEICHNIS

1984. Regie: Ridley Scott, USA: Fairbanks Films 1984.

2001: A Space Odyssey. Drehbuch: Stanley Kubrick, Arthur C. Clarke; Regie: Stanley Kubrick, USA/United Kingdom: Stanley Kubrick Production 1968.

A Beautiful Mind. Drehbuch: Akiva Goldsman; Regie: Ron Howard, USA: Universal Pictures, DreamWorks Pictures, Imagine Entertainment 2001.

A Different World. Idee: William H. Cosby Jr., USA: Carsey-Werner Productions in association with Bill Cosby 1987–1993.

Atypical. Idee: Robia Rashid, USA: Weird Brain, Exhibit A, Sony Pictures Entertainment seit 2017.

Beauty & The Nerd. Deutschland: Endemol Shine Germany 2013, 2020.

Beauty and the Geek. Regie: Jeff Lippencott, Mark T. Williams, USA: Katalyst Films, Ball Productions, Fox 21 2005–2008.

Beavis and Butt-Head. Idee: Mike Judge; Regie: Mike Judge, Yvette Kaplan, USA: J. J. Sedelmaier Productions, Inc. (Season 1), Tenth Annual Industries (Seasons 2–7), Ternion Pictures (Season 8), MTV Animation (Seasons 1–8), Inbred Jed's Homemade Cartoons (Pilot only), Film Roman (Season 8), Titmouse, Inc. (Seasons 9–10), Comedy Partners (Seasons 9–10), Judgemental Films, MTV Production Development (Seasons 1–8).

Black Nerds. Drehbuch/Regie/Produktion: T1J, YouTube 25.10.2019.

Blood is Thicker Than Mud (The Fresh Prince of Bel-Air). Drehbuch: Devon Shepard; Regie: Chuck Vinson, USA: The Stuffed Dog Company, Quincy Jones Entertainment, NBC Productions 1993.

Breakfast Club. Drehbuch und Regie: John Hughes, USA: A&M Films, Channel Productions 1985.

Buffy the Vampire Slayer. Drehbuch/Idee: Joss Whedon, USA: Mutant Enemy Productions, Sandollar Television, Kuzui Enterprises, 20th Century Fox Television 1997–2003.

Clarissa Explains It All. Idee: Mitchell Kriegman, USA: Thunder Pictures 1991–1994.

Clueless. Drehbuch und Regie: Amy Heckerling, USA: Paramount Pictures 1995.

Gucci Gift 2020. Idee: Christopher Simmonds; Regie: Akinola Davies Jr.; Design: Alessandro Michele, Frankreich: Gucci 2020.

Daria. Idee: Glenn Eichler, Susie Lewis Lynn, USA: Heyday Media, MTV Animation 1997–2002.

Das Model und der Freak. Deutschland South & Browse 2007–2011.

Das Netz. Regie und Produktion: Lutz Dammbeck, Deutschland 2005.

DeGrassi: The Next Generation. Idee: Yan Moore, Linda Schuyler, Kanada: Epitome Pictures, Bell Media, Alliance Atlantis (Staffel 1–7), Echo Bridge Entertainment (Staffel 8–10), DHX Media (Staffel 14) 2001–2015.

Der schweigende Stern. Drehbuch: Jan Fethke, Wolfgang Kohlhaase, Günter Reisch, Günther Rücker, Alexander Graf Stenbock-Fermor; Regie: Kurt Maetzig, DDR/Polen: DEFA 1960.

Die Silicon Valley-Revolution – Wie ein paar Freaks die Welt veränderten. Regie: Jan Tenhaven, Deutschland: ECO Media TV-Produktion GmbH 2017.

Doctor Strangelove or: How I Learned to Stop Worrying and Love the Bomb. Drehbuch: Stanley Kubrick, Terry Southern, Peter George; Regie: Stanley Kubrick, United Kingdom: Hawk Films 1964.

Dope. Drehbuch und Regie: Rick Famuyiwa, USA: Significant Productions, i am OTHER, Revolt Films 2015.

Family Matters. Drehbuch/Idee: William Bicklel, Michael Warren; Regie: Thomas L. Miller, Robert L. Boyett, USA: Miller-Boyett Productions und Bickley-Warren Production (1991–1998), Lorimar Television (1989–1993), Warner Bros. Television (1993–1998).

Fast Times at Ridgemont High. Drehbuch: nach Cameron Crowe «Fast Times at Ridgemont High: A True Story», 1981; Regie: Amy Heckerling, USA: Refugee Films 1982.

Feminist Frequency: Tropes vs Women in Video Games. Drehbuch/Regie/Produktion: Anita Sarkeesian, YouTube: 2013.

Freaks and Geeks. Drehbuch/Idee: Paul Feig, USA: Apatow Productions, DreamWorks Television 1999.

Gilmore Girls. Idee: Amy Sherman-Palladino, USA: Dorothy Parker Drank Here Productions, Hofflund/Polone, Warner Bros. Television 2000–2007.

Happy Days. Drehbuch und Regie: Garry Marshall; Produzent: William Bickley et al., USA: Miller-Milkis Productions (1974–1981), Henderson Production Company, Inc. (1978–1984), Miller-Milkis-Boyett Productions (1981–1984).

Home Improvement. Drehbuch/Idee: Carmen Finestra, David McFadzean, Matt Williams, USA: Wind Dancer Productions, Touchstone Television 1991–1999.

How to Sell Drugs Online (Fast). Idee: Philipp Käßbohrer, Matthias Murmann, Stefan Titze und Sebastian Colley, Deutschland: Bildundtonfabrik seit 2019.

Ich bin drin! AOL-Werbespot. Idee: Petra Felten-Geisinger. Deutschland: Telemaz 1999.

Inside Bill's Brain: Decoding Bill Gates. Idee und Regie: Davis Guggenheim, USA: Netflix 2019.

iPod silhouette commercials. Idee: Susan Alinsangan, USA: TBWA\Chiat\Day 2003–2011.

Jobs. Drehbuch: Matt Whiteley; Regie: Joshua Michael Stern, USA: Five Star Feature Films, IF Entertainment, Venture Forth, Silver Reel, Endgame Entertainment 2013.

King of Queens. Drehbuch/Idee: Michael J. Weithorn, David Litt, USA: CBS Productions (1998–2007), CBS Paramount Network Television (2007), Columbia TriStar Television (1998–2001), Columbia TriStar Domestic Television (2001–02), Sony Pictures Television (2002–2007).

Legally Blonde. Drehbuch: Karen McCullah Lutz, Kirsten Smith; Regie: Robert Luketic, USA: Type A Films, Marc Platt Productions, Metro-Goldwyn-Mayer 2001.

Living Single. Idee: Yvette Lee Bowser, USA: SisterLee Productions (Staffel 2–5), Warner Bros. Television 1993–1998.

Malcolm in the Middle. Idee: Linwood Boomer, USA: Satin City, Regency Television, Fox Television Studios 2000–2006.

Meet the Class of S/S 2018. Art Direktion: Romain Kremer; Design: Gary Card; Spanien: Camper 2018.

Mr. Peepers. Drehbuch: Robert Alan Aurthur, Everett Greenbaum, Bill Larkin, Biff McGuire, Howard Rodman, David Swift; Regie: David Swift, USA: NBC 1952–1955.

Napoleon Dynamite. Drehbuch: Jared Hess, Jerusha Hess; Regie: Jared Hess, USA: Fox Searchlight Pictures, Paramount Pictures, MTV Films, Napoleon Pictures, Access Films 2004.

Nothing to Prove. Idee und Produktion: The Doubleclicks, Josh A. Cagan, USA: 2013.

Peggy Sue Got Married. Drehbuch: Jerry Leichtling, Arlene Sarner; Regie: Francis Ford Coppola, USA: American Zoetrope, Rastar 1986.

Pirates of Silicon Valley. Drehbuch: basiert auf Fire in the Valley: The Making of The Personal Computer (Paul Freiberger, Michael Swaine); Regie: Martyn Burke, USA: Haft Entertainment St. Nick Productions: 1999.

Rebel without a Cause. Drehbuch: Nicholas Ray, Irving Shulman; Regie: Nicholas Ray, USA: Warner Bros. 1955.

Revenge of the Nerds. Drehbuch: Tim Metcalfe, Miguel Tejada-Flores, Steve Zacharias, Jeff Buhai; Regie: Jeff Kanew, USA: Interscope Communications 1984.

Saturday Night Fever. Drehbuch: Norman Wexler; Regie: John Badham, USA: Robert Stigwood Organization 1977.

Schaffende Hände: Lovis Corinth. Drehbuch, Regie, Produktion: Hans Cürlis, 1923.

Scooby-Doo, Where Are You! Idee: Joe Ruby, Ken Spears; Regie: Joseph Barbera, William Hanna, USA: Hanna-Barbera Productions 1969–1978.

She's All That. Drehbuch: R. Lee Fleming Jr.; Regie: Robert Iscove, USA: Tapestry Films, FilmColony 1999.

Sex Education. Drehbuch: Laurie Nunn; Regie: Ben Taylor, Kate Herron, United Kingdom: Eleven Film seit 2019.

Silicon Valley. Drehbuch/Idee: Mike Judge, John Altschuler, Dave Krinsky. USA: Arts Entertainment, Altschuler Krinsky Works, Judgemental Films Inc. seit 2014.

Square Pegs. Idee: Anne Beatts, USA: Embassy Television 1982–1983.

Steve Jobs: Billion Dollar Hippy. Regie: Laura Craig Gray, Tristan Quinn, USA: Films Media Group 2011.

The Adorkable Misogyny of The Big Bang Theory. Drehbuch/Regie/Produktion: Jonathan McIntosh, YouTube: 2017.

The Big Bang Theory. Idee: Chuck Lorre, Bill Prady, USA: Chuck Lorre Productions, Warner Bros. Television 2007–2019.

The Circle. Drehbuch: basiert auf Eggers 2014; Regie: James Ponsoldt, USA: Image Nation Abu Dhabi, Playtone, Likely Story, IM Global 2017.

The Computer Wore Tennis Shoes. Drehbuch: Joseph L. McEveety; Regie: Robert Butler, USA: Walt Disney Productions 1969.

The Cosby Show. Idee: William H. Cosby Jr., Ed. Weinberger, Michael J. Leeson, USA: Carsey-Werner Productions 1984–1992.

The Fresh Prince of Bel-Air. Idee: Andy Borowitz, Susan Borowitz, USA: The Stuffed Dog Company, Quincy Jones Entertainment (Staffel 1–3), Quincy Jones-David Salzman Entertainment (Staffel 4–6), NBC Productions 1990–1996.

The Half of It. Drehbuch und Regie: Alice Wu, USA: Likely Story 2020.

The IT-Crowd. Drehbuch/Idee: Graham Linehan, United Kingdom: Talkback Thames, Delightful Industries 2006–2013.

The Many Loves of Dobie Gillis. Drehbuch: Max Shulman; Regie: Rod Amateau et. al., USA: 20th Century Fox Studios 1959–1963.

The Mis-Adventures of Awkward Black Girl. Drehbuch, Regie und Produktion: Issa Rae (Letzteres zusammen mit Tracy Oliver) 2011–2013.

The Nerds (Saturday Night Live). Drehbuch/Idee: Anne Beatts, Rosie Schuster, USA: NBC 1977–1979.

The Nutty Professor. Drehbuch: Jerry Lewis, Bill Richmond; Regie: Jerry Lewis, USA: Imagine Entertainment 1996.

The O. C. Idee: Josh Schartz, USA: College Hill Pictures, Inc., Wonderland Sound and Vision, Hypnotic (nur Staffel 1), Warner Bros. Television 2003–2007.

The Social Network. Drehbuch: Aaron Sorkin; Regie: David Fincher, USA: Columbia Pictures, Relativity Media, Scott Rudin Productions. Michael De Luca Productions, Trigger Street Productions 2010.

Think Different (Crazy Ones). Regie: Jennifer Golub, USA: TBWA 1997.

This Is Us. Idee: Dan Fogelman, USA: Rhode Island Ave. Productions, Zaftig Films, 20th Television seit 2016.

Triumph of the Nerds. Drehbuch: Robert X. Cringely; Regie: Paul Sen,

USA/United Kingdom: John Gau Productions for Channel 4, Oregon Public Broadcasting 1996.

Valley of the Boys. Regie und Produktion: Monika Khushf, USA: University of California 1999.

War Games. Drehbuch: Lawrence Lasker, Walter F. Parkes; Regie: John Badham, USA: United Artists, Sherwood Productions 1983.

What's Happening!! Idee: Eric Monte, USA: Bud Yorkin Productions (Staffel 1–2), TOY Productions (Staffel 1–3) 1976–1979.

Why My Channel is Called Black Nerd Comedy. Regie und Produktion: Black Nerd Comedy 1.3.2019.

REGISTER

(Filme, Romane, Comics, Spiele und darin enthaltene Figuren sind kursiv gesetzt; fiktive Figuren werden nach Vornamen, historische Personen nach Nachnamen sortiert)

ANMERKUNGEN

ONLINE GEHEN: PROLOG

1 Allgemeine Anmerkungen: 1. In der vorliegenden Arbeit wurde auf die gleichzeitige Verwendung der Sprachformen männlich, weiblich und divers (m/w/d) verzichtet. Das ist vor allem dem Gegenstand selbst geschuldet: Nerd zu gendern, hätte die Untersuchung inhaltlich verfälscht, da es sich um eine männlich konnotierte Figur handelt. Sämtliche Personenbezeichnungen gelten gleichermaßen für alle Geschlechter. 2. Aufgrund der verschiedenartigen Bezugsquellen wird bei der Zitation aus Filmen auf die Zeitangabe verzichtet. Die lexikalischen Angaben finden sich im Filmverzeichnis. 3. Der letzte Zugriff aller Internetquellen fand am 25. Januar 2021 statt. 4. Alle Übersetzungen erfolgten durch die Verfasserin.

JEDER MENSCH IST EIN NERD

1 Max Goldt: Ein gutes und ein schlechtes neues Wort für Männer. In: Ders.: Mind boggling – Evening Post. Zürich 1998, S. 84–90.

2 Der Otaku weist zwar in seiner Bedeutung Überschneidungen zum Nerd auf, etwa hinsichtlich des bedingungslosen und maßlosen Enthusiasmus für Artefakte der populären Kultur – insbesondere fankultureller Art. Während die Nerdfigur mit der Wertschätzung bzw. einer grundlegenden Aufwertung von Populärkultur in Zusammenhang steht, dient die negative mediale Darstellungsweise des Otaku als obsessiver Mediennutzer sowohl in Japan als auch in Deutschland bis heute als Kritik an einer mediatisierten Gesellschaft und ihrer populärkulturellen Artefakte. Das japanische Wort «Otaku», das «Zuhause» bedeutet, bezieht sich hier auf die Zurückgezogenheit und fehlende Gesellschaftsfähigkeit von eigenwilligen obsessiven Konsumenten. Mit dem Begriff Otaku werden also Personen bezeichnet, die von irgendetwas – z. B. Comics, Mangas, Idols etc. – derartig besessen sind, dass sie den Großteil ihrer Zeit zu Hause ihrer Leidenschaft widmen und folglich weder enge persönliche Beziehungen eingehen noch fähig sind, einer Arbeit nachzugehen. Zwar wird auch die Nerdfigur als autistisch und teilweise als «besessen» beschrieben und gezeigt – allerdings eher im Sinne von *fokussiert*. Auch der Nerd wird meistens als Außenseiter oder

Einzelgänger dargestellt, doch anders als der Otaku ist er nicht lebens-, arbeits- oder gesellschaftsunfähig, sondern seine Fähigkeiten sind ganz im Gegenteil die Grundlage für seinen späteren finanziellen und dadurch auch gesellschaftlichen Erfolg. Vgl. Michael Manfé: Otakismus. Mediale Subkultur und neue Lebensform – eine Spurensuche. Bielefeld 2005, S. 15.

DIE SOZIALFIGUR «NERD»

1 In Internetforen werden weitere Theorien zur Entstehung des Begriffs diskutiert. Besonders populär und auch von der vorhandenen Literatur zum Nerd zitiert ist die These, «Nerd» sei von «Knurd» abgeleitet, einem Begriff, den College-Studenten verwendet haben, um Kommilitonen zu benennen, die nicht trinken (und deswegen langweilig sind). «Knurd» ist «drunk» rückwärts geschrieben. Aus «Knurd» wurde schließlich «Nurd», letzterer Begriff findet einen frühen Beleg in dem satirischen Studentenmagazin «Bachelor» des Rensselaer Polytechnic Institute von 1965. Die Titelgeschichte heißt «Why are 61 nurds so excited» (The RPI Bachelor, V14 #1, 1965; http://www.eldacur.com/ ~brons/NerdCorner/nerd.html). Auf dem zum Artikel gehörenden Bild sieht man einen großen Seminarraum voller junger Männer, viele von ihnen tragen karierte Hemden und Hornbrillen und entsprechen damit optisch dem noch heute vorherrschenden Bild eines Nerds.

2 Es sei allerdings angemerkt, dass Sozialfiguren nicht gleichzusetzen sind mit Figuren in narrativen Fiktionen, die in der Literatur- und Filmwissenschaft der Ausgangspunkt von Figurentheorien sind. Steve Urkel aus der Serie «Family Matters» ist zwar ein Nerd – aber der Nerd ist nicht durch Steve Urkel zu definieren. Vielmehr stellt der Nerd einen Typus dar, der durch fiktionale Figuren mal individueller und mal typisierter erscheinen kann. Je mehr Eigenschaftskonstellationen dem Typus entsprechen, desto typisierter ist die Filmfigur.

3 Sebastian J. Moser, Tobias Schlechtriemen: Sozialfiguren – zwischen gesellschaftlicher Erfahrung und soziologischer Diagnose, in: Zeitschrift für Soziologie 47 (3). Oldenbourg 2018, S. 164–180.

4 Stephan Moebius, Markus Schroer (Hg.): Diven, Hacker, Spekulanten. Sozialfiguren der Gegenwart. Frankfurt a. M. 2010, S. 8.

5 Ebd.

6 Moser, Schlechtriemen a. a. O. (Anm. 3), S. 165.

7 Ebd. S. 171.

8 Ebd. S. 172.

9 Gerd Stein (Hg.): Bohemien – Tramp – Sponti. Boheme und Alternativkultur. Kulturfiguren und Sozialcharaktere des 19. und 20. Jahrhunderts (Band 1). Frankfurt a. M. 1981, S. 10.

10 Moser, Schlechtriemen, a. a. O. (Anm. 3), S. 172.

DER BÜRGERLICHE SPIEßER

1 Im Wortlaut heißt es: «In Detroit, someone who once would be called a drip or a square is now, regrettably, a nerd». Unbekannter Autor: Jelly Tot, Square, Bear-Man!, in: Newsweek, 8. Oktober 1951, S. 28/29.

2 Mathias Mertens: Nerds. Computer. Piraten. Die kulturgeschichtliche Erklärung eines Syllogismus, in: Christoph, Bieber, Claus Leggewie (Hg.): Unter Piraten. Erkundungen einer neuen politischen Arena. Bielefeld 2012, S. 53–65, hier S. 56.

3 John Clellon Holmes: This Is The Beat Generation, in: The New York Times Magazine, November 16, 1952. (https://www.litkicks.com/This IsTheBeatGeneration).

4 Jack Kerouac: Dharma Bums, S. 98, zit. nach: Thomas Hecken, Marcus S. Kleiner, André Menke: Popliteratur. Eine Einführung. Stuttgart 2015, S. 9.

5 Ebd.

6 Lawrence Lipton: The Holy Barbarians. Eastford 2010 [1959].

7 Vgl. Hecken, Kleiner, Menke: a. a. O. (Anm. 4), S. 9.

8 Lipton a. a. O. (Anm. 6).

9 Yuri Shakouchi: The Stereotypes of the Beatniks and Hip Consumerism: A Study of Mad Magazine in the Late 1950s and 1960s, in: The Journal of Popular Culture, Volume 48 2015, S. 1270–1286, hier S. 1277.

10 Vgl. ebd.

11 Ebd.

12 Christine Quail: Nerds, Geeks, and the Hip/Square Dialectic in Contemporary Television, in: Television & New Media 12(5), 2011, S. 460–482.

13 Ludwig Marcuse: Die Revolution unter den Rippen – Die Beatniks, einmal verklärt und einmal kritisiert, in: Die Zeit Nr. 23, 1961. (https://www.zeit.de/1961/23/die-revolution-unter-den-rippen/komplettansicht).

14 Vgl. Achim von Arnim: «Die Idee einer deutschen Freßgesellschaft» und «Vorschlag zu einer deutschen Tischgesellschaft» (1811), in: Gerd Stein (Hg.): Philister – Kleinbürger – Spießer. Normalität und Selbstbehauptung. Kulturfiguren und Sozialcharaktere des 19. und 20. Jahrhunderts (Band 4). Frankfurt a. M. 1985, S. 25–27.

15 Ebd.

16 Vgl. Georg Stanitzek, Till Dembeck, Remigius Bunia (Hg.): Philister: Problemgeschichte einer Sozialfigur der neueren deutschen Literatur. Berlin 2011.

17 Kurt Tucholsky (Ignaz Wrobel): Der Kleinstadtphilister (aus: Volkszeitung für die östlichen Grenzlande, 08.10.1920), in: Ders.: Glossen und Essays. Gesammelte Schriften (1907–1935). (https://www.textlog.de/tucholsky-philister-klein.html)

18 Ebd.

19 Stein a.a.O. (Anm. 14), S. 14.

KEIN COOLHUNTER

1 Vgl. Granville Stanley Hall: Adolescence: Its Psychology, and Its Relations to Physiology, Anthropology, Sociology, Sex, Crime, Religion and Education. New York 1907.

2 Vgl. Timothy Shary: Teen Movies. American Youth on Screen. London/ New York 2005, S. 2.

3 Rodney P. Carlisle: Handbook to Life in America: Postwar America, 1950 to 1969. New York 2009, S. 22.

4 Shary a.a.O. (Anm. 2), S. 38.

5 Ebd. S. 45.

FOUR EYES UND PIZZA FACE

1 Ebd. S. 56.

DER NERD ALS MOTIV DES ANTI-INTELLEKTUALISMUS

1 Hans Blumenberg: Das Lachen der Thrakerin. Eine Urgeschichte der Theorie. Frankfurt a.M. 1987, S. 9.

2 Ebd.

3 Ebd. S. 12.

4 Ebd.

5 Vgl. Richard Hofstadter: Anti-Intellectualism in American Life. Toronto 1962/1963.

6 Ebd. S. 3.

7 Ebd. S. 3–5.

8 Zit. nach ebd.

9 Ebd.

10 Louis Bromfield: The Triumph of the Egghead, in: The Freeman, December 1 1952, S. 154–158, hier: S. 158.

11 Ebd.

12 Anthony Lioi: Nerd Ecology: Defending the Earth with Unpopular Culture. London/New York 2016, S. 26.

13 Benjamin Nugent: American Nerd. The Story of My People. New York 2008, S. 73–98. Nugent stellt zwei Rassismen einander gegenüber: Während im Rassismus gegenüber Afroamerikanern oder Indigenen die Betroffenen als Primitive herabgewürdigt werden, sind Asiaten, Juden und nun auch Nerds dem negativen Intellektualismus-Vorwurf ausgesetzt.

14 Vgl. Joachim Schummer, Sami I. Spector: Visuelle Populärbilder und Selbstbilder der Wissenschaft, in: Bernd Hüppauf, Peter Weingart

(Hg.): Frosch und Frankenstein. Bilder als Medium der Popularisierung von Wissenschaft. Bielefeld 2009, S. 342–372.

15 Joy Horowitz: Snookums! Steve Urkel Is a Hit, in: The New York Times, 17.4.1991, Section C, S. 11.

16 Ebd.

17 Saran Donahoo, Tamara Yakaboski: The Prism of Hollywood. Depictions of Racial Diversity in College Films, in: Barbara F. Tobolowsky, Pauline J. Reynolds (Hg.): Anti-Intellectual Representations of American Colleges and Universities. Fictional Higher Education. New York 2017, S. 81–101, hier S. 87.

DIE RACHE DES NERDS

1 Ulf Poschardt: Cool. Reinbek 2002, S. 43.

2 Ebd.

3 Hans Georg Gadamer (1991): Lob der Theorie. Frankfurt a. M., S. 87.

4 Walter Grasskamp: «Raumbilder», in: *Deutsche Kunst im 20. Jahrhundert. Malerei und Plastik 1905–1985*, Ausstellungskatalog Staatsgalerie Stuttgart 1986, S. 125–133, hier S. 125.

DER COMPUTER-NERD

1 Walter Isaacson: Steve Jobs. Die autorisierte Biografie des Apple-Gründers. München 2011, S. 104–105.

2 Lee Dembart: Computer Show's Message: ‹Be the First on Your Block›, in: The New York Times, 26.08.1977. (https://www.nytimes.com/1977/08/26/archives/computer-shows-message-be-the-first-on-your-block.html?searchResultPosition=14)

3 Ebd.

4 Ebd.

5 Ebd.

6 Vgl. z. B. Kenneth S. Widelitz: Tax Aspects Of Personal Computing Or When Is A Hobby Not A Hobby?, in: Personal Computing, Juli/August 1977, S. 43–45.

7 Ron Eglash: Race, Sex, and Nerds: From Black Geeks to Asian American Hipsters, in: Social Text 71, Vol. 20, No. 2. Durham 2002, S. 49–64, hier S. 51.

8 Ebd.

9 Vgl. Steven Levy: Hippie versus Nerd: Two books on cybercultures roots, in: Bookforum, Dezember/Januar 2007. (https://www.bookforum.com/print/1304/hippie-versus-nerd-501)

10 Stewart Brand: Spacewar. Fanatic Life and Symbolic Death Among the Computer Bums, in: Rolling Stone Nr. 123, 7.12.1972, S. 50–58.

11 Ebd. S. 51.

12 Paul Ciotti: Revenge of the Nerds, in: California, Juli 1982, S. 72–80, hier S. 75.

13 California, Juli 1982, Cover.

14 David E. Sanger: High-Tech Rebel, in: The New York Times, 11.09. 1988, Section 6, S. 60. (https://www.nytimes.com/1988/09/11/magazine/high-tech-rebel.html?searchResultPosition=4)

15 Jeffrey Young: Steve Jobs. The Journey is the Reward. Barcelona 1988, S. 18.

16 Phil Patton: Steve Jobs. Out For Revenge, in: The New York Times, 6.8. 1989. (https://www.nytimes.com/1989/08/06/magazine/steve-jobs-out-for-revenge.html?searchResultPosition=16)

17 John Taylor: Books and Buisiness; Zen and the Art of Computing, in: The New York Times, 25.10.1987. (https://www.nytimes.com/1987/10/25/books/books-and-business-zen-and-the-art-of-computing.html?searchResultPosition=6)

18 Ebd.

19 Young a.a.O. (Anm. 15).

20 Unbekannter Autor: Microsoft to Make Initial Stock Offer, in: The New York Times, 4.2.1986. (https://www.nytimes.com/1986/02/04/business/microsoft-to-make-initial-stock-offer.html?searchResultPosition=16)

21 z.B. Taylor a.a.O. (Anm. 17); Young a.a.O. (Anm. 15).

22 Laura Rich: The Accidental Zillionaire. Demystifying Paul Allen. New Jersey 2003. Rich spricht vom «reichsten Mann der Welt»; das Zitat stammt wiederum aus der Rezension der Amazon-Redaktion (https://www.amazon.com/Accidental-Zillionaire-Demystifying-Paul-Allen/dp/0471234915).

23 Lori Kendall: Nerd nation. Images of nerds in US popular culture, in: International Journal of Cultural Studies 2, Nr. 2. New York 1999, S. 260–283, hier S. 263.

24 Mertens a.a.O. (S. 246, Anm. 2), S. 61.

25 Steven Levy: Hackers: Heroes of the Computer Revolution. New York 2001 [Erstausgabe 1984], S. vii.

26 Christiane Funken: Der Hacker, in: Stephan Moebius, Markus Schroer (Hg.): Diven, Hacker, Spekulanten. Sozialfiguren der Gegenwart. Frankfurt a. M. 2010, S. 190–205, hier S. 191.

27 Vgl. Paul Freiberger, Michael Swaine: Fire in the Valley: Making of the Personal Computer. New York 1984.

28 Vgl. Judith K. Larsen, Everett M. Rogers: Silicon Valley Fever. Growth of High-Technology Culture. London 1984.

29 Vgl. Everett M. Rogers: Diffusion of Innovations. New York 2003 [Erstveröffentlichung 1962].

30 Larsen, Rogers a.a.O. (Anm. 28), S. 42.

31 Ebd. S. 265.

32 Ebd. S. 265 und 266.

33 Vgl. Rich a. a. O. (Anm. 22).

34 Vgl. Linus Torvalds, David Diamond: Just for Fun. The Story of an Accidental Revolutionary. New York 2002.

35 Vgl. Ben Mezrich: The Accidental Billionaires: The Founding of Facebook, a Tale of Sex, Money, Genius, and Betrayal. New York 2009.

36 Insbesondere in der Analyse von: Ernst Kris, Otto Kurz: Die Legende vom Künstler. Frankfurt a. M. 1995.

37 Ebd. S. 29.

38 Ebd. S. 53.

39 Paul Allen: Idea Man. Die Autobiografie des Microsoft-Mitbegründers. Frankfurt a. M. 2011, S. 37.

40 Isaacson a. a. O. (Anm. 1), S. 32.

41 Vgl. Bill Gates: Der Weg nach vorn. Die Zukunft der Informationsgesellschaft. Hamburg 1995, S. 16.

42 Kris, Kurz a. a. O. (Anm. 36), S. 27.

43 Jochen Schmidt: Die Geschichte des Genie-Gedankens in der deutschen Literatur, Philosophie und Politik 1750–1945, Band 1. Darmstadt 1985, S. 1.

44 Steve Wozniak, Gina Smith: Woz. Wie ich den Personal Computer erfand und Apple mitbegründete. München 2008 [Erstveröffentlichung 2006], S. 14.

45 Schmidt a. a. O. (Anm. 43), S. 2–3.

46 Vgl. Georg Stanitzek: Genie: Karriere/Lebenslauf. Zur Zeitsemantik des 18. Jahrhunderts und zu J. M. R. Lenz, in: Jürgen Fohrmann (Hg.): Lebensläufe um 1800. Tübingen 1998, S. 241–255.

47 Ebd. S. 245.

48 Jakob Friedrich Abel: Rede über das Genie. Werden grosse Geister geboren oder erzogen und welches sind die Merkmale derselbigen? Neudruck der Rede Abels vom 14. Dezember 1776 in der Herzoglichen Militär-Akademie zu Stuttgart. Marbach a. N. 1955, S. 31. Zitiert nach: Stanitzek. a. a. O. (Anm. 46), S. 245.

49 Christian Garve an Christian Felix Weiße, 18.10.1794, in: Briefe von Christian Garve an Christian Felix Weiße und einige andere Freunde. Bd. 2. Breslau 1803, S. 169. Zitiert nach: Stanitzek a. a. O. (Anm. 46), S. 245/246.

50 Ebd.

51 Albert Coers: Kunstkatalog – Katalogkunst. Der Ausstellungskatalog als künstlerisches Medium am Beispiel von Thomas Demand, Tobias Rehberger und Olafur Eliasson. Berlin/München/Boston 2015, S. 343.

52 Ebd.

53 Kris, Kurz a. a. O. (Anm. 36), S. 76.

54 Steve Silberman: The Geek Syndrome, in: Wired, 12.01.2001. (https://www.wired.com/2001/12/aspergers/).

55 Steve Silberman: Die geheime Geschichte des Autismus und warum wir Menschen brauchen, die anders denken. Köln 2017, S. 86.

56 Michaela Simon: Die Geek-Autismus-Connection, in: Telepolis, 25.3. 2002. (https://www.heise.de/tp/features/Die-Geek-Autismus-Connection-3519189.html).

57 Nicole Karafyllis: nerdig, in: NGBK (Hg.): Glossar inflationärer Begriffe. Berlin 2013, S. 99–106, hier S. 104.

58 Ebd.

59 Michaela Simon sprach von «Hyperfocusing» (Simon a.a.O. (Anm. 56)), Benjamin Nugent von «Intense focus on a particular subject or set of subjects» (Nugent a.a.O. (S. 247, Anm. 13), S. 146).

60 Schmidt a.a.O. (Anm. 43), S. 96.

61 Mertens a.a.O. (S. 246, Anm. 2), S. 63.

62 Stichwort ‹Computermetapher›, in: Markus Antonius Wirtz (Hg.): Dorsch – Lexikon der Psychologie, 19. Auflage. Bern 2020.

63 Matthias Eckoldt: Eine kurze Geschichte von Gehirn und Geist: Woher wir wissen, wie wir fühlen und denken. München 2016, S. 189.

64 Ebd.

65 Sherry Turkle: The Second Self: Computers and the Human Spirit. New York 1984, S. 19.

66 Ebd. S. 26.

67 Karafyllis a.a.O. (Anm. 57), S. 105.

EIN COMPUTER IST AUCH NUR EIN MENSCH

1 Joseph Weizenbaum: Die Macht der Computer und die Ohnmacht der Vernunft [Erstveröffentlicht unter: Computer Power and Human Reason. From Judgement to Calculation, 1976]. Frankfurt a.M. 1977, S. 9.

2 Ebd.

3 Das hat Karoline Hille am Beispiel dieses Grosz-Aquarelles verdeutlicht. Vgl. Karoline Hille: «… über den Grenzen, Mitten in Nüchternheit». Prothesenkörper, Maschinenherzen, Automatenhirne, in: Pia Müller-Tamm, Katharina Skore (Hg.): Puppen, Körper, Automaten – Phantasmen der Moderne. Köln 1999, S. 140–159, hier S. 142.

4 Robert A. Nisbet: Man and Technics. University of Arizona Bulletin Series 26, Nr. 1. Tucson: Arizona 1956, S. 23. Zitiert nach: Andreas Schüler: Erfindergeist und Technikkritik. Der Beitrag Amerikas zur Modernisierung und die Technikdebatte seit 1900. Stuttgart 1990, S. 141.

5 Joseph Huber: Technikbilder: Weltanschauliche Weichenstellungen der Technologie- und Umweltpolitik. Opladen 1989, S. 10.

6 Oswald Spengler: Der Untergang des Abendlandes. München 1991 [Erstveröffentlichung 1923], S. 1190.

7 Vgl.: Robert S. Lee: Social Attitudes and the Computer Revolution, in: The Public Opinion Quarterly Vol. 34, Nr. 1. Frühling 1970, S. 53–59, hier S. 59.

8 Matthias Horx: Die Digitale Generation, in: Die Zeit Nr. 47, 16.11. 1984, S. 79.

9   Theodore Roszak: Der Verlust des Denkens. Über die Mythen des Computerzeitalters. München 1986, S. 16–18.

10 Ebd. S. 100–102.

11 Ebd. S. 103–109

12 Larsen, Rogers a. a. O. (S. 249, Anm. 28), S. 268.

13 Claus Pias: Der Hacker, in: Eva Horn, Ulrich Bröckling (Hg.): Grenz-verletzer. Figuren politischer Subversion. Berlin 2002, S. 248–270, hier S. 253.

14 Christian Funken: Der Hacker, in: Moebius, Schroer a. a. O. (S. 249, Anm. 26), S. 190–205, hier S. 190.

15 Boris Gröndahl: Hacker. Hamburg 2000, S. 6.

16 Ebd. Auch Gröndahl stellt die These auf, dass die Konnotation von Ha-ckern als «Datenterroristen» andere (z. T. positive) Aspekte der Hacker-kultur verdrängt hätten.

17 Alexander Friedrich: Das Internet als Medium und Metapher. Medien-metaphorologische Perspektiven, in: Annette Simonis, Berenike Schrö-der (Hg.): Medien, Bilder, Schriftkultur. Mediale Transformationen und kulturelle Kontexte. Würzburg 2012, S. 227–251, hier S. 247.

18 Ebd.

19 Gröndahl a. a. O. (Anm. 15), S. 13–17.

20 Kathrin Glanz: Nerd-Pride, Privilegien und Post-Privacy: Eine intersek-tional-hegemonietheoretische Betrachtung der Netzbewegung, in: Fe-mina Politika – Zeitschrift für feministische Politikwissenschaft, Nr. 2: Digitalisierung zwischen Utopie und Kontrolle. Stuttgart 2014, S. 47–59, hier S. 49.

21 Mertens a. a. O. (S. 246, Anm. 2), S. 62.

22 Thomas Vasek: Die Rache der Nerds, in: brand eins Nr. 4 2010, S. 130.

23 Pias a. a. O. (Anm. 13).

24 Unbekannter Autor: ‹War Games› Film Cited In Computer Bank Intru-sion, in: The New York Times, 6.11.1983. (https://www.nytimes. com/1983/11/06/us/war-games-film-cited-in-computer-bank-intrusion. html?searchResultPosition=1).

25 Lina Schneider: Das letzte Spiel zum letzten Krieg, in: Die Zeit, Nr. 41, 1983. (https://www.zeit.de/1983/41/das-letzte-spiel-zum-letzten-krieg/ komplettansicht).

26 Ebd.

27 Matthias Horx: Chip Generation. Ein Trip durch die Computerszene. Reinbek 1984, S. 10.

28 Ebd. 11–12.

29 Huber a. a. O. (Anm. 5), S. 51.

30 Horx a. a. O. (Anm. 27), S. 15–16.

31 Ebd. S. 16.

32 Ebd. S. 35.

33 Huber a. a. O. (Anm. 5), S. 66.

34 Horx a. a. O. (Anm. 27), S. 37.

35 Hierbei handelt es sich um einige grundlegende Elemente eutoper und dystoper Technikbilder, die Joseph Huber identifiziert hat. Vgl. Huber a. a. O. (Anm. 5), S. 67–71.

36 Unbekannter Autor: Die Hacker, in: Die Zeit, Nr. 44, 1987. (https://www.zeit.de/1987/44/die-hacker/komplettansicht#!top-of-overscroll).

37 Frank Schirrmacher: Aufstieg der Nerds. Die Revolution der Piraten, in: Frankfurter Allgemeine Zeitung, 21.9.2009. (https://www.faz.net/aktuell/feuilleton/medien/aufstieg-der-nerds-die-revolution-der-piraten-1858596.html).

38 Sascha Lobo: Das Nerd-Dilemma, in: Der Spiegel, 10.04.2012. (https://www.spiegel.de/netzwelt/web/sascha-lobos-kolumne-zu-piratenpartei-und-internet-nerds-a-826515.html).

39 Nina Scholz: Nerds, Geeks und Piraten. Digital Natives in Kultur und Politik. Berlin 2014, S. 30.

40 Mertens a. a. O. (S. 246, Anm. 2), S. 60.

41 Scholz a. a. O. (Anm. 39), S. 30.

42 Lars Konzack: Geek Culture. The 3rd Counter-Culture (Conference paper). 2006. (https://www.academia.edu/3808704/Geek_Culture_The_3rd_Counter_Culture).

43 Beispielsammlung aus: Neil Feineman: GeekChic. London 2005.

44 «What the geek has to offer is a new way of approaching aesthetics and culture. It's a rebellion against the extroverts (like the hippies and especially the yuppies), seeking substance instead of superficiality. The geeks want to delve into issues in quest of knowledge and experience, rejecting the showiness yuppie life style concerned with trendy food, music, fashion, and sports (although some geeks tend to be very interested in Medieval fighting techniques [2]).», in: Konzack a. a. O. (Anm. 42).

45 Thomas Hecken: Populäre Kultur, Massenkultur, hohe Kultur, Popkultur, in: Ders., Markus S. Kleiner (Hg.): Handbuch Popkultur. Stuttgart 2017, S. 256–265, hier S. 256.

46 Ebd.

NERDS UND POPKULTUR

1 Diana Weis (Hg.): Cool aussehen. Mode und Jugendkulturen. Berlin 2012, S. 13.

2 Dagegen wurde wiederum vielfach eingewendet: Gerade weil der Nerd auf den ersten Blick völlig ungeeignet erscheint, eine Gemeinschaft und eigene Subkultur zu etablieren, gerade weil er – wie ich gezeigt habe – kein Jugendlicher ist, als Einzelgänger beschrieben wird, den Mainstream und die mit der Elterngeneration verbundenen Werte und Normen nicht infrage stellt, ist aus dieser augenscheinlichen Differenz zu allen bisherigen Jugend- und Subkulturen ein so starkes Selbstverständnis erwachsen, dass am Ende eben doch eine eigene Subkultur entstanden sei. Matthias Horx hat jedenfalls genau in diesem Sinne die Com-

puterkids als eine «Anti-Subkultur-Subkultur» beschrieben, als eine «Gegenwehr gegen die Welt der Cliquen und deren Dominanz.» Horx a. a. O. (S. 252, Anm. 27), S. 57.

3 Weis a. a. O. (Anm. 1), S. 13.

4 Ebd. S. 11.

5 Elena Pilipets, Rainer Winter: Mainstream und Subkulturen, in: Thomas Hecken, Markus S. Kleiner (Hg.): Handbuch Popkultur. Stuttgart 2017, S. 284–296, hier S. 287.

6 Dick Hebdige: Die Bedeutung des Mod-Phänomens, in: John Clarke u. a. (Hg.): Jugendkultur als Widerstand. Frankfurt a. M. 1981, S. 158–170, hier S. 168.

7 Dieter Rink: Beunruhigende Normalisierung: Zum Wandel von Jugendkulturen in der Bundesrepublik Deutschland, in: Politik und Zeitgeschichte, Band 5, 2002. (https://www.bpb.de/apuz/27129/beunruhigende-normalisierung-zum-wandel-von-jugendkulturen-in-der-bundesrepublik-deutschland)

8 Weis a. a. O. (Anm. 1), S. 14.

9 Rink a. a. O. (Anm. 7).

10 Graham Murdock, Robin McCron: Klassenbewusstsein und Generationenbewusstsein, in: Clarke a. a. O. (Anm. 6), S. 15–39, hier S. 19.

11 Rink a. a. O. (Anm. 7).

12 Diese ‹relevanten Komponenten›, um jemanden als Nerd klassifizieren zu können, hat Jessica Bodner zusammengestellt. Vgl. Jessica Bodner: A Nerd, a Geek, and a Hipster Walk into a Bar, in: Kathryn E. Lane (Hg.): Age of the Geek. Depictions of Nerds and Geeks in Popular Media. Basel 2018, S. 21–42, hier S. 22/23. («There are several necessary components that I believe are necessary to making a nerd or a geek: High or at least above average intelligence; otherwise we could not do what we do; Elitism, or the belief that, while someone is always going to be better, it's our job to hold them and ourselves to a higher standard; Obsession—the ultimate love for esoteric knowledge which is the basis of our social currency; Fandoms, the objects of our undying affection, manifestations of which include TV shows, books, computers, actors, movies, science, space—anything as long as it's complex.»)

DER SILICON-VALLEY-NERD

1 Z. B. Ralf Sander: Als 1984 nicht «1984» wurde, in: Stern, 23.1.2009. (https://www.stern.de/digital/computer/legendaere-macintosh-werbung-als-1984-nicht--1984--wurde-3433852.html); Timo Brücken: 1984 war Apple noch einer von den Guten, in: Stern, 22.1.2014. (https://www.stern.de/digital/computer/30-jahre-macintosh-1984-war-apple-noch-einer-von-den-guten-3132116.html); Todd Leopold: Why 2006 isn't like ‹1984›, in: CNN, 3.2.2006. (https://edition.cnn.com/2006/SHOWBIZ/02/02/eye.ent.commercials/); uvm.

2 Der vollständige Text lautete: «Today, we celebrate the first glorious anniversary of the Information Purification Directives. We have created, for the first time in all history, a garden of pure ideology—where each worker may bloom, secure from the pests purveying contradictory truths. Our Unification of Thoughts is more powerful a weapon than any fleet or army on earth. We are one people, with one will, one resolve, one cause. Our enemies shall talk themselves to death, and we will bury them with their own confusion. We *shall* prevail!»

3 Howard Rheingold beschreibt die Verfechter des Personal Computers als «dissenters». Vgl. Howard Rheingold: Tools for Thought: The History and Future of Mind-Expanding Technology. New York 1985, S. 15.

4 Der vollständige Text lautete: «Here's to the crazy ones. The misfits. The rebels. The troublemakers. The round pegs in the square holes. The ones who see things differently. They're not fond of rules. And they have no respect for the status quo. You can praise them, disagree them, quote them, disbelieve them, glorify or vilify them. About the only thing you can't do is ignore them. Because they change things. They invent. They imagine. They heal. They explore. They create. They inspire. They push the human race forward. Maybe they have to be crazy. How else can you stare at an empty canvas and see a work of art? Or sit in silence and hear a song that's never been written? Or gaze at a red planet and see a laboratory on wheels? We make tools for these kinds of people. While some see them as the crazy ones, we see genius.»

5 Adrian Daub: Was das Valley denken nennt. Frankfurt a. M. 2020, S. 12.

6 Vgl. Laura Craig Gray, Tristan Quinn (Regisseure), Ruth Shurman (Produzentin): Steve Jobs: Billion Dollar Hippy. BBC: USA 2011.

7 Steven Levy: Hippie versus Nerd. Stewart Brand, in: Bookforum Dezember/Januar 2007. (https://www.bookforum.com/print/1304/hippie-versus-nerd-501).

8 Vgl. Fred Turner: From Counterculture to Cyberculture: Stewart Brand, the Whole Earth Network, and the Rise of Digital Utopianism. Chicago & London 2006. Zitiert nach Levy a.a.O. (Anm. 7).

9 Brand a.a.O. (S. 248, Anm. 10).

10 Ebd.

11 Vgl.: John Markoff: What the Dormouse Said: How the Sixties Counterculture Shaped the Personal Computer Industry. New York 2005.

12 In Deutschland hat Lutz Dammbeck (Regie & Produktion) in seinem Film «Das Netz» (2005) dieses Narrativ verhältnismäßig früh bedient, hierzulande wurde es allerdings z.T. als Spekulation zurückgewiesen. Vgl. Hermann-Christoph Müller: Lutz Dammbeck: Das Netz. Die Konstruktion des Unabombers, in: Deutschlandfunk, 21.02.2005. (https://www.deutschlandfunk.de/lutz-dammbeck-das-netz-die-konstruktion-des-unabombers.730.de.html?dram:article_id=102402).

13 Justin Fox: How Silicon Valley Became The Man (Interview mit Fred Turner), in: Harvard Business Review, 9.1.2014. (https://hbr.org/2014/01/how-silicon-valley-became-the-man).

14 David Gugerli: Der Programmierer, in: Alban Frei, Hannes Mangold (Hg.): Das Personal der Postmoderne. Inventur einer Epoche. Bielefeld 2015, S. 17–32, hier S. 21.

15 Ebd. S. 24.

16 Levy a.a.O. (S. 249, Anm. 25), S. 144.

17 Ted Nelson: Computer Lib. You can and must understand computers NOW. Redmond 1987 [1974].

18 John Perry Barlow: A Declaration of the Independence of Cyberspace, 1996. (https://www.eff.org/cyberspace-independence).

19 Thorsten Thiel: Die Schönheit der Chance: Utopien und das Internet, in: Juridikum: Zeitschrift für Kritik, Recht, Gesellschaft, Bd. 15, 2014, S. 459–471, hier S. 459. (https://www.ssoar.info/ssoar/bitstream/handle/document/54793/ssoar-juridikum-2014-4-thiel-Die_Schonheit_der_Chance_Utopien.pdf?sequence=1).

20 Vgl. Louis Rossetto: The Original WIRED Manifesto, 1993. (https://www.wired.com/story/original-wired-manifesto/).

21 Nicholas Negroponte: Being Digital. New York 1995, S. 65.

22 Gero von Randow: Poliertes Technik-Mekka, in: Die Zeit Nr. 46, 1990. (https://www.zeit.de/1990/46/poliertes-technik-mekka).

23 Levy a.a.O. (S. 249, Anm. 25).

24 Douglas Coupland: Microsklaven. Hamburg 1996. [1995].

25 Ebd. S. 10.

26 Ebd. (Rückseite Buchumschlag).

27 Gröndahl a.a.O. (S. 252, Anm. 15), S. 22.

28 Vasek a.a.O. (S. 252, Anm. 22).

29 Coupland a.a.O. (Anm. 24), S. 10/11.

30 Ebd. S. 13–19.

31 Ebd. S. 190.

32 Ebd. S. 72.

33 Ebd. S. 320.

34 Matthias Matussek: Erlösungsauftrag Totalvernetzung, in: Die Welt, 13.08.2014. (https://www.welt.de/kultur/literarischewelt/article131167944/Erloesungsauftrag-Totalvernetzung.html)

35 Vgl. Dave Eggers: The Circle. Köln 2014, S. 10–12.

36 Scholz a.a.O. (S. 253, Anm. 35), S. 68/69.

37 Eggers a.a.O. (Anm. 35), S. 28.

38 Ebd. S. 29–33.

39 Richard Barbrook, Andy Cameron: Die kalifornische Ideologie, in: Telepolis, 5.2.1997. (https://www.heise.de/tp/features/Die-kalifornische-Ideologie-3229213.html)

40 Ebd.

41 Als «Tech Talk» bezeichnet James Rushing Daniel die rhetorischen

Merkmale des Sprechens über Technik, das gemeinhin mit dem Silicon Valley als einem Ort der Gleichgesinnten verbunden wird. Vgl. James Rushing Daniel: Everybody Will be Hip and Rich: Neoliberal Discourse in Silicon Valley, in: Present Tense, Vol. 6, Nr. 2, 2017.

42 Vgl. u.a.: Robert Pogue Harrison: Verändert die Welt, und macht sie flach!, in: Frankfurter Allgemeine Zeitung, 11.8.2014. (https://www. faz.nct/aktuell/feuilleton/kalifornische-ideologie-veraendert-die-welt-und-macht-sie-flach-13092376.html)

43 Vgl.: Stanford Report: Bill and Melinda Gates tell Stanford grads: Channel empathy with optimism, 15.6.2014. (https://news.stanford. edu/news/2014/june/commencement-main-gates-061514.html).

44 Nina Scholz: «Sie glauben an die Google-Brille wie früher an LSD». Fred Turner im Gespräch über Hippies und deren Einfluss auf die New Economy, in: Jungle World, 4.7.2013. (https://jungle.world/artikel/ 2013/27/48002.html).

45 Nina Scholz: Die «Kalifornische Ideologie» und die Linke, in: Luxemburg. Gesellschaftsanalyse und linke Praxis, Dezember 2015. (https:// www.zeitschrift-luxemburg.de/die-kalifornische-ideologie-und-die-linke/).

46 Schüler a.a.O. (S. 251, Anm. 4), S. 181/182.

47 Vgl. Barbrook, Cameron a.a.O. (Anm. 39).

DER PRIVILEGIERTE NERD

1 Jennifer Chan: *A Total Jizzfest*, 2012. (https://vimeo.com/39838174).

2 Vgl. u.a.: Doreen Hartmann: Zwischen Mathematik und Poesie. Leben und Werk von Ada Lovelace, in: Sybille Krämer (Hg.): Ada Lovelace. Die Pionierin der Computertechnik und ihre Nachfolgerinnen. Paderborn 2015.

3 Inke Arns, Marie Lechner: Computer Grrrls, Begleitheft zur gleichnamigen Ausstellung des HMKV im Dortmunder U, 2018, S. 5.

4 Ebd.

5 Karin E. Westman: Beauty and the Geek: Changing Gender Stereotypes on the Gilmore Girls, in: Sherrie A. Inness (Hg.): Geek Chic: Smart Women in Popular Culture. New York 2007, S. 12.

6 Ebd.

7 Arns, Lechner a.a.O. (Anm. 3), S. 5.

8 Monika Khushf (Regie & Produktion): Valley of the Boys. USA 1999.

9 Unbekannter Autor: Sili Valley: Unfriendly to Women?, in: WIRED, 7.5.2000. (https://www.wired.com/2000/07/sili-valley-unfriendly-to-women/).

10 Ebd.

11 Thomas Hecken: Girl und Popkultur. Bochum 2011 [2006], S. 142.

12 Emily Chang: Brotopia. Breaking up the boys' club of Silicon Valley. New York 2018, S. 1–3.

13 Ebd. S. 178 ff.

14 Florian Leitner: Hacker, Nerds und Übermenschen. Die Helden der Cy-
berkultur, in: Nikolaus Immer, Mareen van Marwyck (Hg.): Ästhetischer Heroismus. Konzeptionelle und figurative Paradigmen des Helden. Bielefeld 2013, S. 435–451, hier S. 441.

15 Kendall a. a. O. (S. 249, Anm. 23), S. 264.

16 Vgl. Nicole C. Karafyllis: «Extreme Male Brains» – eine gendertheore-
tische Diskursanalyse zum Phänomen Autismus, in: Nina Degele et al.
(Hg.): Gendered Bodies in Motion. Opladen 2010, S. 55–84.

17 Eglash a. a. O. (S. 248, Anm. 7), S. 52.

18 Sigmund Freud: Das Unbehagen in der Kultur, in: Ders.: Das Unbehagen in der Kultur: Und andere kulturtheoretische Schriften. Frankfurt
a. M. 1974 [Erstveröffentlichung 1930], S. 191–270, hier S. 222.

19 Vgl. Arnold Gehlen: Der Mensch. Seine Natur und seine Stellung in der
Welt. Berlin 1940, S. 15.

20 Vgl. Raewyn Connell: Masculinities. Berkeley 1995.

21 Kendall a. a. O. (S. 249, Anm. 23), S. 264.

22 Connell a. a. O. (Anm. 20), S. 37.

23 Kendall a. a. O. (S. 249, Anm. 23), S. 269.

24 Ebd. S. 270.

25 Ebd.

26 Vgl. Kerstin Schankweiler: Bildproteste. Widerstand im Netz. Berlin
2019.

27 Vgl. Sherry Turkle: Computational Reticence: Why Women Fear the In-
timate Machine, in: Cheris Kramarae (Hg.): Technology and Women's
Voices: Keeping in Touch. New York 1988, S. 41–61.

28 Vgl. Kendall a. a. O. (S. 249, Anm. 23), S. 276.

29 Jasmin Siri: Nerds, Nerdettes #4 Die Nerdette (und zerstreute Tatsachen), in: SozBlog. Blog der Deutschen Gesellschaft für Soziologie,
16.3.2013. (https://blog.soziologie.de/2013/05/nerds-nerdettes-4-die-
nerdette-und-zerstreute-tatsachen/).

30 Vgl. Richard Dyer: The dumb blonde stereotype: Documentation for
EAS classroom materials. London 1979.

31 Michaela Krützen: WeißBLOND. Das Haar, der Star, in: Wolfgang Ullrich, Juliane Vogel (Hg.): Weiß. Frankfurt a. M. 2003, S. 103–144, hier
S. 121.

32 Zitiert in: Karen Thomas: She's having a Blonde Moment, in: USA Today, 28.10.2003. Vgl.: Sherrie A. Inness: Who Remembers Sabrina? Intelligence, Gender, and the Media, in: Dies. (Hg.): Geek Chic: Smart
Women in Popular Culture. New York 2007.

33 Anthony Synnott: Shame and glory: A sociology of hair, in: The British
journal of sociology 38, Nr. 3, 1987, S. 381–413, hier S. 388. Vgl. dazu
Ellen Tremper: I'm no angel: The blonde in fiction and film. Charlottes-
ville 2006.

34 Stephanie Dennison: From Superwoman to Fake Blonde: The represen-

tation of blondness on the Brazilian big screen, in: Celebrity Studies 7, Nr. 1, 2015, S. 21–33, hier S. 22.

35 Cornelius Pollmer: Leichtigkeit jugendlichen Schwachsinns, in: Süddeutsche Zeitung, 14.9.2011. (https://www.sueddeutsche.de/medien/beavis-und-butt-head-auf-mtv-die-leichtigkeit-jugendlichen-schwachsinns-1.1141916).

36 Vgl. Roger W. Caves: Encyclopedia of the City. London & New York 2005, S. 424. Das negativ besetzte Wort spielt darauf an, dass solche Kinder meist einen eigenen Wohnungsschlüssel hatten.

37 Pollmer a. a. O. (Anm. 35).

38 David Kronke: Pop Culture: Just Boys or Civilization Destroyers? Kids think Beavis and Butt-head are cool. So do TV critics. But some outraged media watchdogs thing they just plain suck, in: Los Angeles Times, 12.9.1993. (https://www.latimes.com/archives/la-xpm-1993-09-12-ca-34431-story.html).

39 Richard Bernstein: Ideas & Trends: The Rising Hegemony of the Politically Correct, in: The New York Times. 28. Oktober 1990, Sektion 4, S. 1. (https://www.nytimes.com/1990/10/28/weekinreview/ideas-trends-the-rising-hegemony-of-the-politically-correct.html?pagewanted=all &src=pm).

40 Moira Weigel: Political correctness: How the right invented a phantom enemy, in: The Guardian, 30.11.2016.(https://www.theguardian.com/us-news/2016/nov/30/political-correctness-how-the-right-invented-phantom-enemy-donald-trump).

41 Lorna Weir: PC Then and Now: Ressignifying Political Correctness, in: Stephen Richer, Lorna Weir (Hg.): Political Correctness. Toward the Inclusive University. University of Toronto Press 1995, S. 62–64. Paraphrasiert von Brigitta Huhnke: «political correctness»: ein Mantra nationaler Erweckung, in: ZAG 30. 1999. (https://www.nadir.org/nadir/periodika/zag/archiv/30politicalcorrectness.html).

42 Bernstein a. a. O. (Anm. 39).

43 Ebd.

44 Jerry Adler et al.: Thought Police. Is this the new enlightenment on campus or the new McCarthyism?, in: Newsweek, December 24, 1990. (http://bobjust.com/cgi-bin/imcart/read_v2.cgi?sub=3&article_id=1).

45 John Tayler: Are you Politically Correct?, in New York Magazine, 21.1. 1991, S. 32–40.

46 Ebd. S. 33–38.

47 Andrea Higbie: Daria, MTV Star: The Revenge of the Nerd, in: The New York Times, 6.4.1997. (https://www.nytimes.com/1997/04/06/tv/daria-mtv-star-the-revenge-of-the-nerds.html).

48 Ebd.

49 John J. O'Connor: Teen-Ager's Scornful Look at Cuteness, in: The New York Times, 3.3.1997. (https://www.nytimes.com/1997/03/03/arts/teen-ager-s-scornful-look-at-cuteness.html).

50 Ebd.

51 John J. O'Connor: The Quintessential ‹Pre-Woman›, in: The New York Times, 9.7.1991. (https://www.nytimes.com/1991/07/09/arts/review-television-the-quintessential-pre-woman.html).

52 Dietmar Dath: Sie ist wach. Von einem Mädchen, das hilft, schützt und rettet. Freiburg 2003, S. 48.

53 Vgl. Laura Mulvey: Visual Pleasure and Narrative Cinema, in: Bill Nichols (Hg.): Movies and Methods. Berkeley 1985 [Erstveröffentlichung 1975].

BLERDS

1 Allyson Hobbs: A Chosen Exile – A History of Racial Passing in American Life. New York 1994, zitiert nach: Nils Markwardt: Die Farbenfrage, in: Die Zeit, 17.6.2015. (https://www.zeit.de/kultur/2015-06/rachel-dolezal-hautfarbe-debatte).

2 Z. B. Rogers Brubaker: The Dolezal affair: Race, gender, and the micropolitics of identity, in: Ethnic and Racial Studies 39, Nr. 3, 2015, S. 414–44.

3 Markwardt a. a. O. (Anm. 1).

4 Eglash a. a. O. (S. 248, Anm. 7), S. 52.

5 Ebd.

6 T1J: Black Nerds, in: YouTube, 25.10.2019. (https://www.youtube.com/watch?v=lA4jBJt4Zvo)

7 Donna Haraway: Primate visions: Gender, race, and nature in the world of science. New York 1989, S. 162.

8 Vgl. Quail a. a. O. (S. 246, Anm. 12).

9 Bayard Rustin: The Watts, in: Commentary March 1966. (https://www.commentarymagazine.com/articles/bayard-rustin-2/the-watts/).

10 Unbekannter Autor: What's Happening!! ABC's popular teen-age sitcom succeeds in spite of itself, in: Ebony. Incorporating Black World Magazine Vol. XXXIII No. 8. Chicago: June 1978, S. 74–82, hier S. 74.

11 Zitiert nach Johnathan Charles Flowers: How Is It Okay to Be a Black Nerd?, in: Kathryn E. Lane (Hg.): Age of the Geek. Depictions of Nerds and Geeks in Popular Media. Alva 2018, S. 169–191, hier S. 173.

12 Vgl. Mary Bucholtz: We're Through Being Cool: White Nerds, Superstandard English, and the Rejection of Trendiness, in: Dies.: White Kids: Language, Race, and Styles of Youth Identity. Cambridge 2012, S. 139–164.

13 Z. B. W. T. Lhamon: Deliberate Speed. The Origins of a Cultural Style in the American 1950s. Washington, DC 1990; Tricia Rose: Black Noise. Rap Music and Black Culture in Contemporary America. Hanover, NH 1994.

14 Bucholtz a. a. O. (Anm. 12), S. 86.

15 Ebd.

16 Black Nerd Comedy: Why My Channel is Called Black Nerd Comedy, 1.3.2019. (https://www.youtube.com/watch?v=YEWXi3cFYRo).

17 Es gibt im Netz zahlreiche Listen, die verschiedene Konfliktlagen von Black Nerds zusammentragen, z. B.: Weiße würden stets konstatieren, man sei nur «technisch» Schwarz – und damit umgekehrt Diskriminierung betreiben (sog. «Color-blind racism»); andere People of Color stellen die eigene Blackness infrage; man besäße wenig Glaubwürdigkeit als Nerd und müsse diese daher stets unter Beweis stellen etc. Z. B. Monique Steele: 21 Struggles Only Black Nerds Will Understand, in: BuzzFeed, 3.3.2015. (https://www.buzzfeed.com/moniquesteele/realities-of-being-a-black-nerd); Aaron Barksdale: 10 Experiences That Every Black Nerd Can Relate To, in: Huffpost 11.12.2015. (https://www.huffpost.com/entry/10-experiences-that-every-black-nerd-can-relate-to_n_5644b1b4fe4b045bf3dedce0b).

18 Flowers hat gezeigt, welche Rolle Barack Obama für die Black-Nerd-Community spielt. Vgl. Flowers a. a. O. (Anm. 11), S. 177.

19 Vgl. Carolyn M. West: Mammy, Sapphire, Jezebel, and the Bad Girls of Reality Television: Media Representations of Black Women, in: Joan C. Chrisler, Carla Golden (Hg.): Illinois Lectures on the Psychology of Women. Long Grove 2018, S. 139–158.

«IT'S THE COMPUTER AGE, NERDS ARE ‹IN›!»

1 *Ich bin drin!* AOL-*Werbespot.* Idee: Petra Felten-Geisinger. Deutschland: Telemaz 1999.

2 Vgl. Ken Segall: Insanely Simple: The Obsession That Drives Apple's Success. New York 2013.

3 Z. B. Awkward Family Photos (https://www.instagram.com/awkwardfamilyphotos/).

4 Z. B. bei Monica Kim: Revenge of the Nerds. Why Geek Chic Is the Next Fashion Phenomenon, in: Vogue, 25.8.2015. (https://www.vogue.com/article/nerd-style-fashion-gucci-fall-2015).

5 Vgl. u. a. Desson Thomson: ‹Napoleon Dynamite›: Nerd Is the Word, in: The Washington Post, 18.6.2004. (https://www.washingtonpost.com/archive/lifestyle/2004/06/18/napoleon-dynamite-nerd-is-the-word/a724ae73-f7aa-4adb-a242-93b16cd8a0b5/); David Edelstein: My Own Private Waterloo – Napoleon Dynamite is a charming ode to nerds, in: Slate, 14.6.2004. (https://slate.com/culture/2004/06/napoleon-dynamite-is-a-charming-ode-to-nerds.html); Unbekannter Autor: Napoleon Dynamite – Der einzig wahre Nerd, in: Moviepilot, 25.7.2011. (https://www.moviepilot.de/news/napoleon-dynamite-der-einzig-wahre-nerd-111638).

6 Insbesondere bei Wikipedia (https://de.wikipedia.org/wiki/Napoleon_Dynamite).

7 Vgl. Frank Münschke, Napoleon Dynamite, in: kinderundjugend-
medien.de, 3.7.2017.

8 Gemeint ist hier der Hipster seit 1999 – und nicht der Hipster der vier-
ziger und fünfziger Jahre. Zu dieser Unterscheidung vgl. Thomas Hecken: Rezensionsessay zu Artikeln und Büchern zum Thema ‹Hipness›
und ‹Hipster›. Teil 3: Hep, Jive, Bebop, in: pop-zeitschrift.de, 14.4.2014.
(https://pop-zeitschrift.de/2013/04/14/rezensionsessay-zu-artikeln-und-
buchern-zum-thema-hipness-und-hipsterteil-3-hep-jive-bebopvon-
thomas-hecken14-4-2013/); oder Mark Greif (Hg.): Hipster: Eine
transatlantische Diskussion (Vorwort). Frankfurt a. M. 2012.

9 Bodner a. a. O. (S. 256, Anm. 12), S. 33.

10 Ebd. S. 34.

11 Greif a. a. O. (Anm. 8), S. 14.

12 Ebd. S. 40.

13 Ebd. S. 30.

14 Ebd. S. 18.

15 Barbara Hornberger: ‹The Big Bang Theory›. Nerds und Normalität, in:
pop-zeitschrift.de, 2.10.2016. (https://pop-zeitschrift.de/2016/10/02/
the-big-bang-theorynerds-und-normalitaetvon-barbara-hornberger2-
10-2016/#_ftnref11).

16 Ebd.

17 Ebd.

18 Ebd.

19 Ebd.

20 Barbara Hornberger: Verhandlungen über Nerds und Normalität in
The Big Bang Theory, in: Andreas Weich, Julius Othmer (Hg.): «Medien – Bildung – Dispositive. Beiträge zu einer interdisziplinären Medi-
enbildungsforschung». Wiesbaden 2015, S. 221–242, hier S. 222.

21 Neima Jahromi: How «The Big Bang Theory» Normalized Nerd Culture, in: The New Yorker, 18.5.2019. (https://www.newyorker.com/
culture/culture-desk/how-the-big-bang-theory-normalized-nerd-
culture).

22 Ebd.

23 Pathikrit Sanyal: How I came to hate The Big Bang Theory. It's a good
thing the show is coming to an end, in: Dailyo, 23.8.2018. (https://
www.dailyo.in/arts/the-big-bang-theory-raj-koothrappali-racism-
sexism-misogyny-tv-show-nerd-culture/story/1/26234.html).

24 Vgl.: Elena Erdmann: Ausgerechnet Penny, in: Die Zeit, 16.5.2019. Die
Autorin ist selbst Wissenschaftlerin und berichtet über die paradoxe Situation, dass sie sich trotz ihres Berufes mit Penny identifizierte, und bestätigt dabei die sexistischen Motive der Sitcom. (https://www.zeit.de/
kultur/film/2019-05/the-big-bang-theory-letzte-episode-finale-penny-
charakter).

25 Vgl. ebd.

26 Sonja Thomaser: ‹The Big Bang Theory›. Der Sexismus der Nerds, in:

Frankfurter Rundschau, 1.2.2020. (https://www.fr.de/kultur/tv-kino/big-bang-theory-netflix-sexismus-nerds-13514456.html).

27 Jonathan McIntosh spricht in einem Videoessay von «Adorkable Misogyny». Vgl.: Jonathan McIntosh: The Adorkable Misogyny of The Big Bang Theory. YouTube: 2017. (https://www.youtube.com/watch?time_continue=63&v=X3-hOigoxHs&feature=emb_logo).

28 Nikesh Shukla: The Wanking Foreigner From ‹The Big Bang Theory›, in: Catapult, 27.7.2017. (https://catapult.co/stories/the-wanking-foreigner-from-the-big-bang-theory), ähnlicher Artikel z. B. Veena D. Dwivedi: Hollywood puts a thin mask on racial stereotyping, in: The Star, 22.9.2013. (https://www.thestar.com/opinion/commentary/2013/09/22/hollywood_puts_a_thin_mask_on_racial_stereotyping.html).

29 Ebd.

30 Hornberger a. a. O. (Anm. 15).

31 Thomaser a. a. O. (Anm. 26).

32 Ebd.

33 Unbekannter Autor: «The Big Bang Theory»: So schlimm ist der Sexismus der ProSieben-Serie, in: Musikexpress, 26.3.2018. (https://www.musikexpress.de/the-big-bang-theory-ein-video-essay-erklaert-den-sexismus-in-der-comedy-serie-896707/).

34 Marc Vetter: «The Big Bang Theory» macht Schluss – und das ist verdammt nötig!, in: Rolling Stone, 3.5.2019. (https://www.rollingstone.de/the-big-bang-theory-letzte-staffel-1547274/).

35 Sarah Manavis: The Big Bang Theory is a plague on society – we should rejoice in its overdue end, in: NewStatesman, 23.8.2018. (https://www.newstatesman.com/culture/tv-radio/2018/08/big-bang-theory-plague-society-we-should-rejoice-its-overdue-end).

36 Vgl. Felix Stalder: Kultur der Digitalität, Frankfurt a. M. 2016.

37 Meghan Collie: The Big Bang Theory Seriously Sucks. The proof is in the pudding, in: Flare, 18.10.2017. (https://www.flare.com/tv-movies/big-bang-theory-sexist/).

38 Jack Kerwick: ‹The Big Bang Theory's› Sheldon Cooper: Politically INCorrect Hero, in: beliefnet, November 2013. (https://www.beliefnet.com/columnists/attheintersectionoffaithandculture/2013/11/the-big-bangs-theory-sheldon-cooper-politically-incorrect-hero.html).

39 Kimberly Potts: Why Is Sheldon So Clueless When It Comes to Race on *The Big Bang Theory*?, in: Vulture, 21.11.2014. (https://www.vulture.com/2014/11/big-bang-theory-recap-season-8-fun-with-flags-finale-levar-burton.html).

DER PENSIONIERTE NERD

1 Annett Meiritz: «Man liest ja so einiges über Sie». Wie ich die Frauenfeindlichkeit der Piratenpartei kennenlernte, in: Der Spiegel, 14.1.2013. (https://www.spiegel.de/spiegel/annett-meiritz-ueber-die-frauenfeindlichkeit-in-der-piratenpartei-a-877558.html).

2 Christian Klaß: Piratenpartei wegen Rassismus und Sexismus in der Kritik, in: golem.de, 7.4.2012. (https://www.golem.de/news/klarmachen-zum-aendern-piratenpartei-wegen-rassismus-und-sexismus-in-der-kritik-1204-91023.html).

3 Ebd.

4 Ebd.

5 Vgl. dpa: Junge Piraten beklagen Rassismus und Sexismus in der Partei, in z.B.: Süddeutsche Zeitung, 7.4.2012. (https://www.sueddeutsche.de/politik/brandbrief-der-jugendorganisation-junge-piraten-beklagen-rassismus-und-sexismus-in-der-partei-1.1327826).

6 Merle Schmalenbach: Das Abenteuer ist vorbei, in: Die Zeit, 31.3.2017. (https://www.zeit.de/2017/14/piratenpartei-niederlagen-ende-kritik).

7 Sophie Passmann: Alte weiße Männer: Ein Schlichtungsversuch. Köln 2019.

8 Stefan Sasse: Der jüngste alte weiße Mann im Bundestag, in: deliberation daily, 17.6.2020. (http://www.deliberationdaily.de/2020/06/der-juengste-alte-weisse-mann-im-bundestag/).

9 Stefan Kuzmany: Ganz alte Schule, in: Der Spiegel, 15.6.2020. (https://www.spiegel.de/politik/deutschland/philipp-amthor-und-seine-geschaeftchen-ganz-alte-schule-kommentar-a-733f1ffd-d6c2-424c-a9b6-d1b6c1321c6f).

10 Mohamed Amjahid: Weiße Privilegien für Amthor, in: taz, 24.7.2020. (https://taz.de/Verfahren-gegen-CDU-Politiker-eingestellt/!5700686/).

11 @Legiold auf Twitter, 5.3.2019.

12 @champagner076 auf Twitter, 18.6.2018.

13 @fcstpauli63 auf Twitter, 15.6.2018.

14 @westsideblogger auf Twitter, 5.4.2019.

15 @_Heidenkind auf Twitter, 3.2.2019.

16 Torsten Körner: Polemik-Performance zum Politikbetrieb: Die CDU und die unverstandene Sehnsucht eines YouTubers, in: Medienkorrespondenz, 7.6.2019. (https://www.medienkorrespondenz.de/leitartikel/artikel/rezo-und-amthor.html).

17 Vgl. Michael Salter: From geek masculinity to Gamergate: The technological rationality of online abuse, in: Crime, Media, Culture. An International Journal, Volume 14, Nr. 2. S. 247–264.

18 Feminist Frequency: Tropes vs Women in Video Games. YouTube: 2013. (https://www.youtube.com/watch?v=X6p5AZp7r_Q&list=PLn40b_5_ttEaA_vc8F3fjzE62esf9yP61).

19 Nick Wingfield: Feminist Critics of Video Games Facing Threats in ‹GamerGate› Campaign, in: The New York Times, 15.10.2014. (https://www.nytimes.com/2014/10/16/technology/gamergate-women-video-game-threats-anita-sarkeesian.html?hpw&rref=technology&action=click&pgtype=Homepage&version=HpHedThumbWell&module=well-region&region=bottom-well&WT.nav=bottom-well&_r=1).

20 Pascal Paukner: Wo Feminismus als «Terrorismus» gilt, in: Süddeutsche

Zeitung, 23.6.2012. (https://www.sueddeutsche.de/digital/sexismus-in-videospielen-wo-feminismus-als-terrorismus-gilt-1.1389210).

21 Christian Huberts: #GamerGate – Schlammschlacht oder kultureller Umbruch?, in: Stiftung Digitale Spielkultur, 28.11.2014. (https://www.stiftung-digitale-spielekultur.de/gamergate-schlammschlacht-oder-kultureller-umbruch/).

22 Ebd.

23 Morten Freidel: Wenn Kritik kommt, hört das Spiel auf, in: Frankfurter Allgemeine Zeitung, 28.10.2014. (https://www.faz.net/aktuell/feuilleton/medien/gamergate-wenn-kritik-kommt-hoert-das-spiel-auf-13232818.html).

24 Alex Hern: Schiefe Debatte, in: der Freitag, 22.10.2014. (https://www.freitag.de/autoren/the-guardian/faule-berichterstattung-gegen-gamer gate).

25 Adrian Daub: Pop-Up-Nation. Innenansichten aus dem Silicon Valley. München 2016. Seite/Position 11.

26 Adrian Daub: Verklemmte Tech-Welt, in: Neue Züricher Zeitung, 4.7.2016. (https://www.nzz.ch/feuilleton/zeitgeschehen/maennerbuende-und-homosexualitaet-im-silicon-valley-verklemmte-tech-welt-ld.103640)

27 Ebd.

28 Ebd.

29 Angela Richter: Sind Nerds die neue Avantgarde?, in: Monopol – Magazin für Kunst und Leben 02/2014, S. 70–73, hier S. 72.

30 BR/Tamara Link: Nerds gegen Virus: Makerszene produziert Corona-Schutzausrüstung, in: BR24, 8.5.2020. (https://www.br.de/nachrichten/deutschland-welt/nerds-gegen-virus-makerszene-produziert-corona-schutzausruestung,Ry2pKYZ)

31 Morten Freidel: Nerdrepublik Deutschland, in: Frankfurter Allgemeine Zeitung, 3.5.2020. (https://www.faz.net/aktuell/politik/inland/warum-deutschland-nicht-auf-netzaktivisten-hoeren-sollte-16751307.html).

32 Christoph Sieber: Coronavirus-Experte Christian Drosten: Der Mann, der nicht lächelt, in: Frankfurter Rundschau, 28.3.2020. (https://www.fr.de/wissen/coronavirus-experte-virologe-christian-drosten-mann-nicht-laechelt-13608287.html).

33 Bewertungskommentar von tellefonmann123 zum Podcast «Corona Virus Update», 13.9.2020. (https://podcasts.apple.com/de/podcast/das-coronavirus-update-von-ndr-info/id1500424869).

34 Unbekannter Autor: Corona – du Nerd, in: MedienTube, 25.7.2020. (https://www.medien-tube.de/audio/Corona-du-Nerd/9cdaf3862d967100fb2b66395025519c).

35 Populär wurde der Begriff hierzulande insbesondere durch Thomas Bauer: Die Vereindeutigung der Welt. Über den Verlust an Mehrdeutigkeit und Vielfalt. Ditzingen 2018.

36 Moser, Schlechtriemen a.a.O. (S. 245, Anm. 3), S. 177.

Für ihre Unterstützung, den angeregten Austausch, die wertvollen Empfehlungen sowie kleinere und größere Hinweise danke ich Mona Broschár, Susann Kohout, Tobias Schlechtriemen, Ralf und Wiebke Schlüter, Stephanie Senge, Sarah Sigmund, Urs Stäheli, Wolfgang Ullrich, Lambert Wiesing und meinen Eltern Andreas und Kathrin Kohout.

Dieses Buch ist aus meiner Dissertation an der Universität Siegen hervorgegangen. Für deren Betreuung danke ich Thomas Hecken und Georg Stanitzek. Ein besonderer Dank gilt meinem Lektor Matthias Hansl.